新世纪高职高专
财经大类专业基础课系列规划教材

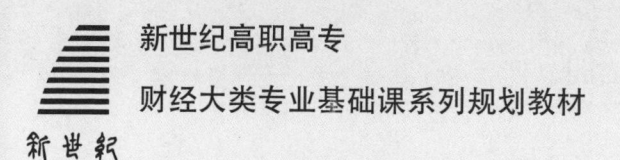

微课版

管理原理与实务

（第三版）

新世纪高职高专教材编审委员会 组编

主　编　李发林　张存芬
副主编　王旭东　姚　耀　鲍　黎

大连理工大学出版社

图书在版编目(CIP)数据

管理原理与实务 / 李发林，张存芬主编． -- 3 版
． -- 大连：大连理工大学出版社，2021.2(2023.8重印)
新世纪高职高专财经大类专业基础课系列规划教材
ISBN 978-7-5685-2884-9

Ⅰ．①管… Ⅱ．①李… ②张… Ⅲ．①管理学－高等职业教育－教材 Ⅳ．①C93

中国版本图书馆 CIP 数据核字(2021)第 000441 号

大连理工大学出版社出版

地址：大连市软件园路 80 号　邮政编码：116023
发行：0411-84708842　邮购：0411-84708943　传真：0411-84701466
E-mail:dutp@dutp.cn　URL:https://www.dutp.cn
大连市东晟印刷有限公司印刷　　大连理工大学出版社发行

幅面尺寸:185mm×260mm　印张:16.5　字数:381 千字
2011 年 11 月第 1 版　　　　　　2021 年 2 月第 3 版
2023 年 8 月第 3 次印刷

责任编辑：程砚芳　　　　　　　　责任校对：刘俊如
　　　　　　　　封面设计：对岸书影

ISBN 978-7-5685-2884-9　　　　　　定　价：48.80 元

本书如有印装质量问题，请与我社发行部联系更换。

前　言

《管理原理与实务》(第三版)是新世纪高职高专教材编审委员会组编的财经大类专业基础课系列规划教材之一。

教材是课程重要的载体和教学资源,对于提高人才培养质量发挥着不可或缺的作用。《管理原理与实务》是教材编写团队在整合校级精品课程——"管理学原理"的资源,结合近几年教学改革成果的基础上编写的。本教材自2011年发行以来,受到许多高等职业院校师生的好评。老师和学生在使用本教材的过程中,肯定了教材内容、案例、质量和形式,也提出了不少修改建议。一些院校工科专业师生也使用本教材,因此他们希望增加"班组管理"的内容。还有一些同学建议,录制一些微课,在教材中以二维码的形式插入,供学生扫码提前预习和课后复习。对于提出这些宝贵建议的老师和学生,在此一并表示感谢。

基于此,我们自2018年年底开始本教材的修订工作。修订过程中,对以下几方面做了调整:

1. 在课程思政上做了一些尝试。习近平总书记在学校思想政治理论课教师座谈会上指出,新时代贯彻党的教育方针,要坚持马克思主义指导地位,贯彻新时代中国特色社会主义思想,坚持社会主义办学方向,落实立德树人根本任务,坚持教育为人民服务、为中国共产党治国理政服务、为巩固和发展中国特色社会主义制度服务、为改革开放和社会主义现代化建设服务,扎根中国大地办教育,同生产劳动和社会实践相结合。本次修订,除了体现学科进展、新的学习成果之外,还充分挖掘课程的思想政治教育元素,与知识、技能和认知提升充分融合,注意知识与素养的融合提升,在案例选编、讨论问题和延伸话题上,关注社会主义核心价值观的形成和演进,关注中华民族传统文化的价值认同、关注革命文化与中国国情的结合推进、关注社会主义先进文化的总结提炼,引导学生中西贯通、不忘本来、面向未来,自觉把为国家、社会做贡献作为自己的价值追求,希望实现在课程中以思想点燃思想、以行动引导行动。

2. 配套资源丰富,为探索混合式教学模式创造条件。课程具有丰富的配套资源,包括课件、微课视频,为探索线上线下结合的混合式教学模式创造了条件,在实施中可再结合微信、QQ等自媒体手段课前引导、课后延伸,将更有利于课堂上充分地互动、交流和讨论,这样课堂的主动权就发生了变化,可以使学生更加深入地提升技能、改变观念,更好地激发他们的学习兴趣,使他们学以致用,学有所得。

3. 产教融合,校企"双元"合作开发。管理原理篇着眼于解决组织的效率问题,管理实务篇尝试将管理原理应用于解决团队管理、个人管理和班组管理,使理论与实践结合,学思结合,知行合一,以此训练基层管理岗位的综合管理能力和适应能力。编者在编写过程中,多次征求企业界友人的意见和建议,立足于基层管理岗位的综合需求,并适当向中层管理岗位延伸。

4. 行业特点鲜明。教材以团队管理和个人管理为应用场景,考虑了管理的普遍性,又兼顾部分工科学生的需求,增加了班组管理的内容,增强了制造行业服务的探索。

5. 项目任务驱动。教材中增设了环境调研、职业生涯规划、领导力调查、组织结构设计、团队塑造、个人时间管理、班组管理、项目定位、财务分析等实训项目,以任务驱动学习、带动学习拓展,抛砖引玉,引导学生以知识和技能解决问题,从而提升为组织贡献的能力。

本教材由云南国防工业职业技术学院、云南开放大学李发林、张存芬任主编;由云南国防工业职业技术学院、云南开放大学王旭东、姚耀、鲍黎任副主编。具体编写分工如下:第一章、第五章由李发林编写,第二章、第六章、第八章由张存芬编写,第三章由姚耀、李发林合作编写,第四章由鲍黎、李发林合作编写,第七章由王旭东、李发林合作编写,第九章由王旭东编写。

为方便教师教学和学生自学,本教材配有课后习题参考答案、电子课件等教学资源,如有需要请登录数字化服务平台下载。

在编写本教材的过程中,编者参阅了许多专家和学者的专著、教材和论文,参考了同行的"管理学"精品课程和其他一些网站资源,在此深表感谢。在"得到""混沌大学""微信读书"中,参阅了许多课程和资源,启发颇深。由于部分资源已无法考证,未能一一列明,在此深表感谢和歉意!相关著作权人看到本教材后,请与出版社联系,出版社将按照相关法律的规定支付稿酬。在修订书稿完成之际,向对本教材提出过建议的专家及读者表示感谢!对第一版、第二版的编者刘芳、李晓、张毅春、王旭东和张存芬等老师表示感谢。

由于编者水平所限,错漏之处在所难免,敬请广大读者谅解,同时希望使用本教材的朋友能够对本教材进行批评指正,使本教材更加完善。

编 者

2021年2月

所有意见和建议请发往:dutpgz@163.com
欢迎访问职教数字化服务平台:https://www.dutp.cn/sve/
联系电话:0411-84708445　84708462

目 录

第一篇 管理原理

第一章 管理基础知识 ... 3
- 第一节 管理的概念 ... 4
- 第二节 管理思想的形成与发展 ... 11
- 第三节 管理的对象与方法 ... 24
- 第四节 管理者的技能和角色 ... 25
- 第五节 管理的基本原理 ... 29

第二章 管理环境分析与管理问题的分析与界定 ... 37
- 第一节 管理环境分析 ... 37
- 第二节 管理问题的分析与界定 ... 46

第三章 决策与计划 ... 52
- 第一节 决策概述 ... 53
- 第二节 决策的基本方法 ... 57
- 第三节 计划概述 ... 63
- 第四节 制订职业生涯规划书 ... 81

第四章 组织与组织文化 ... 88
- 第一节 组织概述 ... 88
- 第二节 组织设计 ... 92
- 第三节 组织结构 ... 99
- 第四节 正式组织与非正式组织 ... 105
- 第五节 组织文化 ... 108
- 第六节 组织的社会责任 ... 114

第五章 领导 ... 124
- 第一节 领导的含义和领导者的类型 ... 125
- 第二节 领导理论 ... 128
- 第三节 领导的影响力与责任 ... 135
- 第四节 激励和激励理论 ... 137

第五节　沟通与协调 ………………………………………………………… 147

第六章　控　制 …………………………………………………………… 160
第一节　控制的基本理论 …………………………………………………… 160
第二节　控制的基本工作过程 ……………………………………………… 163
第三节　控制的类型和方法 ………………………………………………… 165

第二篇　管理实务

第七章　团队管理 ………………………………………………………… 177
第一节　团队概述 …………………………………………………………… 178
第二节　团队管理的技巧 …………………………………………………… 181
第三节　实现团队合作的方法 ……………………………………………… 194

第八章　个人管理 ………………………………………………………… 201
第一节　自我认知与自我评估 ……………………………………………… 201
第二节　个人价值观与个人决策 …………………………………………… 208
第三节　目标在个人管理中的应用 ………………………………………… 211
第四节　时间管理 …………………………………………………………… 213

第九章　班组管理 ………………………………………………………… 223
第一节　班组管理概述 ……………………………………………………… 223
第二节　班组长管理的基本技能 …………………………………………… 232
第三节　班组建设与管理 …………………………………………………… 241

参考文献 …………………………………………………………………… 256

第一篇

管理原理

- ☑ 第一章 管理基础知识
- ☑ 第二章 管理环境分析与管理问题的分析与界定
- ☑ 第三章 决策与计划
- ☑ 第四章 组织与组织文化
- ☑ 第五章 领　导
- ☑ 第六章 控　制

第一章

緒論

第一章 管理基础知识

学习目标

1. 解释管理者对组织的重要性,解释学习管理学的价值。
2. 描述管理者的定义、职能、角色和技能。
3. 理解管理的科学性和艺术性。
4. 了解管理思想的形成与发展,认识主要管理学派的要点。
5. 了解管理的对象,认识管理的方法。
6. 理解并掌握管理的基本原理。

能力目标

1. 学会用管理的思想、理念来观察问题、思考问题和分析问题。
2. 能够使用管理思想、原理和方法对组织的管理现状进行分析并解决问题。
3. 在从事某项具体管理活动时,学会处理好效率与效果的关系。
4. 有意识地培养自己的管理素质,提高自身的管理技能。

问题引导

1. 管理是什么?
2. 谁从事管理?
3. 管理做什么?
4. 做好管理工作需要掌握什么技能?
5. 组织为什么需要管理?
6. 管理是科学还是艺术?
7. 什么是效率?什么是效果?

管理的实践来自于人类的集体活动,来自于人类为了生存和发展而进行的不懈探索和努力。自从人类有了共同劳动,为了实现既定目标,就需要对每个人的活动进行分工和协调,这样才能达到共同劳动的目的,因此管理就产生了。在人类社会发展过程中,管理无处不在，贯穿于人类的生活和工作中。

美国邓恩和布兹特里斯信用分析公司的调研结果表明，90%的破产企业是管理不善所致。专家指出，我国国有企业中80%以上的亏损企业是管理不善造成的。管理的重要性是毋庸置疑的，建设有中国特色的社会主义，需要一大批掌握市场经济的一般规律、熟悉其运行规则，而又了解中国企业实情的经济管理人才。

第一节　管理的概念

一、为什么要学习管理学

从组织角度而言，首先，组织的竞争需要管理学。人工智能、线上线下融合、大数据、云计算、经济全球化、创新、跨界与融合等对企业的冲击，需要企业加强管理，快速适应，适者生存。其次，企业竞争优势的培育需要管理学，创新、质量、速度、成本优势，需要管理者的精心培育和打造。最后，管理的职能和组织生态息息相关。管理中的计划职能是为了实现组织的战略目标，组织职能是为了建立动态组织以适应外部环境变化的需要，领导职能是为了激励、沟通和发挥影响力，控制职能则是为了计算和纠偏。所以，作为组织的高层、中层和基层管理者，需要具备相应的管理技能。管理的学习和实践将有助于企业在动荡的市场环境中做好更充分的准备。

从个人角度而言，人们的职业生涯需要管理学。首先，人们为了适应未来职业发展的需要，既要做专才也要做通才，应具备适应多岗位的思维和技能。其次，人生发展道路需要管理，如职业生涯规划、创业规划、时间管理等。再次，人与人的联系需要管理学的知识和技能，如沟通和协调、倾听、团队协作等。处理与所在组织的关系也需要良好的沟通和协调技能。最后，生存与取得成功需要管理学。我们都想要改进周围组织的管理方式，我们每天的生活都与管理息息相关。

管理情景

"威尔森五招"重整波音

总部设在美国西雅图的波音公司创建于1916年，是世界飞机制造业中一颗璀璨的明珠。然而，波音公司在令人瞩目的业绩背后却有着艰辛的历程。波音公司的事业并非总是一帆风顺的，最让人印象深刻的是20世纪60年代末期，事业蒸蒸日上的波音公司由于庞大的机构运转不灵，业绩日益下滑。当时仅总部员工就有2 000多人，官僚习气滋生，遇事互相推诿，更糟糕的是公司的领导人陶醉于已取得的成就，不思进取，满足于现状。他们无视瞬息万变的市场和日益发展壮大的同行，过着舒服的日子。20世纪60年代末，军用飞机的订单正在逐渐地减少，美国政府也取消了对飞机制造业的各种管制，行业之间的竞争愈演愈烈。同时,世界各地的飞机制造商纷纷采用先进的科学技术,接连不断地推出新的产品。而且,各制造商在价格上更是相互竞争,这样一来对波音公司带来了很大的市场冲击。很快,惩罚终于来了,波音公司装配厂里摆满了卖不出去的喷气式客机。一连18个月,波音公司竟没有拿到一张订单,而且,军方合同的进展又很缓慢。这时的波音公司,一度拥有的高效率已经不复存在了,整个公司濒临倒闭。

威尔森受命于危难之际,他还没来得及了解公司全部的情况就出任了董事长。为了波音公司的美好未来,他不得不开始进行彻底的体制改革。首先,他采取果断的措施,精简机构,裁撤职员,把公司里大批技术人员都调出来,充实到生产的第一线。紧接着,他又把工作重点放在了科研开发领域,并为之投入了大量的资金。他还集中了最优秀的科学技术人才去发展新技术、新产品。就在这样的背景下,著名的、被人们称为"威尔森五招"的改革措施诞生了。

1. 质量就是生命

威尔森上任后的第一把火烧在了创第一流的质量上。质量就是企业的灵魂,就是企业的生命,质量的好坏直接影响着一个企业的前途和命运。所以,威尔森从来就没有放弃对质量的追求。正是因为认清了问题的本质,他一直把提高质量视为全世界亿万乘客的生命保障,以及波音公司前途的保证。所以,"质量第一"就是威尔森对每一个波音公司员工最根本的要求,同时,也是每一个职员时刻都要牢固树立的观念和应遵守的准则。因此,无论是工厂还是一个部门,他都建立了严格的质量管理制度,从而确保每一个部件甚至每一颗螺丝钉都以世界第一流的质量出厂。

2. 精兵简政

威尔森到任后的第二把火烧在了精兵简政上。在众"元老"的纷纷反对下,威尔森果断地调出1 800名技术人员和管理人员,充实到技术生产的第一线,而且,他还把自己的决策权逐级下移,提高了员工的积极性和办事效率。同时,他还将责任权与各级主管的经济利益直接挂钩。威尔森的这招立竿见影,公司的办事效率和劳动生产率也得到了前所未有的提高。

3. 研究与开发

威尔森的第三把火烧在了以新取胜、以快见长上。威尔森积累的30多年的发展经验告诉他,在竞争日益激烈的环境里,要想获得成功就必须时刻注意对未来竞争能力的投资。而且,如果要力争走在世界同行的前面,就必须不断地研制和开发新产品。20世纪60年代末期,为了振兴波音公司,他投入了69亿美元作为研究和开发经费;20世纪70年代后期,面临全球石油危机下的油价暴涨,他更是不惜花费血本,断然投入了30亿美元用来研制和开发出被认为是现代民航史上最为经济、最为省油、最为安全的"波音757"和"波音767"两种新型客机。自从威尔森走马上任以来,波音公司的研制开发经费逐年提高。

4. 售后服务

威尔森的第四把火烧在了令人称道的售后服务上。在波音公司漫长的发展道路上,所有业务当中最重要的一项便是为全世界7 000多架波音飞机提供长期免费的维修服务。目前,波音公司已经拥有一支工作效率高、素质过硬的维修队伍。只要顾客需要,波音公司的维修人员将会以最快的速度,从西雅图赶到全世界的任何一个角落,给客户最优质、最满意的服务。

多年以来,波音公司赢得的不仅仅是合同,还有比买卖更为重要的东西,那就是买主对波音公司和威尔森的信任。

5. 重视推销

威尔森上任后的第五把火烧在了竭尽全力推销上。在飞机制造领域,他的推销办法独树一帜,并且卓有成效。企业要想得到长足的生存和发展,往往需要有高超的推销技术,而这种技术的根本就是能够彻底地打动买主,让买主感觉到波音公司的产品就是世界上最好的产品。波音公司能有今天的成就,得益于威尔森对以下两方面的出色处理:一方面,他的推销员们能够充分理解买主的需要和心思;另一方面,他们能够让买主产生强烈的信心,认为波音公司做出的承诺,就一定会兑现,并且对所有顾客都一视同仁。

一个企业的成功不仅取决于其策略的制订、执行和管理过程,更取决于其领导人果断取舍的精神。面对激烈的市场竞争,即使是波音公司这样的大型企业,也不能有任何怠慢和松懈。只有保持强烈的竞争意识、不断追求卓越,才能在滚滚竞争大潮中立于不败之地。

(资料来源:苏伟伦. 大逆转. 北京:经济科学出版社,2006)

【思考】

在波音公司的发展历史中,威尔森接手波音公司后采取的"五招",对你有哪些启示?

【课堂交流】

结合你对波音公司成长的理解,尝试谈谈以下主题:什么是管理?为什么需要管理?如何进行管理?

二、管理的含义和性质

在人类社会发展的历史长河中,管理无处不在。而把管理作为一门学科进行系统的研究,是近一二百年的事。2005 年 11 月 28 日,美国《商业周刊》的封面故事《彼得·德鲁克:发明管理的人》一文中提到了德鲁克的观点:"我创建了管理这门学科,我围绕着人与权力、价值观、结构和方式来研究这一学科,尤其是围绕着责任。管理学科是把管理当作一门真正的综合艺术。"

(一)管理的含义

在管理学科的发展过程中,不同管理学家对管理的定义各有不同。

泰勒:管理是一门怎样建立目标,然后用最好的方法经过他人的努力来实现目标的艺术。这一定义把管理当作艺术,强调了人在管理中的重要性,同时注意到管理方法的重要性。

亨利·法约尔:管理就是由计划、组织、指挥、协调及控制等职能组成的活动过程。

彼得·德鲁克:管理是把一群乌合之众变成一个有效率、有目的、有生产力的特殊过程。管理是一种实践,其本质不在于"知"而在于"行";其验证不在于逻辑,而在于成果;其唯一的权威就是成就。

哈罗德·孔茨:管理就是设计和维持一种良好的环境,使人在群体中高效率地完成既定目标的过程。

赫伯特·西蒙:决策贯穿于管理的全过程,管理就是决策。

斯蒂芬·P·罗宾斯:管理指的是协调和监督他人的工作活动,从而使他们有效率和有效果地完成工作的过程。

徐国华:管理是"通过计划、组织、控制、激励和领导等环节来协调人力、物力和财力资源,以期更好地达成组织目标的过程"。

周三多、陈传明等:管理是指组织为了达到个人无法实现的目标,通过各项职能活动,合理分配、协调相关资源的过程。

陈春花:管理不谈对错,只是面对事实,解决问题;管理只对绩效负责,是基于责任的权力和利益分配;管理是始终为经营(目标)服务的。

综合各家之说,管理既强调了管理过程及过程中的职能,又强调了效率和效果,其意义在于提高效益。所以,管理是指一定组织中的管理者在特定的组织内外环境的约束下,运用计划、组织、领导、控制和创新等职能,对组织的资源进行有效的整合和利用,协调员工活动,共同实现组织目标的过程。这一含义,包含四个基本要点:

(1)管理是针对群体的。管理是与组织联系在一起的人类活动。

(2)管理是有目标的。管理的过程就是从正确地决策和提高日常运作的效率两个方面产生效益。效率意味着正确决策、能够判断和选择做哪些事情是正确的,效率意味着日常运作能用正确的工作方法完成任务;效益是有效产出量与资源投入量的比值,是效率和效果的统一,强调在正确的时间、正确的地点、用正确的方法做正确的事。"效率"与"效果"是用来衡量管理绩效(管理者通过决策完成目标的实现程度)的两个指标。

(3)管理是对资源的协调整合。管理的核心是人,本质是协调整合。对内而言,组织内部各种有形和无形资源之间需要协调整合,形成市场竞争力;对外而言,协调整合的是组织与外部的环境,如生态环境、自然环境、社会制度、社会大众、政府政策、法律道德、规章制度等方面的协调,致力于打造环境友好型组织。管理者要做好协调工作,就要有良好的沟通能力,善于处理人际关系,从而整合组织资源,形成合力,最终取得1+1>2的协同效应。

(4)管理是通过管理职能发挥作用的。管理是通过决策、计划、组织、领导、控制和创新等职能发挥作用的。

(二)管理的自然属性和社会属性

任何社会生产都是在一定的生产关系下进行的。管理,从最基本的意义来看,一是指挥劳动,二是监督劳动。由于生产过程具有二重性,既是物质资料的再生产,同时又是生产关系的再生产。因此,对生产过程进行的管理也就存在着二重性:一种是与生产力、社会化大生产相联系的管理的自然属性;一种是与生产关系、社会制度相联系的管理的社会属性。这就是管理的二重性,也是马克思关于管理问题的基本观点。

1. 自然属性

管理的自然属性反映了人与自然的关系,是与生产力、社会化大生产相联系而体现出的性质。管理的自然属性由共同劳动的性质所产生,是合理组织生产力的一般职能。

2. 社会属性

管理的社会属性反映的是生产关系与社会制度的性质,是管理与生产关系、社会制度相联系而体现出的性质,由生产关系的性质和社会制度所决定,是维护和完善生产关系的职能。

(三)管理的科学性与艺术性

1. 管理学是一门科学

管理学是一门科学,是指管理学的理论、原理和一般方法,是人们对各种客观规律的概括和总结。违反管理的原理、原则和一般方法,会受到规律的惩罚,导致管理的失败。管理的科学性体现在科学的规律性、严密的程序性和先进的技术性三个方面。

(1)科学的规律性

管理科学是人类在长期从事社会生产实践活动中,对管理活动规律的总结。作为一门科学,管理学具有系统化的理论知识。管理科学就是把管理的规律性概括出来,形成原则、程序和方法,对管理者的管理活动予以普遍性指导,使管理成为理论指导下的规范化的理性行为。

(2)严密的程序性

科学的逻辑在管理活动中表现为一种严格的程序化操作,以降低或减少管理面临的不确定性。程序性是管理活动的一个重要特征,流程管理也是组织管理的重要内容。这种程序性首先体现在管理流程的设计中,其次体现在具体的操作工艺中。

(3)先进的技术性

管理学是一门应用性很强的学科,管理的理论只有转化为具体的管理技术和技能才能发挥作用,这些管理技术又被转换成各种管理软件和具体的操作技能,以便完成具体的管理任务。

2. 管理学是一门艺术

管理学是一门艺术,指的是管理有极强的环境依赖性,管理者在实际工作中,要因人、因事、因时、因地制宜,灵活多变地、创造性地运用管理技术与方法,领悟管理的核心,在实践中去丰富和推进管理。管理的艺术性体现在巧妙的应变、灵活的策略和完美的协调三个方面。

(1)巧妙的应变

管理者在其管理生涯中,会遇到各种意想不到的事件和不同的内外部环境,有无应变能力,便显得十分重要。尤其是当组织遇到突然的重大变故时,管理者的应变能力对组织的生存发展往往起着决定性的作用。

(2)灵活的策略

管理者不仅需要运用智慧进行战略层面上的思维和运作,更需要策略层面上的灵活操作。只有一个个策略上的成功,才能最终积累成战略上的成功。跨文化的组织管理,更需要结合本土文化改造的策略,是谓适者生存。

(3)完美的协调

管理者的重要任务就是对各种关系和资源的整合协调,如指挥乐队、十个指头弹奏钢琴协奏曲,协调出动力,协调出效益。调动员工的积极性、主动性和创造性,本质上就是权利和利益的协调。

3. 管理是科学和艺术的统一

管理是科学和艺术的统一,是客观规律与主观能动性的统一。管理的科学性反映的是管理关系领域中客观规律的知识体系,管理的艺术性则是以管理知识和经验为基础,是富有创造性的管理技能的组合。管理的科学性是管理这一能动过程的客观规律的反映,而管理的艺术性则是它的主观创造性方面的有效反映。管理者只有既懂得管理科学又有娴熟的管理艺术,才能使自己的管理活动达到炉火纯青的地步。因此,不能盲目照搬国外的管理理论,不能将书本上的管理原理当作教条,也不能认为管理只靠实践而不相信管理理论。

三、管理的必要性

管理的必要性在于资源的有限性。正如美国著名学者萨缪尔森在《经济学》一书中说的:"如果资源是无限的,生产什么、如何生产和为谁生产就不会成为问题。如果能够无限地生产每一种物品,或者,如果人类的需要已经完全满足,那么,某一种物品是否生产过多就是无关紧要的事情。……在上述情况下,就不存在经济物品了。这就是说,没有任何相对稀缺的物品,研究经济学或节约就没有什么必要了。"

由于管理的必要性在于资源的有限性,所以管理的目的就是使组织的目标有效实现。每一个组织都要通过有效的管理,解决生产什么、如何生产和为谁生产这三个基本问题,使组织的有限资源得到合理有效的运用。

四、管理的职能

管理的职能是帮助组织充分利用其资源以实现组织的目标,指的是管理者在实施管理的过程中所体现出来的具体作用及其实施程序或过程。在"管理的职能"问题上,学者们的不同见解不亚于他们在"管理的定义"问题上的分歧,可谓是"百花齐放,百家争鸣"。

法国管理学家亨利·法约尔1916年在其著作中阐明,管理者行使着五项职能,即计划、组织、指挥、协调和控制。

20世纪50年代中期,美国加州大学的教授孔茨和奥唐内尔,把管理的职能分为计划、组织、人员配备、指导和控制五种。

周三多、陈传明等人认为,管理职能可以划分为五个部分,即计划、组织、领导、控制和创新。

管理的过程和职能如图1-1所示。

```
组织资源          计划           组织           领导           控制           组织目标
•人力           •定义目标,      •决定做什       •指导和激       •监控活动       •产品
•资金            确定战略,       么,怎么         励组织成        以确保按        •服务
•原材料          制订计划         做,谁去         员,解决         计划进行        •效率
•技术            以协调活         做              冲突                           •效益
•信息            动                                                             •实现目标
```

图 1-1　管理的过程与职能

(一)计划

计划指的是组织对未来的活动、资源供给与使用进行的一种预先的筹划。管理者制订目标,确定实现这些目标的战略,并制订计划以整合和协调各种活动。其活动包括:定义组织目标、明确组织战略、制订组织计划,用以协调组织的生产经营活动。

(二)组织

组织指的是管理者决定谁来完成任务,这些任务将如何组合,谁向谁汇报工作,以及将在哪里做出决策。组织意味着分工和协作,是管理者创建一个有助于实现组织目标的工作关系结构,以使组织成员能够共同工作来实现组织目标的过程。其活动包括:设计与建立组织结构、合理分配权责、选拔和配置人员、推进组织的协调和变革等。

(三)领导

领导指的是与别人合作并且通过别人去实现目标的过程,是指管理者利用组织所赋予的职权和自身拥有的权力去指挥、影响、激励组织成员,为实现组织目标而努力工作的管理活动。其活动包括:选择正确的领导方式、发挥影响力、实施指挥、激励下级、调动组织成员的积极性、有效沟通和协调、处理冲突和突发事件等。

(四)控制

控制指的是一种监督活动,是保证工作按组织计划进行并纠正各种重要偏差的过程。其活动包括:制订控制标准、监控活动、衡量工作绩效和纠正偏差等。

(五)创新

创新是指以现有的知识和物质,在特定环境中,改进或创造新的事物(包括但不限于各种方法、元素、路径和环境等),并能获得一定有益效果的行为。在经济学领域,创新概念起源于美籍经济学家熊彼特的《经济发展理论》一书。熊彼特在其著作中提出,创新是把一种新的生产要素和生产条件的"新结合"引入生产体系。它包括五种情况:采用一种新的产品,采用一种新的生产方法,开辟一个新的市场,获得原材料或半成品的一种新的供应来源,实现任何一种新的组织形式。创新概念包含的范围很广,不仅包括技术性创新,也包括非技术性创新(体制创新、管理创新、模式创新等)。

习近平总书记曾指出,中国经济的增长动力,从要素驱动、投资驱动转向创新驱动,创新发展是引领世界经济发展的必然选择。李克强总理指出,创新是经济发展的不息引擎,世界经济稳定复苏要靠创新,中国经济近年来持续健康发展,主要动力也来自于改革和创新。

各项管理职能都有自己独有的表现形式。计划职能通过目标的制订和行动的确定表现出来,组织职能通过组织结构的设计和人员的配备表现出来,领导职能通过领导者和被领导者的关系表现出来,控制职能通过偏差的识别和纠正表现出来,创新职能在与其他管理职能的结合中表现出自身的存在和价值。

第二节　管理思想的形成与发展

管理情景

是严格管理,还是自我管理?

在车间领导班子会议上,两位车间主任就如何进一步提升管理工作水平发表了意见。周副主任主张向严格管理方向努力,重点是加强管理的规范化。他强调要进一步加强制度建设,严格劳动纪律,加大现场监管力度,杜绝一切怠工或违纪现象,以确保流水线生产的顺利进行。他引经据典地指出,这是依据被称为"科学管理之父"的泰勒的经典管理思想提出来的。而吴副主任则不赞成这种意见。他认为这是一种传统的、已经过时的管理思想。他主张以人为本,重视人的需求,充分尊重员工,主要靠激励手段,由员工自我管理,自主控制。他同时强调,这是梅奥人际关系理论的发展,是一种世界性的大潮流。而周副主任则坚持认为,在中国现阶段,又是这种流水线的生产,还是规范化的科学管理更可行。在这种流水线生产条件下,过分依靠自觉是不可行的,强有力的现场监督控制才是唯一有效的管理。两个人争执不下。

(资料来源:单凤儒.管理学基础,第三版.北京:高等教育出版社,2008年)

【思考】
1. 你知道被称为"科学管理之父"的泰勒及其思想吗?
2. 你了解梅奥的人际关系理论吗?

【课堂交流】
你更倾向于哪位副主任的观点?请说说你的理由。

一、古代各国的管理思想及实践

(一)古埃及的管理思想及实践

金字塔的修建,反映了古埃及时代在计划、组织和控制等方面的重大成就,如分工协作、科技结合等。在古埃及,建立了以法老为最高统治者的金字塔式的管理机构来管理国家,形成了自上而下的管理体制。

(二) 古希腊的管理思想及实践

古希腊是欧洲古代文明的发源地。古希腊人崇尚民主管理,追求健康、好学、创造、爱好人文、爱美、爱自由、中庸。

苏格拉底(Socrates)提出了人才治国的思想,认识到了管理的普遍性。他指出,一个好商人的职责和一个好将军的职责事实上是相同的,都要使下属顺从,都要把恰当的人安置在恰当的地方,都应该惩罚坏人和奖赏好人,都应该赢得下属的好感,都要吸引同盟者和助手,都应该努力和勤勉等。成功的管理者就是那些了解这些原则并在各个领域予以恰当应用的人。在个人修养上,苏格拉底提出"未经省察的人生是不值得过的"。

柏拉图(Plato)在《理想国》一书中提出了专业化或劳动分工原理,他把人分为三等:第一等人是治国贤哲,他们以智慧来管理国家;第二等人是卫国的武士,他们以其勇敢来帮助统治者实现暴力和防御,保障各行业的生活需要;第三等人是民间艺工,他们是手工业者、农民、商人等,他们通过劳动供给国家物质财富。

色诺芬(Xenophon)在《家庭管理》中,提出"家庭管理"的研究对象是奴隶主阶级对生产资料和劳动力的组织与管理,提出检验管理水平高低的标准是财富是否得到增加,认识到了管理的中心是加强人的管理,提出了劳动分工可以提高产品质量。

亚里士多德发展了他的老师柏拉图的学说,更加注重对城邦的改造。亚里士多德也发展了色诺芬的《家庭管理》的思想,研究了家庭成员关系,提出了一些致富的艺术。

(三) 古罗马的管理思想及实践

古罗马的管理思想经历了集权、分权到集权的过程。他们利用等级管理和委派、授权办法,把罗马扩张成为一个横跨亚欧非三洲的、组织效率很高的帝国。

(四) 古代中国的管理思想与实践

古代中国有许多世界闻名的伟大工程,如万里长城、京杭大运河、都江堰等,显示了无与伦比的组织和管理能力。

万里长城,总长2万多千米,工程历时2 000多年,投入劳动力数百万人,动用的土石方如筑成一条一米高一米宽的墙,可以绕地球13.5圈。筑城所用的砖都按统一规格,由全国各地烧制后运送到工地。为了监督检查制砖的质量和明确责任,每块砖上都刻有制造州府县及制造者的名字。要完成如此浩大的工程,在科学技术尚不发达的当时,其计划、组织、领导和控制等管理活动的复杂程度是现代人难以想象的。其严谨的工程计划、严格的工程质量管理、有效的分工和统一的质量标准创造了工程管理的奇迹。

在组织管理上,早在公元前二百多年,秦朝就创建了中央集权统治。在质量管理上,赵州桥、景德镇瓷器等享誉全球。在人力资源管理上,用科举制来选拔人才为封建社会的繁荣和稳定做出了不可磨灭的贡献。

南京大学周三多教授将中国传统管理思想归纳为九个要点:

(1)顺"道"。主观范畴的"道",指治国理论;客观范畴的"道",指客观经济规律,指管理要顺应客观规律。

（2）重人。包括两个方面，一是重人心向背，二是重人才归离。得民是治国之本，欲得民必先为民谋利。得人才是得人的核心，要得人才，先得民心。

（3）人和。"和"，就是调整人际关系，讲团结，上下和，左右和。对治国者而言，和能兴邦；对治理民众而言，和能生财。故我国历来把天时、地利、人和当作事业成功的三要素。

（4）守信。治国要守信，办企业要把诚信放在第一位。诚信是市场经济的基石。

（5）利器。生产要有工具，打仗要有兵器，中国历来有利器的传统。孔子说："工欲善其事，必先利其器。"例如，古代四大发明：造纸术、印刷术、指南针和火药。

（6）求实。实事求是，办事从实际出发，是自古以来备受推崇的思想方法和行为准则。儒家的"守正"原则要求做到看问题不要偏激，办事不要过头，也不要不及，过头则冒进，不及又会错过时机，流于保守。

（7）对策。在治军、治国、治理民众等一切竞争性和对抗活动中，必须统筹谋划、研究对策、以智取胜，所谓"夫运筹帷幄之中，决胜于千里之外"。研究对策有两个要点，一是预测，二是运筹。

（8）节俭。我国在理财和治生方面，提倡开源节流，崇俭戒奢，勤俭建国，勤俭持家。

（9）法治。法治思想起源于先秦法家思想和《管子》，后来逐渐演变成一整套法治体系。

中国古代管理思想在许多著作中都有体现，如《论语》《易经》《老子》《墨子》《管子》《孙子兵法》《齐民要术》《天工开物》等。

二、西方早期管理思想

18世纪至19世纪中期，英国工业革命和工厂制度的出现，对欧洲社会经济的发展起到了重要的影响。在工业革命早期，资本家凭借手中资本建立工厂，直接担任组织的管理者。此时，无论是资本家的管理，还是工人的生产操作，都没有成型的理论可以借鉴，人们还没有完全摆脱小生产者的传统，管理者凭借个人经验进行管理，工人按照小作坊式的工作模式进行操作。当时的管理者（资本家）大多依靠自己的经验和直觉来组织生产活动，管理活动还处于积累实践经验阶段。

这一时期也出现了许多管理实践和思想，对后期的管理思想有较大影响的学者有亚当·斯密、大卫·李嘉图、罗伯特·欧文、查尔斯·巴贝奇等。通过对这4位著名学者及其代表作的学习，可以了解西方早期管理思想的演变。

（一）亚当·斯密

亚当·斯密（Adam Smith，1723—1790），政治经济学的奠基人、哲学家。代表作《国民财富的性质和原因的研究》，即《国富论》，于1776年出版。他提出了国民财富的增加取决于增加生产人数、提高效率；同时提出了劳动分工理论和"经济人"的假设（交换是人类的本性）。

(二)大卫·李嘉图

大卫·李嘉图(David Ricardo,1772—1823),英国古典政治经济学代表。代表作《政治经济学及赋税原理》,于1817年出版。他继承和发展了亚当·斯密创立的劳动价值理论,并以此作为建立比较优势理论的理论基础。他认为限制政府的活动范围、减轻税收负担是增长经济的最好办法。

(三)罗伯特·欧文

罗伯特·欧文(Robert Owen,1771—1858),空想社会主义的代表人物之一。代表作《关于新拉纳克工厂的报告》,1812年发表于苏格兰。新拉纳克纺织厂推行尊重人、缩短工时、提高工资、改善住宅、重视教育等改革措施,欧文是最早注意到企业内部人力资源管理的重要性的人,被誉为"人事管理之父"。

(四)查尔斯·巴贝奇

查尔斯·巴贝奇(Charles Babbage,1792—1871),数学家、发明家、管理学家。代表作《论机器和制造业的经济》,于1832年出版。他分析指出,劳动分工是为了提高劳动生产率,提出了"工资=固定工资+利润分享+奖金"的工资制度,发明了台式手摇计算机。

管理自古有之,有人类活动,就有管理。人类在漫长的发展过程中,积累了大量的管理实践经验,并创造了一些宝贵的管理思想,但长时间未能形成系统的理论体系。直至19世纪末20世纪初,随着科技和生产力的飞速发展,出现了科学管理,这标志着人类系统的管理理论的诞生。在这之后的一百多年间,管理理论以极快的速度发展。

三、古典管理思想

古典管理理论的产生与发展时期又被称为科学管理思想发展阶段,其时间跨度为19世纪末至20世纪40年代。这一时期的管理理论主要是以泰勒的科学管理理论、法约尔的一般管理理论、韦伯的行政组织理论为代表。这些管理思想的日渐成熟,是对社会化大生产发展初期的管理思想较为系统的总结,标志着管理科学的建立。古典管理思想的出现如表1-1所示。

表1-1 古典管理思想的出现

主要贡献者	理论及出现时间	对管理的主要贡献
弗雷德里克·泰勒	《车间管理》,1903年;《科学管理原理》,1911年	采用科学的方法,通过提高劳动生产率和增加工人工资来提高生产率。强调应用科学,形成群体协调和合作,实现产出的最大化和培养工人
亨利·法约尔	《工业管理与一般管理》,1916年	将工业活动划分为技术、商业、财务、安全、会计和管理六个基本活动,强调对管理者进行教育的必要性。系统提出了管理的14条原则
马克斯·韦伯	《社会组织与经济组织理论》,1920年	提出了理想行政组织理论体系
切斯特·巴纳德	《经理人员的职能》,1938年	管理人员的任务是在一个正式组织中维护好一个合作系统。提出了关于管理的全面的社会系统方法

(一)泰勒及其科学管理理论

弗雷德里克·温斯洛·泰勒(Frederick Winslow Taylor,1856—1915),美国人,因眼疾辍学进入工厂,从工厂学徒做起,先后被提为工长、车间主任,直至总工程师。泰勒结合在工厂的实践,致力于研究如何提高劳动效率。1911年,他发表了《科学管理原理》一书,奠定了科学管理理论基础,标志着科学管理思想的正式形成,泰勒也因而被西方管理学界称为"科学管理之父"。其著作还有《计件工资制》(1895年)和《工厂管理》(1903年)等。

泰勒的主要思想是:

(1)科学管理的根本目的是谋求最高工作效率。

(2)达到最高工作效率的重要手段,是用科学(系统的知识)代替凭经验管理的方法。

(3)全力以赴地培养工人,从而达到他们和公司的利益最大化。

科学管理的核心,是把要管理的事情按作业链条分成若干个程序上的细节,并把每一个细节的效率提到最高。之后,福特发展了泰勒的思想,将福特 T 型车的整个生产过程分解为 84 个步骤,实现了"零部件"的标准化生产和流水式装配线,实现了专业化分工。

根据以上观点,泰勒提出了以下管理制度:①科学制订工作定额。②合理用人,科学选择员工,培训和提高员工素质。③推行标准化管理。制订科学的工艺规程,并用文件形式固定下来加以推广。④实行有差别的计件工资制。⑤计划职能和执行职能的分离。使管理和劳动分离,把管理工作称为计划职能,把工人的劳动称为执行职能。

(二)法约尔及其一般管理理论

亨利·法约尔(Henry Fayol,1841—1925),法国人,曾长期在企业中担任高级管理职务。1916年,法约尔发表了《工业管理和一般管理》一书,提出了他的一般管理理论。法约尔对管理理论的突出贡献是,从理论上概括出了一般管理的职能、要素和原则,把管理科学提到一个新的高度,后人把法约尔称为"管理过程之父"。

法约尔的管理思想是:

(1)企业的经营活动。法约尔提出企业所从事的一切活动可以归纳为六种,即技术活动,包括生产、制造和加工;商业活动,包括采购、销售和交换;财务活动,包括资金的筹措、运用和控制;安全活动,包括设备的维护和人员的保护,保证员工劳动安全;会计活动,包括货物盘点、成本统计和核算等;管理活动,包括计划、组织、指挥、协调和控制,并将其称为五大管理职能。管理只是六种活动的一种。

(2)管理的基本职能。法约尔提出了管理的五大职能,即计划、组织、指挥、协调和控制职能。计划指预测未来并制订行动方案;组织指建立企业的物质结构和社会结构;指挥指使企业人员发挥作用;协调指让企业人员团结一致,企业中的所有活动统一和谐;控制指保证企业进行的一切活动都符合所制订的计划和所下达的命令,这也是现代管理中普遍认可的五项管理职能。

(3)管理的 14 条原则。法约尔根据对企业管理实践的总结,提出了企业管理的 14 项原则,即劳动分工、权力和职责一致、纪律、统一指挥、统一领导、个人利益服从整体利益、报酬公平合理、权力的集中与分散、组织层次与部门的协调(等级链)、维护秩序、公平、人员保持稳定、首创精神和团队精神。

(三)韦伯及其理想行政组织体系理论

马克斯·韦伯(Max Weber,1864—1920),德国人,著名社会学家,对社会学、宗教学、经济学和政治学有广泛的兴趣,并发表过著作《社会组织和经济组织理论》,书中提出了理想行政组织体系理论,由此被人们称为"组织理论之父"。

韦伯指出,任何组织都必须有某种形式的权力作为基础,才能实现目标。只有理性、合法的权力才适合作为理想组织体系的基础。

韦伯的管理思想是:

(1)权力与权威是一切社会组织形成的基础。韦伯认为,组织中存在三种纯粹形式的权力与权威,一是法定的权力与权威,是依靠组织内部各级领导职位所具有的正式权力而建立的;二是传统的权力,是由于古老传统的不可侵犯性和执行这种权力的人的地位的正统性形成的(世袭);三是超凡的权力,是凭借对管理者个人的特殊的、神圣英雄主义或模范品德的崇拜而形成的。在这三者之中,韦伯最强调的是,组织必须以法定的权力与权威作为行政组织体系的基础。

(2)理想的行政组织体系的特征。组织的成员之间有明确的任务和分工,权利义务明确;组织内各职位按照等级原则进行法定安排,形成自上而下的等级系统;组织按照明文规定的法规、规章组成;组织中人员的任用,要根据职务的要求,通过正式的教育培训,考核合格后任命,严格掌握标准;管理与资本经营分离,管理者应成为职业工作者,而不是所有者;组织内人员之间的关系是工作与职位的关系,不受个人感情影响。

(四)巴纳德及其管理者的职责研究

切斯特·巴纳德(Chester I. Barnard,1886—1961)于1938年出版其代表作《经理人员的职能》,1948年出版《组织与管理》,他将社会学概念应用于分析经理人员的职能和工作的过程中,重点研究了组织结构的逻辑分析,提出了一套协作和组织的理论。

巴纳德的管理思想是:

(1)组织是一个有意识的协作系统。最为重要的因素是经理人员,依靠经理人员的协调,才能维持一个组织的协作系统。经理人员有三个主要职能:①制订并维持一套信息传递系统,通过组织系统图、合适的人选及可以共存的非正式组织来完成;②促使组织中每个人都能做出重要的贡献,包括选聘工人和合理的激励方式;③阐明并制订组织目标。巴纳德认为,高层管理者应该聚焦以下方面:制订组织目标、雇佣关键员工、维持组织内沟通和对组织发展变化及时做出反应。

(2)组织可以划分为正式组织和非正式组织。

(3)组织存在的三个基本条件。正式组织作为一个协作系统,无论级别的高低和规模的大小,都包含三个基本要素,即明确的目标、协作的意愿和良好的沟通。

法约尔和巴纳德位居管理高层,关注的是影响组织效益的各个方面,不只是技术方面的改进,还弥补了泰勒科学管理理论只注重技术改进并将其作为增加效益唯一方法的缺憾。但理想行政组织理论同样忽视了环境、技术、人等因素的制约作用,尤其是人作为能动性资源没有被重视。

四、现代管理理论

管理情景

韦尔奇的四项管理原则——弹性、条理、沟通和教育

韦尔奇1981年成为GE历史上最年轻的CEO。17年来,公司的市场价值从原来的120亿美元,上升到超过4 000亿美元,而且一直被公认为管理最优秀和最受推崇的公司之一。而GE之所以能够取得这样的成就,多亏了韦尔奇的四项管理原则。

(1)弹性。韦尔奇认为,果断与弹性并不矛盾,管理模式和经营理念必须随主客观环境的改变而改变,他就是坚持这一理念才使全球市值最高的GE公司仍然保持了难得的活力和灵活性。他提出,公司的任何一项业务如果不能在该行业的市场份额占据前三位,或不能够盈利,就应当坚决退出。这一引起众多争议的苛刻标准,并没有导致公司营业额的下降,反而使专注于核心业务的GE竞争力更加强大,盈利状况更好。

(2)条理。韦尔奇是伊利诺大学化工博士,他将学习状态反映在管理上。他非常善于将工作安排得极有条理,他将每年度的会议,乃至每天的工作都安排得科学而紧凑,不仅工作充实还能得到预期的效果。

(3)沟通。韦尔奇最成功的地方,是他在GE公司建立起非正式沟通的企业文化。他经常"微服私访",甚至可能直接给全球34万名员工中的任何一位写信或打电话,人们都用"杰克"来称呼他。不仅对雇员,韦尔奇对顾客也是如此。他最常引用的例子就是要大家拿出开"杂货店"的心态来经营GE公司。杂货店的特色是顾客第一,没有架子,没那么多繁文缛节。

(4)教育。韦尔奇极其重视员工的在职培训和教育工作,他使GE一直拥有引以为豪的人力资源。GE公司每年在员工培训上投入巨大,并以培养高层管理人员著称,以致GE公司被称作盛产CEO的摇篮。培养出这么多杰出人才,反映出韦尔奇确有高人一筹的管理智慧和领导艺术。

韦尔奇的这些管理原则,不但使GE成为强大而备受尊敬的公司,也为管理界留下很好的典范。

【思考】 如何理解领导者对企业发展的作用?

【课堂交流】 尝试举例谈谈你对坚持原则和保持灵活性的理解。

(一)现代管理理论的产生

现代管理理论产生与发展的时期为20世纪30年代到20世纪70年代。

现代管理理论产生的背景:

(1)生产力的发展,导致了企业生产过程的自动化、连续化和社会化程度空前提高;企业规模急剧扩大,出现一些大的跨国公司,市场竞争日益激烈,市场环境变化多端,这些都对企业管理提出了更高的要求,管理日趋复杂。

(2)科学技术以前所未有的速度迅猛发展,既对管理提出新的要求,又为管理提供全新的技术支持,科技成果被广泛采用。

(3)随着社会的进步,人在生产经营中的作用越来越重要,发挥人的积极性与创造性已成为现代管理的核心问题。正是在这样的背景下,一大批全新的管理思想与理论被应用于管理实践,并得到迅速发展。

进入20世纪50年代以后,管理理论出现了一种分散化的趋势,形成了诸多的学派,哈罗德·孔茨在1980年出版的《再论管理理论的丛林》一书中,将现代管理理论分为11个学派:(1)管理过程学派;(2)人际关系学派;(3)群体行为学派;(4)经验(或案例)学派;(5)社会协作系统学派;(6)社会技术系统学派;(7)系统学派;(8)决策理论学派;(9)数学学派或管理科学学派;(10)权变理论学派;(11)经理角色学派。

(二)行为科学理论

1. 人际关系理论

乔治·埃尔顿·梅奥,人际关系学说创始人,他领导了1924—1932年在芝加哥西方电气公司霍桑工厂进行的一系列试验(即霍桑试验)中后期的重要工作。

梅奥通过试验过程和结果,写成了《工业文明中人的问题》一书,他提出的人际关系理论的主要观点是:

(1)职工是社会人,而不是"经济人"。必须从社会系统的角度来看待职工,企业中的人首先是"社会人",即人是社会动物,除了物质需求外,还有社会、心理等方面的需求,因此不能忽视社会和心理因素对工人工作积极性的影响。

(2)生产效率主要取决于职工的工作态度以及他和周围人的关系。梅奥认为,提高生产率的主要途径是提高职工的满足程度,特别是人际关系的满足程度。如果职工的不满情绪能够得到及时排解,他们的生产率就会提升;反之,就会下降。

(3)企业中存在着非正式组织,非正式组织的共同利益影响着企业的生产效率,因此要重视"非正式组织"的管理策略。

(4)有效的管理不仅与管理者在技术上的能力有关,而且还取决于管理者处理人际关系的能力。

之后,行为科学理论蓬勃发展,产生了一大批影响力很大的科学家及理论,主要有马斯洛的需求层次理论、赫兹伯格的双因素理论、弗鲁姆的期望理论、麦格雷戈的X-Y理论和埃德加·沙因对人性的四种假设等。

2. 马斯洛的需求层次理论

马斯洛在《人类激励理论》中提出,人的五种需求依次为:生理需求—安全需求—社交需求—尊重需求—自我实现需求。

马斯洛认为,人的需求是有层次的,五种需求按照层次逐次递进,人在特定时期存在特定的主导需求,任何一种需求都不会因为更高层次需求的发展而消失。五种需求的等级次序并不是固定不变的,存在着等级倒置现象,各种需求相对满足的程度不同。人是一切管理工作的中心,管理应从研究人的需求和行为入手。

3. 赫兹伯格的双因素理论

美国著名心理与行为学家赫兹伯格提出了双因素理论,双因素分别为:①激励因素:工作上的成就感、得到提升、工作本身的丰富性和挑战性、职务、个人发展的可能性等;②保健因素:组织的政策与管理、与管理者之间的关系、与上下级之间的关系、薪资所得、工作安全、个人生活、工作环境与地位等。职工认为,保健因素是"应得的",他们不会因为得到"保健因素"而满意,只会因为得不到而不满;相反,没有"激励因素"没关系,但如果有了,职工会感觉"太好了",他们会备受激励。因此,要想增强职工的满足感,就必须依靠激励因素。

4. 弗鲁姆的期望理论

弗鲁姆在马斯洛与赫兹伯格理论的基础上,提出了期望理论:个人从事某项活动的动力和激励力的大小取决于该项活动产生的吸引力的大小和完成该项活动概率的大小。用公式来表示就是:吸引力×效价=激励力。

5. 麦格雷戈的 X-Y 理论

麦格雷戈的"X 理论":①一般人都生性懒惰,尽可能地逃避工作。②一般人都缺乏雄心壮志,不愿承担责任,宁愿被人领导。③一般人都以自我为中心,对组织需要漠不关心。④一般人都天生反对变革,安于现状。⑤一般人都不太机灵,缺乏理智,易于受到欺骗和煽动。麦格雷戈认为,管理就是通过别人来把事情办成,在"X 理论"下完成任务时,趋向于用"强硬的"管理办法,包括强迫和威胁、严密的监督和对行为的严格控制等。

麦格雷戈的"Y 理论":①人并非天生就厌恶工作,工作对人来说是一种满足。②在适当条件下,人不但接受而且主动地承担职责。③如果有适当的机会,人能将个人目标与组织目标统一起来。④人们愿意并且能够通过自我管理和自我控制来完成自己认同的组织目标。⑤大多数人都具有较强的解决组织问题的想象力和创造力。在"Y 理论"下完成任务时,趋向于用"松弛的"管理办法,包括采取随和的态度、一团和气、顺应职工的要求、创造机会、排除障碍、鼓励发展和帮助引导等。

6. 埃德加·沙因对人性的四种假设

美国行为科学家埃德加·沙因在 1965 年出版的《组织心理学》一书中,对人性进行归类并提出了四种假设:①理性—经济人的假设;②社会人的假设;③自我实现人的假设;④复杂人的假设。事实上,没有一种方式是适合于任何时代、任何人的万能管理方式,因此复杂人的假设引发了权变理论的产生。

(三)管理科学理论的发展

管理情景

运筹学在第二次世界大战中的运用

在第二次世界大战的时候,英国物理学家布莱克特领导他的团队进行了一系列的分析与研究。其中一部分是英国为了减少航运的损失推行护卫舰系统。从根本上说,用军舰护卫商船已经得到普遍的接受,然而问题是无法决定是使用比较大的护卫舰还是比较小的护卫舰。护卫舰的航速受到大小的限制,而小型的护卫舰航速比较快。人们还争辩说:"小型的护卫舰比较难受到德国潜艇的检测。"

但是另一方面,人们认为大型的护卫舰可以抵御突如其来的多艘战船的攻击。

布莱克特的团队经过分析后得出结论,大型的护卫舰比较有效率。从统计学的角度上说,护卫舰被发现的概率与船只的大小无关,较慢的护卫舰存在的风险比较大。经过多方面的比较,仍然应该选择大型的护卫舰。

【思考】 运筹学在第二次世界大战中是如何运用的?

第二次世界大战期间,英国为了解决国防需求而产生了运筹学,发展了新的数学分析和计算机技术,这些成果应用于管理工作就产生了管理科学理论,管理科学理论是对泰勒科学管理理论的继承和发扬。

1. 运筹学派

"运筹"一词,出自中国《史记·高祖本记》:"夫运筹帷幄之中,决胜于千里之外。"运筹学的英文 Operational Research 最早出现于 1938 年,原意为"作战研究",在美国称为 Operations Research,英文缩写为 OR。20 世纪 50 年代中期,钱学森、许国志等教授将运筹学引入我国,并结合我国的特点在国内推广应用,中国学术界将其译为运筹学。

运筹学运用于管理理论之后,由于研究方向的不同形成了新的分支,如规划论、库存论、排队论、对策论、搜索论和网络分析等。

2. 系统分析

系统分析是由美国兰德公司于 1949 年提出的,它运用科学和数学的方法对系统中的事件进行分析和研究。

系统分析的主要观点是,解决管理问题时要从全局出发,通过分析和研究制订出正确的决策。

运筹学和系统分析理论又被称为数量管理理论。

五、管理理论学派

20 世纪 50 年代以后,管理理论出现了一些分散化的趋势,形成了诸多的学派,被称为"管理理论的热带丛林"。

1. 经验(或案例)学派

代表人物包括彼得·德鲁克、欧内斯特·戴尔、艾尔弗雷德·斯隆等,通过案例研究经验,确定成败因素,以向企业的经理提供管理企业的成功经验和科学方法为目标。

主要观点:有关企业管理的理论应该从企业的实际出发,特别是以大企业管理经验为主要研究对象,管理学就是研究管理的经验,通过研究管理中的成功经验或失误,就能理解管理问题,自然就学会了进行有效的管理。

德鲁克认为,古典管理学派偏重于以工作为中心,忽视了人的一面,而行为科学又偏重于以人为中心,忽视了同工作相结合。因此,德鲁克提出了目标管理的概念。目标管理综合了以工作为中心和以人为中心两种观念,它使职工在完成任务、实现自己需要的同时,也使企业目标得以实现。

2. 决策理论学派

这一学派是在巴纳德的社会系统学派的基础上发展起来的,代表人物是赫伯特·西蒙和詹姆士·马奇等,强调决策的制订、做决策的人或群体以及决策过程。

主要观点:①企业管理的研究对象不是作业,而是决策;②决策贯穿于管理的全过程,管理就是决策;③决策的原则是"满意",而非"最优化";④程序化决策和非程序化决策的技术和决策中的思维过程;⑤把决策方法划分为收集情报、拟订计划、选定计划和评价计划四个阶段。

3. 权变理论学派

代表人物有汤姆·伯恩斯、保罗·劳伦斯、弗莱德·E·菲德勒、亨利·明茨伯格等,认为管理活动是环境自变量和管理观念及技术等因变量之间综合平衡的结果,环境变量与管理变量之间的函数关系就是权变关系。

权变管理理论强调要根据组织所处的环境随机应变,针对不同的环境寻求相应的管理模式、方案或方法,其核心是研究组织与环境的关系,并确定各种变量的关系类型和结构类型,如"超Y理论"和领导权变模型等。

超Y理论:①人们的需要有不同的类型;②组织形式和管理方法要与工作性质和人们的需要相适应;③管理要考虑多面性;④目标定位要不断提升才能激起职工的信任感。

领导权变模型:影响领导的效果有三个因素,即领导与成员的关系、任务的构成和职位权力。该理论认为,不存在一种"普遍适用"的领导方式,任何形态的领导方式都可能有效,其有效性取决于领导方式与环境是否适应。

4. 企业文化理论

企业文化发源于日本,形成于美国。最早提出企业文化概念的人是美国的管理学家威廉·大内。他于1981年出版了自己对日本企业的研究成果,即《Z理论——美国企业界怎样迎接日本的挑战》一书。他认为,日本企业成功的关键因素是它们独特的企业文化。1982年7月,美国哈佛大学教授泰伦斯·狄尔和麦肯锡咨询公司顾问爱伦·肯尼迪合著的《企业文化》一书正式出版,标志着企业文化这一新的管理理论诞生。企业文化是在西方市场经济条件下兴起的管理学说,是管理科学发展到一定历史阶段的产物。企业文化强调以人为本,重视企业的群体意识和人在管理中的作用,在运用现代管理技术和手段中特别突出了精神和文化的力量。

5. 学习型组织理论

学习型组织理论是美国麻省理工学院教授彼得·圣吉在其著作《第五项修炼:学习型组织的艺术与实务》一书中提出来的。圣吉认为,未来真正出色的企业,将是能够设法使各阶层人员全身心投入,并有能力不断学习的组织。学习型组织的五项修炼包括自我超越、改善心智模式、建立共同愿景、团队学习和系统思考。

6. 系统管理理论

中国传统的"天人合一"观念、"阴阳五行"的宇宙模式等，就是当时朴素的系统观，真正意义的系统管理理论形成于 20 世纪，其主要观点如下：

(1)组织是一个系统，由许多相互联系、相互依存的子系统构成。组织作为一个开放的社会技术系统，是由五个不同的分系统构成的，包括目标与价值系统、技术系统、社会心理系统、组织结构系统和管理系统。这五个分系统之间既相互独立又相互作用，不可分割，从而构成一个整体。这些系统还可以分为更小的子系统。

(2)企业是由人、物资、机器和其他资源在一定目标下组成的一体化系统，它的成长和发展同时受到这些组成要素的影响，在这些要素的相互关系中，人是主体，其他要素则是被动的。管理人员需力求保持各部分之间的动态平衡、相对稳定以及一定的连续性，以便适应情况的变化，达到预期目标。同时，企业预定目标的实现，不仅取决于内部环境，还取决于企业外部环境，如资源、市场、社会科技发展水平、法律制度等。

(3)系统在一定的环境下生存，与环境进行物质、能量和信息的交换。运用系统观点，可以把企业看成是一个投入产出系统，投入的是物资、劳动力和各种信息等，产出的是各种产品(或服务)。系统在"投入—转换—产出"的过程中不断进行自我调节，以获得自身发展。

7. 全面质量管理

全面质量管理(Total Quality Management，TQM)是指，在全面社会的推动下，企业中的所有部门、所有人员都以产品质量为核心，把专业技术、管理技术和数理统计技术集合在一起，建立起一套科学、严密、高效的质量保证体系，控制生产过程中影响质量的因素，以优质的工作、最经济的办法提供满足用户需要的产品的全部活动。TQM 强调提供可靠、满意的产品和服务，适应消费者以及满足质量要求。其基本理念是持续改进、重视细节、团队作风和质量教育等。

TQM 包括以下几个观点：

(1)关注顾客。TQM 注重顾客价值，顾客的满意和认同是企业长期赢得市场、创造价值的关键。

(2)关注流程。TQM 要求必须把以顾客为中心的思想贯穿到企业业务流程的管理中，即从市场调查、产品设计、试制、生产、检验、仓储、销售到售后服务的各个环节都应该牢固树立"顾客第一"的思想，不但要生产物美价廉的产品，而且要为顾客做好服务工作，最终让顾客放心满意。

(3)注重不断地改进。TQM 是一种永远不能满足的承诺，"非常好"还是不够，质量总能得到改进，要做到"没有最好，只有更好"。

(4)改进组织中每项工作的质量。TQM 不仅与最终产品有关，并且还与按时交货、迅速地响应顾客的投诉和提供更好的售后服务等有关系。

(5)精确地度量。TQM 采用统计度量组织作业中人的每一个关键变量，然后与标准和基准进行比较以发现问题，追踪问题的根源，从而达到消除问题、提高品质的目的。

(6)向员工授权。TQM吸收生产线上的工人加入改进过程,广泛地采用团队形式作为授权的载体,依靠团队发现和解决问题。

8. 精益思想

精益思想(Lean Thinking)源于20世纪80年代日本丰田发明的精益生产(Lean Manufacturing)方式,精益生产方式造就了日本汽车的质量与成本优势,曾经给美国汽车发展造成很大影响。其核心是消除浪费,以越来越少的投入(较少的人力、较少的设备、较短的时间和较小的场地)创造出尽可能多的价值;越来越接近用户,提供他们确实需要的东西。

精益管理是精益生产理论的扩展,是精益思想在企业各层面的深入应用,它是以精益思想为指导,以持续追求浪费最小、价值最大的生产方式和工作方式为目标的管理模式。

精益思想包括以下几个观点:

(1)客户确定价值。以客户的观点来确定企业从设计到生产再到交付的全部过程,实现客户需求的最大满足,将产品设计、制造、服务全过程的多余消耗减至最少。

(2)识别价值流。价值流是指从原材料转变为成品并给它赋予价值的全部活动,包括从概念到设计和投产的技术过程,从订单处理到计划和送货的信息过程,从原材料到产品的物质转换过程,以及产品全生命周期的支持和服务过程。识别价值流就是发现浪费和消灭浪费。

(3)价值流动。"流动(Flow)"和"拉动(Pull)"是精益思想实现价值的主要环节,要求创造价值的各个活动流动起来,用持续改进、JIT、单件流(one-piece flow)等方法在任何批量生产条件下创造价值的连续流动。全面质量管理和6 Sigma都是精益思想的组成部分。

(4)需求拉动。"拉动"是按客户的需求投入和产出,使客户在他们需要的时间得到需要的东西。流动和拉动会缩短产品开发时间、减少订货周期、降低生产周期、加速资金周转。

(5)尽善尽美。奇迹的出现是上述四个方面相互作用的结果,改进的结果必然是价值流动速度显著加快,通过尽善尽美的价值创造过程为用户提供尽善尽美的价值。"尽善尽美"是永远达不到的,但持续地追求尽善尽美,将造就一个永远充满活力、不断进步的企业。

9. 核心能力理论

战略管理理论的发展经历了三个阶段:经典战略理论阶段、产业结构分析阶段(波特阶段)和核心能力理论阶段。核心能力理论代表了战略管理理论在20世纪90年代的最新进展,它是由美国学者普拉哈拉德和英国学者哈默(C. K. Prahalad & G. Hamel)于1990年首次提出的,他们在《哈佛商业评论》所发表的《公司的核心能力》(The Core Competence of the Corporation)一文中指出,核心能力是组织内的集体知识和集体学习,尤其是协调不同生产技术和整合多种多样技术流的能力。核心能力理论认为,并不是企业所有的资源、知识和能力都能形成持续的竞争优势。区分核心能力和非核心能力主要在五

个方面:

(1)价值性。核心竞争能力必须对用户看重的价值起重要作用。

(2)异质性。一项能力要成为核心能力,必须是某公司所独有的、稀缺的,没有被当前和潜在的竞争对手所拥有。

(3)不可模仿性。其他企业无法通过学习获得,不易为竞争对手所模仿。

(4)难以替代性。没有战略性等价物。

(5)延展性。从公司总体来看,核心竞争能力必须是整个公司业务的基础,能够产生一系列其他产品和服务,能够在创新和多元化战略中实现范围经济。

只有当企业资源、知识和技能同时符合上述五项标准时,它们才成为企业的核心能力,并形成企业持续的竞争优势。

第三节　管理的对象与方法

管理情景

管人还是管事?

"贤主劳于求贤,而逸于治事"。这句话出自《吕氏春秋》,意思是说贤明的君主把精力主要放在求贤用人上,而在管理具体事务上则采取超然的态度。

美国著名企业家、钢铁大王卡内基也是一位用人专家。他的墓碑上刻着这样一句话:"一个知道选用比自己更强的人来为自己工作的人安息于此。"

【思考】　管理的对象是什么?

一、管理的对象

组织形式多种多样、丰富多彩,有营利性组织,如公司、工厂、银行等;也有非营利性组织,如学校、政府、军队等。尽管各种组织的工作性质千差万别,尽管管理者的称谓和级别迥然不同,但这些组织都是为了实现既定目标,通过计划、组织、领导、控制、创新等管理职能活动进行着任务、资源、职责、权利和利益的分配,协调着人们的相互关系。这就是各行各业、各种管理工作的共同点。所以,管理学是以各种管理工作中普遍适用的原理和方法作为研究对象的。

管理对象,也叫管理客体,是指管理活动的接受者,即组织的各类资源,包括人力资源、财力资源、物质资源、信息资源和时间资源等。人力资源是企业最重要、最活跃的资源,是企业价值创造的源泉,其管理工作包括规划与招募、甄选与配置、员工培训、绩效管理、员工开发、福利管理、劳资关系等。财力资源是各种经济资源的价值体现,通常表现为资金、资本等形态，包括资金筹集、合理使用和利润分配等内容，通过周转和运动增加企业价值。物质资源主要包括机器设备、物料、无形资产等形态，是企业运行的物质基础，通过提高周转速度和利用效率增加企业价值。时间包括工作时间、上下班时间、完成任务时间等，管理要科学运筹时间，节约劳动时间，提高工作效率。信息是管理者决策、计划、控制和发挥影响力的前提，是组织运行、实施管理的重要保障，也是能带来效益的宝贵资源。

对管理对象进行分类，比较具有代表性的还有"七要素法"，即"7M"，是指人员(Man)、资金(Money)、方法(Methods)、机器(Machines)、物料(Material)、市场(Market)和士气(Morale)。

二、管理的方法

管理方法是指管理者为实现组织目标，组织和协调管理要素的工作方式、途径或手段。管理方法一般可分为管理的法律方法、管理的行政方法、管理的经济方法、管理的教育方法和管理的技术方法，它们构成了一个完整的管理方法体系，见表1-2。

表 1-2　　　　　　　管理方法体系一览表

方法名称	内　　容	主要形式
法律方法	借助国家法规和组织制度，严格约束管理对象为实现组织目标而工作的一种方法	国家的法律、法规、条例、标准等；组织内部的规章制度，如章程、制度等；司法和仲裁
行政方法	依靠行政权威，借助行政手段，直接指挥和协调管理对象的方法	命令、计划、指挥、监督、检查、协调等
经济方法	依靠利益驱动，利用经济手段，通过调节影响被管理者的物质需要而促进管理目标实现的方法	价格、税收、信贷、利润、工资、奖金与罚款、经济合同等
教育方法	按照一定的目的和要求，对受教育者从德、智、体诸方面施加影响的一种有计划的活动	人生观及道德教育；爱国主义和集体主义教育；民主、法制和纪律教育；科学文化教育；组织文化建设等
技术方法	组织中各个层次的管理者根据管理活动的需要，自觉运用自己或他人所掌握的各类技术，以提高管理的效率和效果的方法	信息技术、决策技术、计划技术、组织技术和控制技术等

在管理实践中，要注意理论联系实际，做纵横的比较研究，参照经典案例与本土案例的思路，系统地进行分析和试验模拟；还要根据内外管理环境的变化而随机应变，才能有效率和有效果地完成组织目标。

第四节　管理者的技能和角色

管理情景

玫琳凯·阿什——大器晚成的女企业家

美国大器晚成的女企业家玫琳凯·阿什特别重视管理者自身的素质。她认为领导的素质就是所有员工的素质,称职的经理必须有很高的业务素质并以身作则。例如,所有的美容顾问都必须对自己的生产线了如指掌。一个销售主任除非自己是商品专家,否则是不可能说服其他美容顾问成为商品专家的。她说:"我无法想象一个不熟悉商品知识的销售主任怎样开好销售会议,这样的销售主任只能在会上要求众人'照我说的而不是照我做的那样去做',我相信,我们公司的情况也同其他公司一样,一个称职的经理是任何人也代替不了的。"

玫琳凯·阿什表示:"我只是在自己的形象极佳时才肯接待光临我家的客人。我认为,自己是一家化妆品公司的创始人,必须给人留下好的印象。因此,与其不能给人留下好印象,不如干脆闭门谢客。我甚至不得不限制自己最喜欢的消遣方式:养花。我认为,要是让我们公司的人看见我身上沾满了泥浆,那多不好。我的这些做法被传扬出去了。有人告诉我,我们全国的销售主任中有许多在学我的样子,都穿得十分漂亮,成了各自地区成千上万的美容顾问在穿着方面效仿的榜样。"

玫琳凯·阿什的成功之道,是她善于用赞美来激励自己的员工。玫琳凯·阿什公司里的一位推销员,虽然很有能力,但由于她经验不足,因此两次展销会上都没有卖出什么东西。在第三次展销会上,她终于卖出了35美元的商品。虽然在大多数人眼中,这个数目少得可怜,但玫琳凯·阿什反而表扬她说:"你卖出了35美元,比前两次强多了,真是了不起!"老板诚恳的赞扬,令这位推销员心里热乎乎的。后来她通过自己的努力,终于成为一名著名的推销员,财富与名望都不断地增加。

【思考】 管理者应具备什么样的素质?

【课堂交流】 赞美对管理者来说,有何作用?

一、管理者的含义和分类

(一)管理者的含义

管理者是指在一个组织中直接督导他人工作的人,是履行管理职能、对实现组织目标负有责任的人。

管理研究者开发了三个维度来描述管理者是做什么的,即管理者的职能、角色和技能。

(二)管理者的分类

1. 按管理者所处的组织层次,分为高层管理者、中层管理者和基层管理者

(1)高层管理者。高层管理者是组织中的高级领导人,对管理负有全面责任,负责制订与组织发展方向有关的决策,建立对所有员工都有影响的组织政策。其主要职责是制订战略目标、把握发展方向和拥有资源分配权等。他们对外代表组织,对内拥有最高职位和最高权限。如公司的董事会主席、首席执行官、总裁或总经理、副总经理,学校的校长和副校长、医院的院长和副院长等。

(2)中层管理者。中层管理者介于高层管理者和基层管理者之间,负责把高层管理者制订的目标落实到基层,使基层管理者能够贯彻执行。其主要职责是执行重大决策和管理意图、监督和协调基层管理者的工作活动、具体工作的规划和参谋。如公司中计划、生产、财务等部门的负责人、销售经理、项目经理和分公司经理等,政府中的主任和局长等。中层管理者一般可分为三类,即行政管理人员、技术性管理人员和支持性管理人员。

(3)基层管理者。基层管理者是最直接的一线生产经营的管理人员,是直接监察实际作业人员的管理者,负责作业人员的日常活动。其主要职责是直接给下属人员分派任务、直接指挥和监督现场作业活动、保证上级下达的各项计划和指令的完成。如团队领导、班组长、工段长和领班等。

无论哪个层次的管理者,其工作过程都涉及计划、组织、领导、控制和创新等管理活动,只是侧重点有所不同。一般来说,基层管理者所关心的主要是具体的战术性工作,而高层管理者所关心的则主要是抽象的战略性工作,中层管理者则介于两者之间。

2. 按管理者所从事的工作领域,分为综合管理人员和专业管理人员

(1)综合管理人员。综合管理人员是指负责管理整个组织或组织中某个事业部的全部活动的管理人员。他们有权指挥和支配该组织或该部门的全部资源与职能活动。如工厂的厂长、车间主任等。

(2)专业管理人员。专业管理人员是指负责管理组织中某一类活动(或职能)的管理人员,只在授权的职能或专业领域内行使职权。如生产部门管理人员、营销部门管理人员、人力资源部门管理人员、财务部门管理人员、研发部门管理人员、保卫部门管理人员等。

三、管理者的角色

亨利·明茨伯格研究发现,管理者扮演着十种角色,这十种角色可以分为三大类,即人际角色、信息角色和决策角色。见表1-3。

表1-3 管理者的角色

角色	描述	典型活动
人际关系	在处理与组织成员和其他利益相关者的关系时,扮演人际角色	
代表人	象征性首脑;行使一些具有礼仪性质的职责	迎接来访者、出席集会、宴请重要客户,签署法律文件等
领导者	管理者对所在单位的成败负领导责任,在工作小组内扮演领导者角色	激励下属,人员配备,培训员工等
联络者	维护内外部关系和消息来源	发感谢信,从事外部活动
信息传递	确保和他一起工作的人具有足够信息,从而能够顺利完成工作,扮演信息角色	
监督者	持续关注组织内外环境的变化以获取对组织有用的信息,有助于识别潜在的机会和威胁	阅读期刊和报告,与有关人员保持私人接触等
传播者	把重要的信息传递给组织其他成员	开会交流信息,通过电话、微信、QQ、电子邮件等传达信息
发言人	把信息传递给组织外的单位或个人	召开董事会,向媒体发布信息等

(续表)

角色	描述	典型活动
决策制订	处理信息并得出结论,负责分配资源以保证决策方案的实施	
企业家	发现机会,进行投资;制订改革方案并领导变革	制订组织战略,召开检查会议,开发新产品、提供新服务或发明新工艺等
干扰应对者	善于冲突管理或解决问题,组织面临混乱时果断采取纠正行动	平息客户的怒气,与不合作的供应商进行谈判,对员工争端进行调解等
资源分配者	分配组织资源,制订和批准组织决策	调度、授权,开展预算活动,安排下级工作等
谈判者	作为组织的代表,与员工、供应商、客户等进行谈判	参与企业和供应商、经销商、客户的谈判等

明茨伯格的管理角色理论从另外一个视角解释了管理者究竟在做什么,加深了人们对管理者所从事的工作的理解,使人们能更好地认识管理者对于组织的重要性。

三、管理者的技能

美国管理学家罗伯特·卡茨在1955年发表的论文《有效管理的技能》中,针对管理者的工作特点,提出了技术技能(Technical Skill)、人际技能(Human Skill)和概念技能(Conceptual Skill)三种管理者技能。卡茨认为,有效的管理者将依赖于这三种技能,见表1-4。

表 1-4　　有效管理者的三种技能

基本技能	含　义	内　容
技术技能	指管理者掌握与运用某一专业领域内的知识、技术和方法的能力	专业知识、经验;技术、技巧;程序、方法、操作与工具运用熟练程度(业务技能)
人际技能	指管理者在与人沟通、激励、引导、鼓舞员工热情和信息方面的技能;处理人事关系的技能	观察人,理解人,掌握人的心理规律的能力;人际交往,融洽相处,与人沟通的能力;了解并满足下属需要,进行有效激励的能力;善于团结他人,增强向心力、凝聚力的能力等
概念技能	指管理者观察、理解和处理各种全局性的复杂关系的抽象能力,对复杂事物的洞察、分析、判断、抽象和概括的能力	对复杂环境和管理问题的观察、分析能力;对全局性、战略性、长远性的重大问题处理与决断的能力;对突发性紧急处境的应变能力等。其核心是一种观察力和思维力

(一)技术技能

技术技能指与特定工作岗位有关的专业知识和技能,如生产技能、财务技能、营销技能等。管理者不必成为精通某一领域的技能专家,但需要了解并初步掌握与其管理专业相关的基本技能,否则很难与其所主管的组织内的专业技术人员进行有效沟通,导致无法对所辖业务范围的各项工作进行具体的指导。

不同层次的管理者,对于专业技能要求的程度是不同的。

(二)人际技能

人际技能指与处理人际关系有关的技能,即理解、激励他人并与他人共事的能力,包括领导能力,但其内涵远比领导能力广泛。因为管理者除了领导下属外,还要与上级领导和同级同事打交道,还得学会如何向上级领导反映意见,领会领导意图,学会与同事合作等。

(三)概念技能

概念技能指纵观全局、认清为什么要做某事的能力。即管理者在任何混乱、复杂的环境中,敏锐地辨别各种要素之间的相互关系,准确地抓住问题的实质,果断地做出正确决策的能力。

要成为有效的管理者,必须具备上述三种技能,缺一不可。对于高层管理者,最重要的是概念技能;基层管理者最接近现场,技术技能就显得格外重要。由于管理者的工作对象是人,因此人际技能对各个层次的管理者来说都是非常重要的。

第五节　管理的基本原理

管理,从本质上讲,意味着用智慧代替鲁莽,用知识代替习惯与传统,用合作代替强制。

——彼得·德鲁克

原理,就是对事物本质及其基本运动规律的表述。管理原理是对管理工作的本质内容进行科学分析总结而形成的基本真理,它是对现实管理现象的抽象,是对各项管理制度和管理方法的高度综合与概括,因而对一切管理活动具有普遍的指导意义。中外学者对管理原理的看法不一,本教材主要介绍系统原理、人本原理、效益原理、责任原理和伦理原理。

一、系统原理

系统是指由若干相互作用、相互依存的要素组合而成的具有特定功能的有机整体。系统原理是从系统论角度认识和处理管理问题的理论和方法。任何社会组织都是由人、物、信息等组成的系统。

系统原理的五个要点如下:

(1)整体性,指系统要素之间的相互关系以及各要素与系统之间的关系。以整体为主进行协调，局部服从整体，使整体效果最满意，即统筹兼顾，整体优化。

（2）动态性，指企业系统在不断变化的动态过程中求生存谋发展，管理要适应环境的不确定性和动态变化。

（3）开放性，要求管理者充分估计到外部因素对本系统的种种影响，努力从开放中提高本系统从外部吸入的物质、能量和信息。对外开放是系统的生命。

（4）环境适应性，指组织与环境相协调，优化配置，对环境保持最佳的适应状态。

（5）综合性，指系统目标的多样性与综合性以及系统实施方案选择的多样性与综合性，要求管理者既要把许多普普通通的东西综合为新的构思、新的产品，创造出新的系统，又要善于把复杂的系统分解为最简单的单元去逐一解决。

二、人本原理

人是企业管理的主体，要做好管理工作，达到预期目标，管理者应重视满足员工的合理需要。邓小平同志曾说过"管理就是服务"，管理者要为人服务。

以人为本就是以人为中心，强调充分发挥、调动人的积极性和创造性。

人本原理的主要观点如下：

（1）职工是企业的主体。企业管理既是对人的管理，也是为人的管理；企业经营的目的，不是单纯的商品生产，而是包括职工在内的人的社会发展服务。

（2）有效管理的关键是职工参与。适度分权、民主管理，依靠科学管理和职工参与，使个人利益与企业利益紧密结合，使企业全体职工为了共同的目标而自觉地努力奋斗，从而实现较高的工作效率。

（3）现代管理的核心是使人性得到最完美的发展。组织实施的每一项管理措施、制度、办法，不仅要看到实施取得的经济效果，同时也要考虑对人的精神状态的影响。只有从尊重个人的种族、信仰、文化、爱好、兴趣等方面出发，才能真正促进人的全面发展。

（4）服务于人是管理的根本目的。管理是以人为主体的，是为了实现人类的全面发展。"服务用户"和"服务市场"将成为企业管理必须依循的宗旨。

三、效益原理

效益的高低直接影响着组织的生存和发展，因此，效益是管理的永恒主题。管理的效益原理，是指组织的各项管理活动都要以实现有效性、追求高效益作为目标，从而有效率、有效果地完成组织任务。

效率（efficiency），指单位时间所取得的效果的数量，是用最少资源达到组织目标的能力。效率意味着"正确地做事"，即不浪费资源，反映了劳动时间的利用状况。

效果（effectiveness），指决定适当目标的能力，是通过努力获得的有用成果。效果意味着"做正确的事",即所从事的工作活动有助于达成组织目标。

效益(performance),指有效产出与投入之间的一种比例关系,是社会认可和接受的成果,可以分为社会效益和经济效益。

四、责任原理

管理是追求效率和效果、提高管理活动效益的过程。因此,就必须在合理分工的基础上明确规定各个部门和个人必须完成的工作任务和必须承担的责任。责任意味着做好分内的事和承担做错事的责任。

责任原理的具体要求如下:

(1)明确每个人的职责。每个人的职责界限要界定清楚,同时规定与其他单位和个人协同配合的要求,将职责落实到个人。

(2)职位设计和权限委授要合理。明确了职责,就要授予相应的权限。权限的合理委授,要做到职责权利对等。

(3)奖惩分明、公正且及时。对每个人的工作表现及绩效给予公正而及时的奖惩,有助于提高人的积极性,挖掘每个人的潜力,从而不断提高管理成效,及时引导每个人的行为朝符合组织需要的方向发展。

五、伦理原理

伦理是指导人与人相处的各种道德准则。企业伦理经营,就意味着企业注重维护利益相关者的利益,从而需要采取行动并付出一定的社会成本。一个组织要维持足够长的生命力,不仅需要遵守法律,还需要遵守伦理规范和讲究伦理。重视伦理有助于组织取得较好的经济效益和社会效益。

我国经济学家厉以宁先生认为:"效率实际上有两个基础,一个是物质技术基础,一个是道德基础。只具备效率的物质基础,只能产生常规效率。有了效率的道德基础,就能产生超常规的效率。"

本章小结

认识管理的含义和内涵、管理的重要性、管理的自然属性和社会属性,理解管理的科学性和艺术性。

理解管理的五大职能,即计划、组织、领导、控制和创新。

了解管理思想的形成和发展,了解早期的管理思想,掌握古典管理理论的代表人物和主要观点,掌握行为科学理论的主要观点及其发展,了解管理理论的主要学派及其主要观点。

认识管理的对象,掌握管理的法律方法、经济方法、教育方法和技术方法等。

认识亨利·明茨伯格的管理者角色理论,即人际角色、信息角色和决策角色。

了解管理者的概念,认识管理者的不同分类,掌握管理者应具备的技术技能、人际技能和概念技能。

掌握管理的基本原理,包括系统原理、人本原理、效益原理、责任原理和伦理原理等,提高对管理工作科学性的认识,迅速找到解决管理问题的途径和手段。

本章习题

一、单项选择题

1. 工厂中的领班、组长,商场中的主管,学校中的教研室主任,他们属于(   )。
   A. 基层管理者   B. 中层管理者   C. 高层管理者   D. 作业人员
2. 沟通、理解、激励下属的管理技能属于(   )。
   A. 技术技能   B. 诊断技能   C. 人际关系技能   D. 概念技能
3. 对基层管理者而言,其管理技能侧重于(   )。
   A. 技术技能   B. 财务技能   C. 谈判技能   D. 营销技能
4. 管理的控制职能主要由(   )管理人员执行。
   A. 高层   B. 中层   C. 基层第一线   D. 以上均不是
5. 管理者出席社区集会或参加社会活动时,所行使的是(   )的角色。
   A. 代表人   B. 联络者   C. 发言人   D. 谈判者
6. 在管理活动中,最重要、对管理决策起决定因素的是(   )。
   A. 人   B. 财   C. 物   D. 信息
7. 赫伯特·西蒙认为"管理就是决策",这实际上意味着(   )。
   A. 对于管理者来说,只要善于决策就一定能获得成功
   B. 管理的复杂性和挑战性都是由于决策的复杂性而导致的
   C. 决策能力对于管理的成功具有特别重要的作用
   D. 管理首先需要的就是面对复杂的环境做出决策
8. (   )被称为科学管理之父。
   A. 泰勒   B. 法约尔   C. 韦伯   D. 孔茨
9. 韦伯认为,传统式的权力是指(   )
   A. 超凡魅力   B. 法律   C. 世袭的权力   D. 先例和惯例
10. (   )是法约尔的代表作。
    A.《科学管理原理》   B.《工业管理和一般管理》
    C.《社会组织和经济组织理论》   D.《车间管理》
11. 梅奥通过霍桑试验得出,人是(   )。
    A. 经济人   B. 社会人   C. 理性人   D. 复杂人
12. (   )被称为"人事管理之父"。
    A. 亚当·斯密   B. 巴贝奇   C. 罗伯特·欧文   D. 亨利·法约尔
13. 通过方案的产生和选择表现出来的管理职能是(   )。

A. 决策　　　　　　B. 领导　　　　　　C. 创新　　　　　　D. 控制
14. 根据梅奥的社会人的管理思想,主张采用的主要管理方式是(　　)。
A. 指挥和控制　　　　　　　　B. 充分授权
C. 尊重和沟通　　　　　　　　D. 创造良好的工作环境,发挥员工的创造力
15. 根据马斯洛的需要层次理论,(　　)的主导需要可能是安全需要。
A. 总经理　　　　　　　　　　B. 失业人员
C. 刚刚参加工作的大学生　　　D. 工厂的一线操作工人
16. 核心能力理论由美国学者(　　)和英国学者哈默于1990年首次提出。
A. 戴明　　　B. 普拉哈拉德　　　C. 彼得·德鲁克　　　D. 费德勒
17. (　　)意味着"正确地做事"。
A. 效率　　　　B. 效果　　　　C. 效益　　　　D. 成果
18. 管理者对发现的机会进行投资是在履行(　　)角色。
A. 企业家　　　B. 冲突管理者　　　C. 资源分配者　　　D. 发言人
19. 管理者与员工、供应商、客户等进行沟通、协商,是在履行(　　)角色。
A. 代表人　　　B. 领导者　　　C. 联络者　　　D. 谈判者

二、多项选择题

1. 管理者应具备的管理技能有(　　)。
A. 技术技能　　　B. 人际技能　　　C. 概念技能　　　D. 诊断技能
2. 构成管理基本原理的有(　　)。
A. 系统原理　　　B. 人本原理　　　C. 责任原理　　　D. 创新原理
3. 下列各项属于经济方法的是(　　)。
A. 价格　　　B. 工资　　　C. 奖金　　　D. 利息
4. 管理的职能包括(　　)。
A. 组织　　　B. 计划　　　C. 领导　　　D. 控制
5. 人本原理的主要观点包括(　　)。
A. 职工是企业的主体
B. 有效管理的关键是职工参与
C. 现代管理的核心是使人性得到最完美的发展
D. 服务于人是管理的根本目的
6. 管理方法包括(　　)。
A. 法律方法　　　B. 行政方法　　　C. 经济方法　　　D. 教育方法
7. 根据赫兹伯格的双因素理论,以下属于激励因素的有(　　)。
A. 与同事的关系　　　　　　　B. 提升
C. 个人发展的可能性　　　　　D. 工资
E. 受到重视
8. 管理的科学性体现在(　　)。
A. 科学的规律性　　　　　　　B. 严密的程序性
C. 先进的技术性　　　　　　　D. 巧妙的应变

9. 管理的艺术性体现在（　　）。
   A. 严密的程序性　　　　　　　　B. 灵活的策略
   C. 完美的协调　　　　　　　　　D. 巧妙的应变

10. 人际关系理论的主要观点是（　　）。
    A. 工人是社会人，而不是经济人
    B. 生产效率主要取决于职工的工作态度以及他和周围人的关系
    C. 企业中存在着非正式组织，要重视非正式组织的作用
    D. 有效管理不仅取决于管理者在技术上的能力，还取决于管理者处理人际关系的能力

11. 全面质量管理的要点包括（　　）。
    A. 关注顾客　　　　　　　　　　B. 关注流程
    C. 注重不断地改进　　　　　　　D. 明确地度量
    E. 向员工授权

12. 区分公司核心能力与非核心能力主要在于（　　）。
    A. 价值性　　B. 异质性　　C. 不可模仿性　　D. 延展性
    E. 难以替代性

13. 管理的对象也叫管理的客体，指组织的各种资源，具体包括（　　）。
    A. 人力资源　　B. 财力资源　　C. 物质资源　　D. 信息资源
    E. 关系资源

14. 管理者承担人际角色时的三种具体表现是（　　）。
    A. 代表人　　B. 领导者　　C. 联络者　　D. 发言人

三、判断题

1. 管理普遍适用于任何类型的组织。　　　　　　　　　　　　　　（　　）
2. 管理自从有了人类集体活动后就开始了。　　　　　　　　　　　（　　）
3. 管理就是对一个组织所拥有的物质资源、人力资源进行计划、组织、领导和控制，从而实现组织目标。　　　　　　　　　　　　　　　　　　　　　　　（　　）
4. 管理的有效性在于充分利用各种资源，以最少的资源正确地实现组织的目标。
　　　　　　　　　　　　　　　　　　　　　　　　　　　　　（　　）
5. 部门经理属于高层管理人员。　　　　　　　　　　　　　　　　（　　）
6. 效率指用最少资源达到组织目标的能力，意味着"正确地做事"。（　　）
7. 管理包括计划、组织、协调、控制四个要素。　　　　　　　　　（　　）
8. 班组长对工人的管理，也要遵循"以人为本"的原则和要求。　　（　　）
9. 科学管理对人性的假设是"社会人"假设。　　　　　　　　　　（　　）
10. 每个雇员只能听命于一个上司，否则无法把工作干好。　　　　（　　）

四、问答题

1. 什么是管理？为什么需要管理？如何进行管理？
2. 如何理解管理的自然属性和社会属性、科学性和艺术性？
3. 管理包括哪些职能？它们各自的表现形式是什么？

4. 泰勒所提出的科学管理理论有哪些主要内容？
5. 行为科学理论的主要观点有哪些？
6. 根据罗伯特·卡茨的研究，管理者应具备哪些技能？
7. 管理的基本原理包含哪些内容？
8. 全面质量管理理论的主要观点有哪些？
9. 巴纳德认为经理人员的主要职能有哪些？
10. 根据亨利·明茨伯格的理论，管理者扮演哪些角色？

五、案例分析

松下幸之助的"柔性管理"

松下幸之助是日本松下电器集团公司的前任社长，被日本人称为"经营之神"，享誉全世界。

松下幸之助曾经指出，有一种领导者，运用超人的智慧与领袖气质，有效地领导员工达成目标。他自认为能力不足，自己又体弱多病，无法运用上述领导方式，所以他的方式是向部属求助，请求部属提供智慧。一句话，就是利用员工的智慧。

他常对部属说："我做不到，但我知道你们能做到。"松下曾经说过，经营者必须兼任"端菜"的工作。这句话的意思并不是说让经营者亲自去"端菜"，而是说经营者应该随时抱有这种谦逊的态度，对努力尽责的员工，要满怀感激之情。只要心怀感激，在行动之中便会自然地流露出来，这样一来，当然会使员工振奋精神，因而更加努力去工作作为回报。

松下幸之助先生说，当他的员工有一百人时，他要站在员工的最前面，以命令的口气，指挥员工工作；当他的员工增加到一千人时，他必须站在员工的中间，诚恳地请求员工鼎力相助；当他的员工达到一万人时，他只要站在员工的后面，心存感激就可以了；当他的员工达到五万或十万人时，除了心存感激还不够，必须双手合十，以拜佛的虔诚之心来领导他们。

松下幸之助的这一段话，充分表达了他"柔性管理"的精髓。

【思考】 请结合松下幸之助的"柔性管理"，谈谈你对柔性管理的认识与看法。

延伸阅读

创　新

创新是以新思维、新发明和新描述为特征的一种概念化过程。创新一词起源于拉丁语，它原有三层含义：第一，更新；第二，创造新的东西；第三，改变。创新概念起源于经济学家约瑟夫·熊彼特在1912年出版的《经济发展概论》一书，他在其著作中提出，创新是指把一种新的生产要素和生产条件的"新组合"引入生产体系。创新包括技术创新和管理创新，具体包括五种形式：(1)引入一种新产品；(2)采用一种新的生产方法；(3)开辟一个新的市场；(4)开拓并利用原材料或半成品的一种新的供应来源；(5)采用一种新的组织形式。

企业的创新涵盖众多领域,可以分为技术创新、管理创新、制度创新和商业创新等。

技术创新是企业创新的主要内容,指科学技术领域的创新,具体包括材料创新、手段创新、工艺创新和产品创新等;可以由技术推动,也可以由市场需求拉动或者兼而有之。

管理创新是一种创造新的资源整合范式的动态性活动,是指企业把新的管理要素(如新的管理方法、新的管理手段、新的管理模式等)或要素组合引入企业管理系统,以更有效地实现组织目标的创新活动。复旦大学芮明杰教授认为,管理创新至少包括五种形式:(1)提出一种新发展思路并加以有效实施;(2)创设一个新的组织机构并使之有效运转;(3)提出一个新的管理方式方法;(4)设计一种新的管理模式;(5)进行一项制度创新,具体包括产权制度的创新、经营制度的创新和管理制度的创新。

彼得·德鲁克在《管理的实践》中指出,企业的主要职能只有两个:一是营销,创造顾客;二是创新。在《创新与企业精神》一书中,他提出了六条创新原则:(1)有目的、有计划的创新,首先要从分析各种创新机会开始;(2)走出去观察、询问和倾听,研究潜在用户的期望、价值观和需求;(3)有效的创新必须简单和集中,最好是只做一件事;(4)有效创新开始要小,只做一件具体的事为好;(5)创新一开始就要树立充当领导潮流的奋斗目标,争取成为未来的发展方向;(6)要立足现在,即为现在创新,而不是企图为未来创新。

【思考】

1. 什么是创新?创新对于企业有何价值?
2. 企业创新包括哪些内容?
3. 创新应坚持什么原则?
4. 如何实现创新?

第二章 管理环境分析与管理问题的分析与界定

学习目标

1. 了解组织生存的环境,认识组织环境的概念和构成。
2. 理解组织的内外部环境情况,学会分析组织与环境的关系。
3. 掌握波特五力分析模型的原理和步骤。
4. 掌握SWOT分析方法。
5. 能针对某一特定企业的内外部环境进行简要分析。

能力目标

1. 运用波特五力分析模型,分析企业的具体环境。
2. 运用SWOT矩阵,分析企业竞争态势,确定企业未来发展方向。
3. 运用管理问题分析与界定的基本方法和思路,解决实际管理问题。

问题引导

1. 组织与环境之间的关系体现在哪些方面?
2. 管理工作为什么要关注环境?
3. 环境分析的重点是什么?
4. 环境分析有哪些常见的方法?

第一节 管理环境分析

管理情景

所长无用

从前,有个鲁国人善于编草鞋,他妻子善于织白绢。他想迁到越国去。友人对他说:

"你到越国去,一定会贫穷的。""为什么?""草鞋,是用来穿着走路的,但越国人习惯赤足走路;白绢,是用来做帽子的,但越国人习惯披头散发。凭着你的长处,到用不到你的地方去,这样,要使自己不贫穷,难道可能吗?"

【思考】 要发挥个人所长,该如何适应环境?

【课堂交流】 企业的发展受哪些环境因素的制约?

一、组织环境的概念

环境是组织生存、发展和获利的土壤,组织都以人、财、物、信息、关系和时间等内部条件为基础,并受到一系列外部环境因素的影响和制约。因此,认识和分析组织内外环境因素,把握其发展规律并迅速决策和行动,是管理成功的关键。

何为组织环境?美国管理学者斯蒂芬·P·罗宾斯将它定义为,影响组织绩效的外部机构与力量的总和。加雷思·R·琼斯等人则认为,组织环境是超出组织边界但对管理者获得、运用资源产生影响的一系列因素和条件的组合。综合而言,组织环境包括经济因素、人口因素、政治法律因素、社会文化因素、全球因素、技术因素等。环境是组织赖以生存的土壤,影响着组织内部的管理工作和效益水平,并对组织具有一定的约束和制约作用。组织与环境的关系如图 2-1 所示。

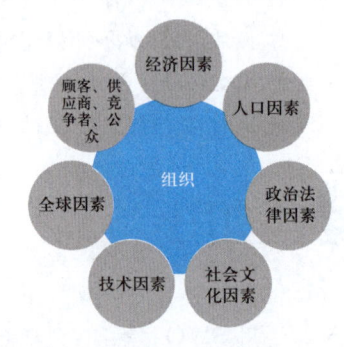

图 2-1 组织与环境的关系

二、组织环境的构成

根据各种环境因素产生的根源不同,组织环境分为外部环境与内部环境两大部分。外部环境是组织活动所处的总体环境,包括政治法律、社会文化、经济、技术和自然等因素。内部环境由组织内部的物质环境和文化环境构成,包括人力资源、物力资源、财力资源和文化环境等。

不同的组织面临着不同的具体环境,对绝大多数组织而言,供应商、顾客、竞争者、政府机构和特殊利益集团等都是造成不确定性的外部因素。

(一)组织外部环境

外部环境影响着组织的生存和发展,使企业当前环境存在不确定性;还影响着组织与其外部利益相关者之间的关系,从而约束和制约着组织的获利空间。

1. 政治法律环境

政治法律环境泛指一个国家的社会制度、执政党的性质、政府的方针政策以及国家制定的有关法令法规等。不同的国家有着不同的社会制度,不同的社会制度对组织活动有着不同的限制和要求。即使是社会制度没有发生变化的同一个国家,在不同的时期,由于执政党的不同,其政府的基本路线、方针、政策倾向及其对组织活动的影响也是不同的。对于这些变化,组织必须进行分析研究,调整战略部署。另外,随着社会法律体系的建立和完善,组织必须了解与其活动相关的法制系统及其运行状态。通过政治和法律环境研究,组织可以明确其所在的国家和政府目前禁止组织干什么、允许干什么和鼓励组织干什么,以便使组织活动符合社会利益并受到有关方面的保护和支持。

2. 社会文化环境

社会文化环境包括一个国家或地区的人口数量及其增长趋势、居民受教育的程度和文化水平,以及宗教信仰、风俗习惯、审美观念和价值观念等。一般来说,一个国家或地区的人口众多,一方面意味着劳动力资源丰富、总体市场规模大,这为组织开展经营活动和促进经济发展提供了有利条件;但另一方面也有可能因居民受教育水平难以大幅度提高,劳动者的总体素质比较低,从而成为经济发展的障碍。人口的素质及其文化观念对组织活动绩效水平有着重要影响。例如,居民受教育程度会影响劳动力的技能和心理需求层次以及作为消费者的基本行为特点;宗教信仰和风俗习惯会禁止或抵制某些活动的进行;审美观念会左右人们对组织活动方式及成果的态度与偏好;价值观念则不仅影响着社会成员对组织存在理由和目标的认识,并进而影响到该社会中各类机构的基本组织文化类型和变化趋向以及商业行为的伦理、道德、习惯和作风等。

3. 经济环境

对于作为经济组织的企业来说,经济环境是影响其经营活动的尤为重要的因素,可以从宏观和微观两个方面对经济环境加以分析。

宏观经济环境,主要指国民收入、国民生产总值及其变化情况以及通过这些指标能够反映的国民经济发展水平和发展速度。宏观经济的发展和繁荣显然会为企业等经济组织的生存和发展提供有利机会,而萧条、衰退的宏观经济形势则可能给所有经济组织带来生存上的困难。

微观经济环境,主要指企业所在地区或所服务市场区域的消费者收入水平、消费偏好、储蓄情况和就业程度等因素。这些因素直接决定着企业目前及未来的市场规模。假定其他条件不变,一个地区的就业越充分,收入水平越高,那么该地区的购买能力就越强,对某种活动及其产品的需求就越大。除了直接的产品生产经营活动外,一个地区经济收入水平对经济组织的其他活动也有重要影响。如在温饱问题没有解决之前,居民就很难自觉主动地去关心环保问题,组织的环保行为就相对受到忽略。

4. 技术环境

技术环境包括社会科技水平、社会科技力量、科技体制和科技政策等,其对组织活动过程和成果的影响不容忽视。就企业来说,其生产经营过程是由一定的劳动者借助一定的物质条件来生产和销售一定的产品及服务的过程。

从组织作业活动过程来看,无论何类组织开展何种作业活动,都需要利用一定的物质手段。学校的教学辅助手段,医院的医疗设施,企业的生产设备和经营设施,这些活动过程所需要的技术的先进程度,受到整个社会总体科技水平的影响和制约。

企业除了要考察与企业所处领域的活动直接相关的产品和过程技术及信息技术的发展变化以外,还应及时了解国家对科技开发的投资和支持重点、该领域技术发展动态和研究开发费用总额、技术转移和技术商品化速度以及专利及其保护情况等技术环境因素。

5. 自然环境

自然环境指企业所处地域的自然条件,包括资源状况、气候条件、地形地貌、山川景物、交通运输等。

中国人做事向来重视"天时""地利""人和"。如果说"天时"更多地取决于国家政策,"地利"则主要与地理位置、气候条件以及资源状况等自然因素相关。

地理位置是制约组织活动特别是企业经营活动的一个重要因素。企业选址是否靠近原料产地或产品销售市场,也会影响到资源获取的难易和交通运输的成本等。当国家在经济发展的某个时期对某些地区采取倾斜政策时,地理位置对企业活动的影响是显著的。

气候条件及其变化的影响也不容忽视。比如,在四季如春的昆明,空调的销售就很难打开市场。资源状况与地理位置也有一定的联系,特别是稀缺资源的蕴藏状况,不仅是一个国家或地区经济发展的基础,而且为所在地区经济组织开展活动提供了机会。如果没有蕴藏丰富的石油资源,中东国家就难以在沙漠中运营出许多高效益的石油公司。我国农村地区不少乡镇企业,在初期也正是靠优越的地理位置和资源开采而逐渐积累资金求得发展的。资源分布状况影响着一个国家或地区工业的布局和结构,并决定着在不同地区从事不同产业活动的企业的经营命运和特点。

(二)组织内部环境

1. 人力资源

人力资源指在一个国家或地区中,处于劳动年龄、未到劳动年龄和超过劳动年龄但具有劳动能力的人口之和。组织人力资源是指一个组织所拥有的能够制造产品或提供服务的人员,组织的人力资源研究对象是不同类型的人员的数量、素质和使用情况。

2. 物力资源

物力资源是指组织进行经营活动所需的物质资源,即在组织活动过程中需要运用的物质条件的拥有数量和利用程度。

3. 财力资源

财力资源指的是组织的资金拥有情况、构成情况、筹措渠道、使用情况等。财力资源是一种能够获取和改善组织其他资源的资源,是反映组织活动条件的一项综合因素。财力资源的状况决定着组织业务的拓展和组织活动的进行等。

4. 文化环境

文化环境是企业在长期的实践活动中形成的,为组织成员普遍认可和遵循的价值理念、生存理念、信仰、团体意识、规章制度、道德要求、行为规范等。

(三)组织具体环境

1. 供应商

供应商泛指组织活动所需各类资源和服务的供应者。企业的供应商主要包括为企业提供原材料、设备、工具、能源及土地和房地产的各类组织,为企业提供资本金和信贷资金的股东、银行、保险公司、福利基金会及其他类似的组织,以及在劳动力市场上为企业提供人力资源的个体和中介机构等。另外,为企业生产经营过程提供各种劳务和服务的机构,如货物运输设备修理、员工培训、环卫清洁及保安等服务机构,也是企业的供应商队伍。可以说,商品经济越发达,企业的供应商队伍越庞大。

2. 顾客

顾客是指组织产品或服务的购买者,主要包括所有出于直接使用目的而购买以及为再加工或再销售目的而购买本组织产品或服务的个体和组织。

3. 竞争对手

竞争对手是指与本组织存在资源和市场竞争关系的其他同类组织。企业的竞争对手包括现有生产和销售与本企业相同产品或服务的企业、潜在的进入者以及替代品制造厂商等。

4. 公众

公众是一个广义的概念,包括政府机构及特殊利益团体等组织。政府机构作为社会经济管理者,对企业的经营行为需要从全社会利益角度进行必要的调节和控制。而工会、妇联、消费者协会、绿色和平组织和新闻传播媒介等各种特殊利益代表团体和反映公众利益诉求的团体,也会对企业经营行为产生某种影响和制约。这些都是企业经营过程中不容忽视的具体环境力量。

综上所述,组织并不能自给自足,它们同环境发生相互作用,并受环境的影响。组织依赖其环境作为投入的来源和产出的接受者。组织还须遵守国家的法律并对有挑战组织行为的集团做出反应。正因为如此,供应商、顾客、竞争对手、公众及类似的机构才能对组织造成影响。

三、组织经营环境分析的常用方法

组织经营环境分析包括外部环境分析与内部环境分析两大部分。组织外部经营环境又可以分为组织的一般环境和具体环境。一般环境是指企业经营所共同面对的环境,主要有人口环境、经济环境、政治法律环境、社会文化环境、技术环境等;具体环境是指某一个或某一类企业开展经营活动所直接面临的环境,主要包括供应商、客户、竞争者、金融机构和政府机构等。因此,外部环境分析包括对一般环境的分析和具体环境的分析。

(一) 一般环境分析方法

一般环境分析最主要的方法是PEST分析法,它是战略咨询顾问用来帮助企业检阅其外部宏观环境的一种方法。对一般环境因素进行分析,不同行业和企业根据自身特点和经营需要,分析的具体内容会有差异,但一般是从政治法律环境、经济环境、社会文化环境和技术环境四个方面来探查和认识影响组织发展的外部因素。影响一般环境的主要因素见表2-1。

知识讲解

PEST分析法

表 2-1　　　　　　　影响一般环境的主要因素

主要方面	主要内容
政治法律环境	环境保护、社会保障、反不正当竞争及国家产业政策等
经济环境	增长率、政府收支、外贸收支、汇率、利率、通货膨胀率等
社会文化环境	公民的环境意识、消费文化、就业观念、工作观念等
技术环境	高新技术、工艺技术和基础研究的突破性进展等

(二)具体环境分析方法

具体环境是能更直接地影响某个企业的微观环境,分析具体环境时通常采用五力分析模型。

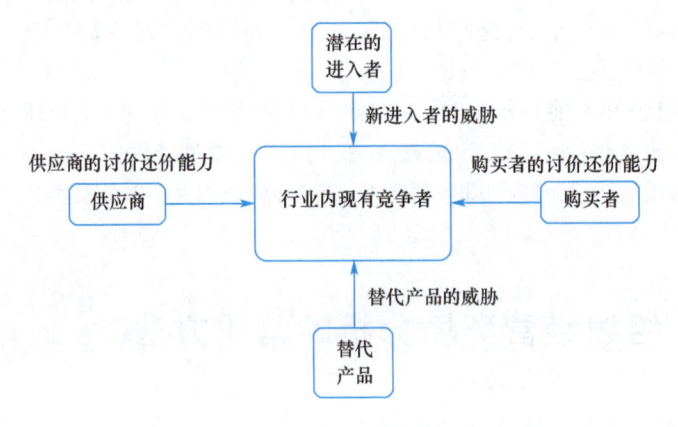

五力分析模型是美国经济学家迈克尔·波特提出的,在行业分析中用于对竞争战略进行分析,可以有效地剖析企业的竞争环境。分别是指:供应商的讨价还价能力、购买者的讨价还价能力、新进入者的威胁、替代产品的威胁、行业内现有竞争者的竞争能力。五力分析模型将大量不同的因素汇集在一个简便的模型中,以此分析一个行业的基本竞争态势。五力分析模型如图 2-2 所示。

图 2-2　五力分析模型

五力分析模型将影响业务的力量区分为五种,通过解析这些力量,能够有效分析某个业务的特征、魅力、未来的展望等。五力分析模型的具体分析方法如下:

1. 供应商的讨价还价能力

供应商主要通过提高投入要素价格与降低单位价值质量的能力,来影响行业中现有企业的盈利能力与产品竞争力。供应商力量的强弱主要取决于它们所提供给买主的是什么投入要素,当供应商提供的投入要素的价值在买主产品总成本中所占比例较大、对买主产品的生产过程非常重要或者严重影响买主产品的质量时,供应商对于买主的潜在讨价还价能力就大大增强。

2. 购买者的讨价还价能力

购买者主要通过其压价与要求提供较高的产品或服务质量的能力,来影响行业中现有企业的盈利能力。一般来说,满足如下条件的购买者可能具有较强的讨价还价能力:购买者的总数较少,而每个购买者的购买量较大,占卖方销售量的比例很大;卖方行业由大量相对来说规模较小的企业所组成;购买者所购买的基本上是一种标准化产品,同时向多个卖主购买产品在经济上完全可行。

3. 新进入者的威胁

新进入者在给行业带来新生产能力、新资源的同时,也希望在已被现有企业瓜分完毕的市场中赢得一席之地,这就有可能会与现有企业发生原材料与市场份额的竞争,最终导致行业中现有企业盈利水平降低,甚至还有可能危及这些企业的生存。新进入者产生威胁的严重程度取决于两方面的因素,即进入新领域的障碍大小与预期现有企业对新进入者的反应情况。

进入新领域的障碍主要包括规模经济、产品差异、资本需要、转换成本、销售渠道开拓、政府行为与政策、不受规模支配的成本劣势、自然资源和地理环境等,其中有些障碍很难借助复制或仿造的方式来突破。预期现有企业对新进入者的反应情况,主要是指现有企业采取回击行动的可能性大小,取决于有关厂商的财力情况、回击记录、固定资产规模和行业增长速度等。总之,新企业进入一个行业的可能性大小,取决于新进入者主观估计进入该行业所能带来的潜在利益、所需花费的代价与所要承担的风险这三者的相对大小情况。

4. 替代产品的威胁

替代是指一种产品在满足顾客某一特殊需求或多种需求时取代另一种产品的过程,替代产品的存在扩大了顾客的选择余地。两个处于不同行业中的企业,可能会由于所生产的产品互为替代品,从而在它们之间产生相互竞争行为,这种源自替代品的竞争会以各种形式影响行业中现有企业的竞争战略。首先,现有企业产品售价以及获利潜力的提高,将由于存在着能被用户方便接受的替代品而受到限制;其次,由于替代品生产者的进入,使得现有企业必须提高产品质量,或者通过降低成本来降低售价,或者使其产品更有特色,否则其销量与利润增长的目标就有可能受挫;最后,替代品生产者的竞争强度与产品用户转换成本的高低都会对竞争产生影响。替代品价格越低、质量越好、用户转换成本越低,其所能产生的竞争压力就越强,而这种来自替代品生产者的竞争压力的强度,可以通过考察替代品销售增长率、替代品厂家生产能力与盈利扩张情况来加以描述。

5. 行业内现有竞争者的竞争能力

大部分行业中的企业,相互之间的利益都是紧密联系在一起的。作为企业整体战略一部分的各企业竞争战略,其目标都在于使自己的企业获得相对于竞争对手的优势,所以在实施中就必然会产生冲突与对抗现象,这些冲突与对抗就构成了现有企业之间的竞争。现有企业之间的竞争常常表现在价格、广告、产品介绍和售后服务等方面。

行业中的每一个企业或多或少都必须应付以上各种力量构成的威胁,而且企业必然要面对行业中每一个竞争者的行动。除非认为正面交锋有必要且有益处,否则企业可以通过设置进入壁垒(差异化和转换成本)来保护自己。当一个企业确定了其优势和劣势时,就需要因势利导、准确定位,为保护自己做好准备,有效地对其他企业的行动做出反应。

根据上述对于五种竞争力量的分析,企业应采取将自身的经营与竞争力量隔绝开来、努力从自身利益需要出发影响行业竞争规则、先占领有利的市场地位再发起进攻性竞争行动等手段来应对这五种竞争力量,以增强自己的市场地位与竞争实力。

五力分析模型可以帮助企业深入分析行业竞争压力的来源,更清楚地认识到组织的优势和劣势以及组织所处行业发展中的机会与威胁。

五力分析模型的架构可广泛应用于发现问题、设定问题、制订解决方案等方面。

小阅读

迈克尔·波特(Michael E. Porter)是当今全球战略分析的权威,被誉为"竞争战略之父",是现代最伟大的商业思想家之一。他32岁即获哈佛大学商学院终身教授之职,是当今世界上竞争战略和竞争力方面公认的权威。他毕业于普林斯顿大学,后获哈佛大学商学院企业经济学博士学位。波特博士获得的崇高地位缘于他所提出的"五种竞争力量分析模型"和"三种竞争战略"(总成本领先战略、差异化战略和目标聚集战略)。目前,波特博士的课程已成为哈佛大学商学院的必修课之一。

迈克尔·波特的三部经典著作《竞争战略》《竞争优势》《国家竞争优势》被称为"竞争三部曲"。

(三)内外部环境综合分析

管理要通过组织内部的各种资源和条件来实现,因此,组织在分析其外部环境的同时,必须分析其内部环境,在内部环境、外部环境和经营目标之间寻求动态平衡。在竞争战略与竞争优势分析中,会经常用到SWOT分析法。

SWOT分析法即态势分析法,在20世纪80年代初由美国旧金山大学的管理学教授海因茨·韦里克(Heinz Weihrich)提出,麦肯锡咨询公司作为实践者起到了积极推广的作用。SWOT分析法是优势(Strength)、劣势(Weakness)、机会(Opportunity)和威胁(Threat)分析法的简称。优劣势分析主要着眼于企业自身的实力及其与竞争对手的比较,而机会和威胁分析则将注意力放在外部环境的变化及对企业的可能影响上。这种方法把环境分析结果归纳为优势、劣势、机会、威胁四部分,形成环境分析矩阵。SWOT分析见表2-2。

表2-2　　　　　　　　　　SWOT分析表

	潜在优势	潜在劣势
优势与劣势	设计良好的战略 强大的产品线 较宽的市场覆盖面 良好的市场营销 良好的品牌知名度 研发能力与领导水平领先 先进的信息处理能力 ……	不适应的战略 过时、狭窄的产品线 无效的营销计划 丧失信誉 研发创新下降 部门之间内斗内耗 公司控制力量薄弱 ……
	潜在机会	潜在威胁
机会与威胁	核心业务拓展 开发新的细分市场 扩大产品系列 将研发导入新领域 打破进入壁垒 寻找快速增长的新市场 ……	公司核心业务受到冲击 国内外市场竞争加剧 为进入设置壁垒 被兼并的可能 新产品或替代产品的出现 经济形势的下滑 ……

1. 优势与劣势分析

竞争优势是指一个企业超越其竞争对手的能力,这种能力有助于实现企业的主要目标。竞争优势可以是产品线的宽度,产品的大小、质量、可靠性、适用性、风格和形象以及服务及时和态度热情等。

企业在维持竞争优势的过程中,必须深刻认识自身的资源和能力,采取适当的措施。而影响企业竞争优势持续时间的,主要有三个关键因素:

(1)建立这种优势要多长时间。
(2)能够获得的优势有多大。
(3)竞争对手做出有力反应需要多长时间。

进行优劣势分析时,可以站在客户的角度,在每个环节上与竞争对手做详细的对比,如表 2-2 中列举的分析项目,也可以主要考虑战略选择是否适当、产品线是否合适、产品质量是否减弱、研发创新能力是否减弱、部门之间是否存在内耗、公司的控制能力是否减弱、企业的信誉是否下降或丧失等。

2. 机会与威胁分析

随着经济、社会、科技等方面的迅速发展,特别是世界经济全球化、一体化过程的加快,全球信息网络的建立和消费需求的多样化,企业所处的环境更为开放和动荡。这种变化几乎对所有企业都产生了深刻的影响。环境发展趋势分为两大类,即环境威胁和环境机会。环境威胁指的是环境中一种不利的发展趋势所形成的挑战,如果不采取果断的战略行为,这种不利趋势将导致公司的竞争地位受到削弱。环境机会是对公司富有吸引力的领域,在这一领域中,公司将拥有竞争优势。

3. SWOT 分析的基本步骤

(1)确认当前的战略是什么。
(2)确认企业外部环境的变化,寻找外部环境变化给企业带来的机会和威胁。
(3)根据企业内外资源组合情况,确认企业的关键能力和关键限制,明确竞争优势和劣势。
(4)绘制 SWOT 矩阵,按照通用矩阵或类似的方式打分评价。SWOT 矩阵如图 2-3 所示。
(5)将结果在 SWOT 分析表上定位。

内部环境 外部环境	优势(S)	劣势(W)
机会(O)	SO 组合	WO 组合
威胁(T)	ST 组合	WT 组合

图 2-3 SWOT 矩阵

SWOT 分析通常是在某一时点对企业内外环境进行扫描,然后进行优势、劣势、威胁和机会的分析,从而形成四种内外匹配的战略,即 SO 战略组合,依靠内部优势,利用外部机会;ST 战略组合,利用内部优势,回避外部威胁;WO 战略组合,利用外部机会,克服内部弱点;WT 战略组合,减少内部弱点,回避外部威胁。

【课堂交流】 给所在学校画一个 SWOT 矩阵，并据此为学校的未来发展确立战略方向。

第二节 管理问题的分析与界定

一、管理问题分析与界定的基本思路

在日常管理过程中，我们经常碰到这样那样的问题，而对管理问题的分析结论往往不是唯一的、标准的，但在众多结论中，肯定有一个最接近于客观现实。然而，这一结论在没有付诸实践之前，没有人可以印证与衡量它，使其达到 100% 的准确性。这可能源于管理所面临环境的不确定性、未来变化的不确定性、决策的非理性和决策信息的不够充分等因素。

管理过程中各事物间的关系非常复杂，其复杂程度越高，就越不易通过数据直接做出真实的判断。与医学诊断通过对症状进行分析从而找到病源的道理一样，我们必须依赖对数据的分析，从而找到产生这些问题的根源所在。

要解决管理问题，前提是对管理问题有正确和深刻的了解。这需要在收集大量信息的基础上，用科学的方法和技术分析问题、确定问题，以便更有效地解决问题。

管理问题分析与界定的基本工作过程如下：
(1) 收集信息。
(2) 分析问题。
(3) 在科学分析的基础上，准确地确定问题，界定问题的范围、性质。
(4) 提出解决问题的方向或思路。

管理问题分析与界定的模型如图 2-4 所示。

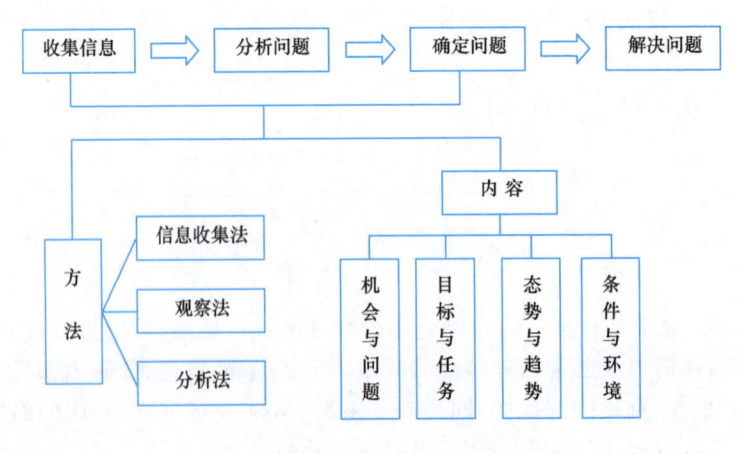

图 2-4 管理问题分析与界定的模型

二、管理问题分析与界定的基本内容

管理问题的分析水平不是短时间内就可以练成的,而是需要不断地实践,不断地总结分析问题的方法与经验。要想获得较为准确的结论,以下两个方面是必要的条件。

1. 充足的信息

没有具体而充足的信息,什么结论都只是捕风捉影,没有说服力。充足的信息是准确得到分析结论的必要条件。就像是一张藏宝图,如果被撕成 10 块,只得到其中的一两块是很难推测出图之全貌的,得到的块数越多,就越可能获得更准确的藏宝地址。信息不分企业内外,也不分经济、政治,更不分秘密、公开,正所谓"韩信将兵,多多益善",只要与分析事件有关,都应该予以采纳重视。然而,有时我们并没有办法得到比较全面的信息,每个企业中都存在不同程度的信息不对称问题,或者是基层人员无权知晓高层的信息,或者是高层人员没有沟通获取基层的信息。这就要求分析者必须通过各种渠道获取所需信息。

2. 恰当的思维方式

人们的思维方式不是形成后就保持稳定不变,它往往随着实践而不断趋向合理化。当某种思维方式总是取得成功时,大家就会把这种思维方式固化下来,人也会越来越趋向成熟、稳重。在这个过程中,有人愿意就事论事,有人愿意挖掘事物本质,有人愿意浮想联翩,有人愿意去寻找事物间的关系。一般来讲,分析问题就是要找到事物的本质,找到制约事物发展的关键要素。随着经验的增加,人们就会做出越来越合理的判断。只要我们有能力把握好这个分寸,分析管理问题的思维方式就具备了。

三、管理问题分析与界定的基本步骤

管理问题分析与界定并没有标准化的分析过程,这里仅介绍其基本步骤,如图 2-5 所示。

认识机会与挑战 → 把握管理的任务与目标 → 把握问题的现状与趋势 → 把握组织的条件与环境 → 明确解决问题的方向

图 2-5 管理问题分析与界定的基本步骤

小阅读

麦肯锡问题分析与解决技巧

日本学者高杉尚孝在《麦肯锡:问题分析与解决技巧》一书中,将解决问题的方法分为五个步骤:①发现问题,并将问题分类;②将问题转化成具体的课题;③找出解决课题的替代方案;④运用适合的标准,评估每项替代方案;⑤选出最佳的解决方案,并采取行动。麦肯锡解决问题的基本步骤如图 2-6 所示。

```
发现问题并分类 → 设定具体课题 → 找出替代方案 → 评估替代方案 → 实施解决策略 → 解决问题
```

图 2-6　麦肯锡解决问题的基本步骤

本章小结

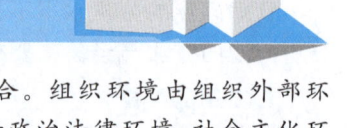

组织环境是指与组织活动有关的各种内外部因素的组合。组织环境由组织外部环境、组织内部环境和组织具体环境构成。组织外部环境包括政治法律环境、社会文化环境、经济环境、技术环境和自然环境等；组织内部环境包括人力资源、物力资源、财力资源和组织文化等；组织具体环境包括供应商、顾客、竞争对手和公众等。组织的经营环境分析包括外部环境分析与内部环境分析两大部分，外部环境分析包括对一般环境的分析和具体环境的分析。

波特五力分析模型主要分析的是供应商的讨价还价能力、购买者的讨价还价能力、潜在竞争者进入的能力、替代产品（或服务）的替代能力、行业内竞争者现有的竞争能力。

SWOT分析方法是一种企业内部分析方法，即根据企业自身既定的内在条件进行分析，找出企业的优势、劣势及核心竞争力之所在。其中，S代表 strength（优势），W代表 weakness（劣势），O代表 opportunity（机会），T代表 threat（威胁）；SW是内部因素，OT是外部因素。

管理问题分析与界定的一般思路为：收集信息—分析问题—确定问题—解决问题。

本章习题

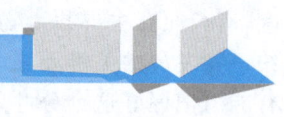

一、单项选择题

1. 面对日趋激烈的市场竞争，企业必须全面准确地把握环境的现状及将来的变化趋势，做到有效地适应环境并（　　）。
   A. 保持组织稳定　　B. 进行组织调整　　C. 推动环境变化　　D. 减少环境变化

2. 通过市场调查发现，保健品市场的兴起是由人们观念变化引起的，这一因素属于外部环境因素中的（　　）。
   A. 经济因素　　　　B. 技术因素　　　　C. 社会文化因素　　D. 政治法律因素

3. A公司是一家金属零件加工厂，专门为当地一家大型机械制造公司B供应零部件。那么，A公司将B公司作为自己的（　　）。
   A. 竞争者　　　　　B. 供应商　　　　　C. 同盟者　　　　　D. 顾客

4. 某企业经过认真细致的市场调研，决定将其主打产品由玻璃钢转向塑钢球。这主要反映了（　　）因素的影响。
   A. 经济环境　　　　B. 社会文化环境　　C. 科技环境　　　　D. 自然环境

5. 某民营企业面对竞争激烈的市场，多次主动承接一些特别客户提出的其他同行不愿承接的业务，并迅速发展壮大。这些业务要么数量很小，要么交货期短，要么质量要求高，因而被同行业许多有实力的企业认为无利可图而放弃。从中可以得出结论（　　）。
   A. 一个企业的发展关键是要敢于做其他企业不敢做的事
   B. 选择好业务切入点对于企业的长期发展意义重大

C. 在迅速变化的市场环境中抓住市场机遇是企业的头等大事
D. 积累能够满足客户需求的能力是企业成功的关键

二、多项选择题

1. 影响组织环境的因素多种多样,其中组织一般(社会)环境包括(　　)。
   A. 经济因素　　　B. 政治法律因素　　C. 社会文化因素　　D. 技术因素
2. 在具体环境分析方面,迈克尔·波特提出了"五种力量模型",五种力量是能够为企业提供机会或产生威胁的因素,即(　　)。
   A. 本行业其他企业　　　　　　　B. 供应商和购买者
   C. 其他行业中的潜在进入者　　　D. 替代产品及其生产企业组织
3. 内外部环境综合分析的SWOT分析包括四个方面,即(　　)。
   A. S,Strength,优势　　　　　　B. W,Weakness,劣势
   C. O,Opportunity,机会　　　　 D. T,Threat,威胁

三、判断题

1. 环境分析对管理之所以重要,根本原因就在于环境是不断变化的。(　　)
2. 企业不可能也没有必要同时对付所有竞争对手,只要能准确识别和应对主要竞争对手就足够了。(　　)
3. 组织一般可以预测政治环境的变化。(　　)
4. 外部环境为组织生存提供了条件,但也限制了组织的发展。(　　)
5. 那些尚未走出国门的企业或非营利性组织,很少会受到国际因素的影响。(　　)

四、案例分析

迪士尼败走巴黎

1984年,美国的沃特·迪士尼提出跨国经营的战略目标,首选开设东京迪士尼乐园。由于是第一次在国外开设迪士尼乐园,经验少,风险高,所以迪士尼决定采用不投资、不参股,只向日方转让技术的方式,收取技术转让费和管理服务费,由日方的东方地产公司投资建造和经营,结果取得了意想不到的成功。当年游客达1 000万人次,突破了预计指标,1990年游客已经达到每年1 400万人次,超过美国加州的迪士尼游客人数。

东京迪士尼乐园的成功,增强了沃特·迪士尼集团的信心。采取技术转让方式风险较低,但利润有限。除去开办时的咨询费,仅限门票收入的10%和国内商品销售额的5%。于是,1992年开办第二个巴黎迪士尼乐园时,迪士尼采取了股份合资的方式,投资18亿美元,在巴黎郊外开办了占地4 500公顷的大型娱乐场。奇怪的是,巴黎迪士尼乐园第一年的游客人数大大低于预计指标,当年亏损了9亿美元,迫使巴黎迪士尼乐园关闭了一所附设旅馆,解雇了950名雇员,全面推迟了二期工程的开发。巴黎迪士尼乐园的股票价格从164法郎跌到68法郎。欧洲舆论界戏称巴黎迪士尼乐园是"欧洲倒霉地"。

(资料来源:金圣才.管理学经典考试案例解析.北京:中国石化出版社,2009)

【思考】　东京模式的成功和巴黎模式的失败说明了什么?

延伸阅读

"互联网+"对组织的影响

(一)组织变革的推动力量

1.技术进步推动组织变革。信息技术是促进组织变革的根本驱动力。商业权力的重要来源是信息的获取、处理和分发。从技术的角度看,信息技术与互联网领域的不断创新,也为组织变革与重构提供了新技术和新思路——源于互联网,服务互联网。纵观人类社会历史,从农业社会、工业社会再到信息社会,每一次关键技术的出现与普及,无一例外地会引发组织的变革和重构。技术进步推动组织变革如图2-7所示。

图2-7 技术进步推动组织变革

2.商业模式的转变是直接动因。与福特制相对应的是泰罗制。信息时代的C2B商业模式,要求与之配套的组织管理模式是大平台+小前端。

3.互联网的文化基因不容忽视。追求科学的共同目标,优秀者赢得声望和荣誉,同行评论必不可少,同时所有研究成果必须公开。有了对互联网文化基因的梳理,我们才能够更好地理解互联网"人人参与"的理念和"端到端透明"的设计原则。

(二)"互联网+"时代组织的特点和效能

1.组织的原则是"柔性化、弱连接、小微化、自组织"。组织的原则由工业时代的标准化、流水线、大规模、集中化、极大化和"被组织",迈向"柔性化、弱连接、小微化、自组织"。

2.组织结构发展为"大平台+小前端(个人)"。任何组织都面临着是纵向控制还是横向协同,是集权控制还是分权创新的难题。今天的互联网和云计算,为解决这一难题提供了新方法,就是以后端坚实的云平台(管理或服务平台+业务平台)去支持前端的灵活创新,并以"内部多个小前端"去实现"外部多种个性化需求"的有效对接。组织结构需要从过去以节点职能(每个部门和岗位)为核心、层级制的金字塔结构,转变为一种以流程为核心的、网状的结构(满足消费者个性化需求)。大平台+小前端(个人)的方式如图2-8所示。

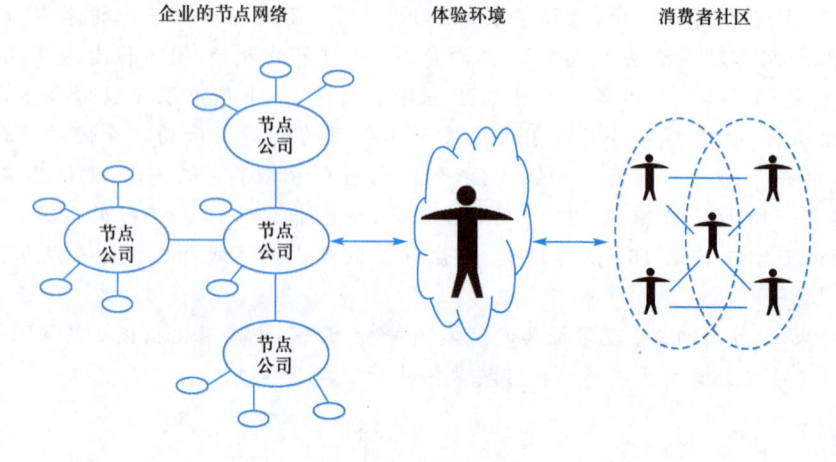

图2-8 大平台+小前端

第二章 管理环境分析与管理问题的分析与界定

3. 组织过程自组织化。互联网让跨越组织边界的大规模协作成为可能,组织在网络时代依靠组织协同应对"小批量、多品种、快反应"的消费需求。企业之间的协作走向了协同网的形态,网络时代的组织协同如图 2-9 所示。

消费者
- 分散孤立—相互联系
- 孤陋寡闻—见多识广
- 消极被动—积极主动
- 千篇一律—与众不同

设计师/达人/服务商
- 激发:隐性需求显性化
- 为C提供参与工具
- 汇聚、分类消费需求
- 对接B与C

企业内部
- 大平台、小前端
- 单个组织的开放化和社区化

企业之间
- 传统供应链的分散、裂变和重组
- 链—网:社会化大联网
- "柔、弱、微、碎"的新组织图景

图 2-9 网络时代的组织协同

4. 组织边界开放化。从价值链的视角来看,研发、设计和制造等很多商业环节,都出现了一种突破企业边界、展开社会化协作的大趋势。从企业与消费者的关系来看,此前的模式是由企业向消费者单向地交付价值,而在C2B模式下,价值将由消费者与企业共同创造,如消费者的点评、参与设计和个性化定制等。

5. 组织规模小微化。工业时代追求"小品种、大批量"的规模经济,与之相适应,组织持续走向极大化。但在信息时代,"多品种、小批量"的范围经济正在不同行业拓展自己的空间,更多的组织规模相应地也在逐步走向小微化。组织规模的小微化如图 2-10 所示。

- 互联网:企业外部协作成本比内部协作成本下降更快
- 企业规模持续缩小
- 企业内部裂变为多个小前端,甚至"小前端"极致地缩减为1人
- 1人企业进一步"碎片化、U盘化生存",如演员之不同于剧组

图 2-10 组织规模小微化

(资料来源:阿里研究院.互联网+未来空间无限.北京:人民出版社,2015;互联网+:从 IT 到 DT.北京:机械工业出版社,2015)

【思考】"互联网+"对组织有何影响?组织应如何应对?

第三章 决策与计划

学习目标

1. 理解决策的含义,了解决策的类型,掌握决策的八个步骤。
2. 掌握定性决策和定量决策的方法。
3. 理解计划的含义,区分和分析各种类型的计划,掌握计划工作的基本步骤。
4. 掌握计划编制原理和计划工作程序,掌握计划的编制方法。
5. 认识目标管理的内涵,掌握目标管理的实施过程。
6. 描述如何根据不同情况制订可考核的目标。

能力目标

1. 运用所学计划理论完成个人职业生涯规划的制订。
2. 运用所学决策和计划理论,分小组制订创业计划书。
3. 掌握决策和计划方法在制订职业生涯规划和创业计划书中的应用。
4. 学会用五力分析法、态势分析法分析创业计划书的可行性。

问题引导

1. 著名管理学家西蒙教授认为"管理就是决策",决策为什么如此重要?
2. 制订决策的过程是什么?决策过程的难点在哪里?
3. 群体决策有助于改进决策效果吗?
4. 做好决策工作需要掌握什么方法和技能?
5. 计划职能与决策职能有何关联?
6. 计划职能对组织有何重要作用?
7. 什么是目标管理?如何实施目标管理?

管理情景

通用电气的全员决策

美国通用电气公司是一家集团公司,1981年杰克·韦尔奇接任总裁后,认为公司管理的太多,而领导的太少,工人们对自己的工作比老板清楚得多,经理们最好不要横加干涉。为此,该公司实行了"全员决策"制度,使那些平时没有机会互相交流的员工和中层管理人员都能出席决策讨论会。"全员决策"的开展,消除了公司中官僚主义的弊端,减少了烦琐的程序,使公司在经济不景气的情况下取得了巨大进展。韦尔奇本人被誉为全美最优秀的企业家之一。

杰克·韦尔奇的"全员决策"有利于避免企业中的权力过分集中这一弊端,让每一个员工都体会到自己也是企业的主人,从而真正为企业的发展着想。

【思考】 什么是决策?"全员决策"有哪些优点?

【课堂交流】 目前为止,影响你人生最大的决策是什么?你是如何决策的?

不论个人、组织或国家,一切活动都是为了实现一定的目标,而实现目标的途径和方法多种多样,这就需要进行正确的判断和选择,也就是要进行决策。决策是管理的核心内容,管理的各项职能如计划、组织、领导、控制和创新等都离不开决策。

第一节 决策概述

一、决策的含义

任何一个组织的管理者的大部分工作都是在做决策,管理的各项职能也都离不开决策。"决策"一词,简单来说就是做出决定或选择,是从可供选择的备选方案中选择一个方案的过程。

西蒙认为,管理就是决策,是指通过分析与比较,在若干种可供选择的方案中选定最优方案的过程。

路易斯、古德曼和范特认为,决策是管理者识别并解决问题的过程,或者是管理者利用机会的过程,即决策的主体是管理者,决策是一个过程,决策的目的是解决问题或利用机会。

我国学者周三多教授认为,决策是指组织或个人为了实现某种目标而对未来一定时期内有关活动的方向、内容及方式的选择或调整过程。

总之,决策是指人们为实现既定的目标,从拟订的实现目标的各种可行方案中选择一个合理方案的分析判断过程。

二、决策的类型

管理情景

赤壁之战

赤壁之战,是东汉末年,孙权、刘备联军于建安十三年(公元208年)在长江赤壁一带与曹操大军进行的大规模战役,在这场战争中,孙刘联军以不足10万的兵力,大破曹操

80万大军,是中国历史上以少胜多、以弱胜强的著名战役之一。在这场战争中,除了孙刘联军用兵得当之外,曹操数次决策失误也是造成其失败的主要原因。

战争之初,曹操平定北方群雄,急于南下一统天下,谋士贾诩、程昱等人多次劝促,应该安抚百姓、休养生息,静待时机,急于南下必然导致孙刘结盟,然而曹操一意孤行,执意出兵导致孙刘结盟。在战争中,周瑜设反间计,利用前往东吴刺探军情的蒋干,向曹操献上蔡瑁和张允阴谋反叛的报告,曹操一时没有分辨其真伪,杀死手下唯一懂得水战的将领,导致曹军缺乏水军统领。随后,曹军因北方人马不习水战,严重晕船,曹操听信庞统的计策,将战船首尾相连,当时曹操手下已有谋士警告,这么做如果对方采用火攻将面临全军覆没的危险,曹操不以为然,为赤壁之战惨败埋下伏笔。最后,周瑜和黄盖采用苦肉计,致使曹操相信黄盖投降,导致黄盖人马一路深入曹营发动火攻,曹军最终大败,死伤过半。赤壁之战的失利使曹操失去了在短时间内统一全国的可能性,而孙刘双方则借此胜役开始发展壮大各自势力,此战形成天下三分的雏形,奠定了三国鼎立的基础。

在组织的管理中,领导者的一次次决策最终影响了组织的命运,怎样减少决策失误,使决策尽可能科学、有效,是每个管理者必须思考和重视的内容。

【思考】 决策对组织有什么作用?

【课堂交流】 如何避免决策失误?

(一)根据决策主体,将决策分为个人决策与集体决策

个人决策是指由管理者个人做出决定的决策,其优点是处理问题快速、果断,缺点是容易出现鲁莽和武断等现象。

集体决策是指由两个人以上的群体共同做出决定的决策。其优点是能更大范围地汇总信息,拟订更多的备选方案,有利于提高决策的质量;组织成员之间能够更好地沟通,有利于增强决策方案的接受性;各部门之间相互协调,有利于决策更好地执行。其缺点是决策花费的时间较长、费用较高,并且可能导致责任不清。

(二)根据决策的备选方案、自然状态及后果,将决策分为确定性决策、风险性决策和非确定性决策

确定性决策是指在稳定(可控)条件下进行的决策。在确定性决策中,各种可行方案所需的条件是已知的,每个方案只有一个结果,最终选择哪个方案取决于对各个方案结果的直接比较。确定性决策一般可以用数学模型来选择,如用量本利分析法来确定企业的保本点销售量等。

风险性决策也称随机决策,是指决策者不能预先确知环境条件,可供选择的方案可能有几种自然状态,只能根据自然状态发生的概率进行决策。在风险性决策中,决策者虽然不知道哪种自然状态会发生,但能够知道有多少种自然状态以及每种自然状态发生的概率,根据概率进行计算并做出决策,如股票投资等。

不确定性决策是指在不稳定条件下进行的决策。在不确定性决策中,决策者不知道有多少种自然状态,也不知道每种自然状态发生的概率,只能根据决策者的直觉、经验和

判断能力来决策。

(三)根据决策问题的性质和重要程度,将决策分为战略决策、战术决策和业务决策

战略决策对组织最重要,是指组织最高管理层对组织未来的整体发展做出全局性、长远性和方向性的决策。通常包括组织目标、发展战略和竞争战略的制订,组织机构的调整,企业产品的更新换代和技术改造等。

战术决策又称管理决策,是在组织内贯彻的决策,是指组织的中间管理层为实现组织中各环节的高度协调和资源的合理利用而做出的决策。如企业生产计划和销售计划的制订、设备的更新、新产品的定价及资金筹措等。

业务决策又称执行性决策,是组织的基层管理者在日常工作中为提高生产效率和工作效率而做出的决策。如工作任务的日常分配和检查、工作日程的安排和监督、岗位责任制的制定和执行、库存的控制以及材料的采购等。

(四)根据决策问题的重复程度,将决策分为程序化决策和非程序化决策

组织中的问题一般可分为两类,一类是例行问题,另一类是例外问题。例行问题是指那些重复出现的、日常的管理问题,如管理者日常遇到的现金短缺、设备故障、产品质量、供货单位未按时履行合同等。例外问题是指那些偶然发生的、新颖的、性质和结构不明的、具有重大影响的问题,如组织结构变化、重大投资、重要的人事任免、新市场的开拓和新产品的开发等。程序化决策是对涉及例行问题的决策,按事先规定的程序、处理方法和标准去解决。非程序化决策是对涉及例外问题的决策,由决策者根据个人经验、知识、洞察力、直觉、价值观和其个人决策艺术进行决策。

(五)根据决策方法,将决策分为定量决策和定性决策

定量决策是指运用数学模型及计算机手段,在对决策问题进行定量分析的基础上进行决策的方法,如线性规划法、量本利分析法和决策树法等。定性决策是指在决策中充分发挥专家的集体智慧、能力和经验,在系统调查研究分析的基础上进行决策的方法。定性决策方法有很多种,常用的有专家决策咨询会法、头脑风暴法、德尔菲法和电子会议分析法等。

【课堂交流】 什么是决策?结合个人实际经验,说说至今对自己影响最大的决策是什么?你是如何决策的?

三、决策的制订过程

制订决策通常被描述为在各种不同的方案中进行选择,但这种看法过于简单化,因为制订决策是一个过程,而不仅仅是从各种备选方案中进行选择的简单行为。决策制订过程分为八个步骤,如图3-1所示。

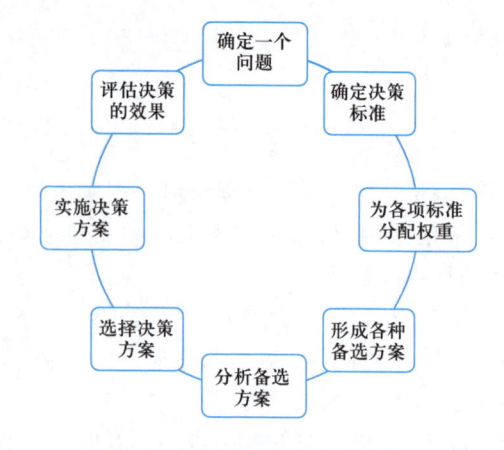

图 3-1　决策制订过程的八个步骤

(一)确定一个问题

每一项决策都始于一个问题,即现有状况和预期状况之间的不一致,因此发现问题是决策过程的起点。管理者要密切关注与其责任范围有关的各类信息,包括外部的信息和报告以及组织内的信息,必须不断地调查、分析、研究组织与环境的适应情况,才能准确地找到问题的关键。发现问题后,还必须对问题进行分析,找出产生问题的内在原因,这个阶段要提出和回答的有效问题包括:正在发生的和应该发生的情况有什么不同?怎样尽可能具体地描述这个偏差?偏差的原因是什么?具体要达到的目标是什么?哪些目标对决策的成功是绝对关键的?

(二)确定决策标准

决策标准是指导管理者决策的依据,是决策时的参考标准。确定决策标准应符合以下要求:首先,决策标准要有根据,要明确了解决策所需解决的问题的性质、范围、特点和原因;其次,决策标准必须具体明确;再次,决策标准应分清主次关系;最后,要规定决策标准的约束条件。

(三)为各项标准分配权重

决策标准并不是同等重要的,那么决策者必须为这些标准分配权重,确定它们在决策时的优先考虑顺序。一个简单的方法是给予最重要的标准10分的权重,然后参照这个权重分数来为其他标准打分。

(四)形成各种备选方案

组织的目标确定以后,决策者就要提出达到目标和解决问题的各种可行的方案。决策者往往借助其个人经验、经历和对有关情况的把握来提出备选方案。

(五)分析备选方案

决策者在提出备选方案后,应把所有可能达到目标的各种方案罗列出来,以便清楚地加以分析与评估。评估时要结合步骤二的决策标准和步骤三的权重及分数来进行综合判断。

(六)选择决策方案

拟订出各种备选方案后,就要根据决策目标的要求,对各种方案进行评估、比较和选择。决策者应具备评价各种方案的价值或相对优劣的能力,在评估和选择时,要采用现代化的分析、评价和预测方法对各种备选方案进行综合评价,并对各种备选方案进行排序,选出最佳的备选方案。

(七)实施决策方案

决策方案的实施是决策中至关重要的一步,没有决策的执行,就不能达到决策的目的。在方案选定之后,决策者就要及时制订实施方案的具体措施和步骤。由于组织内部条件和外部环境的不断变化,决策者还要建立信息反馈制度,根据各职能部门反馈的信息,及时追踪方案实施情况,对于偏离既定目标的方案,要采取有效措施加以修订和补充,以确保既定目标的顺利实现。

(八)评价决策的效果

决策制订过程的最后一个步骤是评价该项决策的后果或结果,以检查问题是否得到解决。

第二节　决策的基本方法

管理情景

找工作的满意原则

小姚是一名管理专业的学生,临近毕业,他希望获得一份工作,按照他的专业和兴趣,他给自己确定的最佳选择是成为一名管理分析师,起薪不低于4 000元,工作地点离他家不超过10千米。经过一段时间的筛选,最终他接受了一家银行提供的管理助理职位,虽然不是管理分析师,但仍然是在管理领域,而且这家银行离他家只有6千米,并且为他提供了4 500元的月薪。但其实,如果他能够进行一番更加全面的工作搜寻,他可以在离家3千米的一家信托公司找到一个起薪5 000元的管理分析师职位。也就是说,小姚并不是一位完全理性的决策者,因为他并没有搜寻所有可能的备选方案,并从中选择最佳方案来使他的决策最优化。但是,因为这家银行向他提供的这份工作是令他满意的,或者说是足够好的,所以他接受了这份工作,他是在用有限理性的方式做事。

在现实中,最优决策、最佳决策要满足许多前提条件方能成立,因此"令人满意的"决策会更加可行、具有操作性。

【思考】 你如何看待好的决策是"令人满意的"?

一、定性决策方法

定性决策方法又称软方法,是建立在心理学、社会学和行为科学等基础上的"专家法",是在决策过程中利用已知的、现有的资料,充分发挥专家集体的智慧、能力和经验,在系统调查研究分析的基础上进行决策的方法。定性决策方法主要有头脑风暴法、名义小组技术、德尔菲法、电子会议分析法、波士顿矩阵和定向政策矩阵等。

(一)头脑风暴法

头脑风暴法是比较常用的集体决策方法,便于发表创造性意见,因此主要用于收集新设想和设想论证。头脑风暴法用于群体决策,通常是邀请一些业内人士和专家学者,在完全不受约束的条件下,对预测对象的未来发展趋势及状况做出判断,畅所欲言地发表自己的看法,通过相互启发和集思广益,使各人的看法趋向一致,做出决策。

头脑风暴法的创始人奥斯本为该决策方法的实施提出了四项原则:①各自发表自己的意见,对别人的意见不做任何评价,将相互讨论限制在最低限度之内;②建议不必深思熟虑,越多越好;③鼓励每个人独立思考,广开思路,想法越新颖、奇异越好;④可以补充和完善已有的建议,使某种意见更具说服力。

头脑风暴法的特点是倡导创新思维,目的在于创造一种畅所欲言、自由思考的环境,诱发创造性思维的共振和连锁反应,产生更多的创造性思维。这种方法的时间安排在1~2小时,参与者5~10人为宜。

(二)名义小组技术

在集体决策中,如果大家对问题的性质不完全了解且意见分歧严重,则可采用名义小组技术。采用名义小组技术时,管理者先选择一些对问题有研究或有经验的人作为小组成员,并向他们提供与决策问题相关的信息。小组成员各自事先不通气,独立地思考,提出决策建议,并尽可能详细地将自己提出的备选方案写成文字资料。然后管理者召集会议,让小组成员分别陈述自己的方案。在此基础上,小组成员对全部备选方案进行投票,产生大家最赞同的方案,并形成对其他方案的意见,提交管理者作为决策参考。

具体做法如下:①有关机构在调研的基础上提供一套决策咨询纲要;②将决策咨询纲要寄发各位专家,要求专家独立调查,并写出书面意见;③在规定时间通知各位专家带上自己的材料参加决策咨询会;④主持人就决策咨询会做出明确结论和说明。

(三)德尔菲法

采用德尔菲法时,管理者先精心选择咨询专家,把要解决的问题书面送交专家,请专家独立思考、提出书面意见,然后将专家意见归纳整理后再次征询专家意见,经过数次反复后得到统一的专家意见,确定决策结果。

采用这种方法,小组的成员互不通气,也不在一起讨论、协商,既可以有效地激发个人的创造力和想象力,又可以综合众多专家的智慧和意见,广泛应用于预测、决策分析和规划编制工作。

(四)电子会议分析法

电子会议分析法是一种将名义小组技术与复杂的计算机技术结合的群体决策方法。在使用这种方法时,先将群体成员集中起来,每人面前有一个与中心计算机相连接的终端。群体成员将自己有关解决政策问题的方案输入计算机终端,然后再将它投影在大型屏幕上。

电子会议分析法的特点是:①匿名。参与公共政策决策咨询的专家采取匿名的方式将自己的政策方案提出来,参与者只需把个人的想法通过键盘输入就行了。②可靠。每个人做出的有关解决公共问题的政策建议都能如实地、不会被改动地反映在大屏幕上。③快速。在使用计算机进行政策咨询时,不仅没有闲聊,而且人们可以在同一时间互不干扰地交换见解,它要比传统的面对面决策咨询的效率高出许多。专家们认为,电子会议分析法比传统的面对面会议快55%。但这种方法也有缺点,那些打字速度快的人与口才好但打字速度慢的人相比,能够更好地表达自己的观点;而且这样做得到的信息也不如面对面沟通所能得到的信息丰富。尽管如此,未来的群体决策很可能会广泛地采用电子会议分析法。

以上四种方法,尽管操作上各有不同,但都可以用于集体决策。

(五)波士顿矩阵

波士顿矩阵,是由美国著名的管理学家、波士顿咨询公司创始人布鲁斯·亨德森于1970年首创的,是一种用来分析和规划企业产品组合的方法,用于对企业或企业某部门的经营活动方向进行选择。

该方法认为,在确定某个单位的经营方向时,应该考虑它的相对竞争地位和业务增长率两个维度。相对竞争地位体现在市场占有率上,它决定了企业的销售量、销售额和盈利能力;业务增长率反映业务增长的速度,影响投资的回收期限。以上因素的相互作用,会出现四种不同性质的产品类型,形成不同的产品发展前景:①销售增长率和市场占有率"双高"的产品群(明星类产品);②销售增长率和市场占有率"双低"的产品群(瘦狗类产品);③销售增长率高、市场占有率低的产品群(问题类产品);④销售增长率低、市场占有率高的产品群(金牛类产品)。如图3-2所示。

波士顿矩阵对于企业产品所处的四个象限具有不同的定义和相应的战略对策。

(1)明星类产品。它是指处于高销售增长率、高市场占有率象限内的产品群,代表最高的利润增长率和最佳的投资机会,这类产品需要加大投资以支持其迅

图3-2 波士顿矩阵

速发展，扩大生产规模。采用的发展战略是：积极扩大经济规模和市场机会，以长远利益为目标，提高市场占有率，加强竞争地位。

(2)金牛类产品。它是指处于低销售增长率、高市场占有率象限内的产品群，已进入成熟期。其特点是销售量大，产品利润率高、负债比率低，可以为企业提供资金。而且由于销售增长率低，无须增大投资，因而成为企业回收资金、支持其他产品尤其是明星类产品投资的后盾。对这一象限内的大多数产品，市场占有率的下跌已成不可阻挡之势，因此可采用收获战略；对于这一象限内销售增长率仍有所增长的产品，应进一步进行市场细分，维持现有市场增长率或延缓其下降速度。

(3)问题类产品。它是指处于高销售增长率、低市场占有率象限内的产品群。销售增长率高说明市场机会大、前景好，需要的投资大；市场占有率低则说明在市场营销上存在问题。对问题类产品应采取选择性投资战略，即首先确定对该象限中那些经过改进可能会成为明星类的产品进行重点投资，提高市场占有率，使之转变成"明星类产品"；对其他将来有希望成为明星类的产品则在一段时期内采取扶持的对策。因此，对问题类产品的改进与扶持方案一般均列入企业长期计划中。

(4)瘦狗类产品。它是指处在低销售增长率、低市场占有率象限内的产品群。其特点是利润率低，处于保本或亏损状态，负债比率高，无法为企业带来收益。对这类产品应采用收缩甚至放弃的战略。

充分了解了四种业务单位的特点后，还须进一步明确各项业务单位在公司中的不同地位，从而进一步明确其战略目标。

(六)定向政策矩阵

定向政策矩阵又称指导性政策矩阵，是由荷兰皇家壳牌集团开发的一个业务组合计划工具，用于多业务公司的总体战略制订。该方法从市场前景和相对竞争能力两个维度分析企业经营单位的现状和特征。用一个 3×3 的类似矩阵来表示，市场前景分为弱、中、强 3 种，相对竞争能力也分为弱、中、强 3 种，一共组合成 9 大类。如图 3-3 所示。

相对竞争能力			
强	3	6	9
中	2	5	8
弱	1	4	7
	弱	中	强
		市场前景	

图 3-3 定向政策矩阵

处于区域 6 和 9 的经营单位，竞争能力强，市场前景也不错，应该保持足够的资源，优先发展。其中，区域 9 的业务代表大好的机会。

处于区域 8 的经营单位，市场前景虽好，但竞争能力不够强，应该分配更多的资源，以提高其竞争能力。

处于区域 7 的经营单位，市场前景虽好，但竞争能力弱，要根据企业的资源状况区别对待。最有前途的经营单位应该促进其迅速发展，其余的需逐步淘汰。

处于区域 5 的经营单位，市场前景和竞争能力均居于中等，一般在市场上有 2~4 个强有力的竞争对手。要分配给这些单位足够的资源，推动其发展。

处于区域 2 的经营单位，市场吸引力弱且竞争能力不强；处于区域 4 的经营单位，市场吸引力不强且竞争能力较弱,应该选择时机放弃这些业务,以便把回收的资金投入盈利能力更强的业务。

处于区域3的经营单位,竞争能力较强,但市场前景不容乐观,这些业务不应该继续发展,但不要马上放弃,可以利用其较强的竞争能力为其他业务提供资金。

处于区域1的经营单位,竞争能力和市场前景都很弱,应尽快放弃此类业务,以免陷入泥潭。

定向政策矩阵是在波士顿矩阵的基础上发展而成的。定向政策矩阵实质上就是把外部环境与内部环境归结在一起,并对企业所处的战略位置做出判断,进而提出指导性战略规划。

二、定量决策方法

定量决策方法又称硬方法,是指建立在数学模型的基础上,运用统计学、运筹学和电子计算机技术来对决策对象进行计算和量化研究以解决决策问题的方法。定量决策方法很多,本书介绍其中的线性规划法、量本利分析法和决策树法。

(一)线性规划法

线性规划法是在一些线性等式或不等式的约束条件下,求解线性目标函数的最大值或最小值的方法。其步骤是:先确定影响目标大小的变量;然后列出目标函数方程;最后找出实现目标的约束条件,列出约束条件方程组,并从中找出一组能使目标函数达到最优的可行解。

(二)量本利分析法

量本利分析法是根据产量、成本、利润三者之间的相互关系,进行综合分析,预测利润,控制成本的一种数学分析方法,通常也称为盈亏平衡分析法。利用量本利分析法可以计算出组织的盈亏平衡点,又称保本点、盈亏临界点、损益分歧点、收益转折点等。如图3-4 中的 P 点所示。

量本利分析法的基本原理是:当产量增加时,销售收入成正比增加;但固定成本不增加,只是变动成本随产量的增加而增加,因此,企业总成本的增长速度低于销售收入的增长速度,当销售收入和总成本相等时(销售收入线与总成本线的交点),企业不盈也不亏,这时的产量称为盈亏平衡点产量。如图3-4 中 P 点所对应的销售量为 61 万吨。

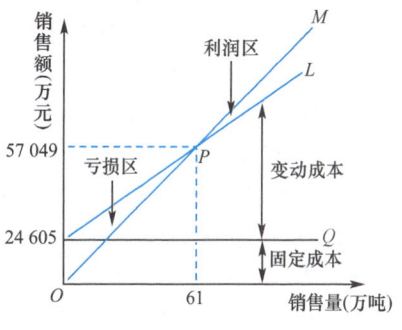

图 3-4 量本利分析图

量本利分析法的实质就是盈亏平衡点的分析,即企业的产量或销售量达到什么样的程度才能保证企业不亏损,即利润等于零,以此为界限,销售收入高于此点,企业盈利,反之则亏损。企业必须最大限度地缩小盈亏平衡点的销售量,以实现利润的最大化。

$$盈亏平衡点销售量=固定成本/(销售单价-单位变动成本)$$

举例:某新产品销售定价每台100万元,单位变动成本为60万元,固定成本为4 000万元,计算盈亏平衡点的销售量。

$$盈亏平衡点销售量=4\,000/(100-60)=100(台)$$
$$盈亏平衡点销售额=100×100=10\,000(万元)$$

拓展:实现目标利润的销售量=(固定成本+目标利润)/(销售单价-单位变动成本)
如上例,假设企业要实现1 000万元的目标利润,则

$$实现目标利润的销售量=(4\,000+1\,000)/(100-60)=125(台)$$

量本利分析法适用于确定型决策。

(三)决策树法

决策树法是根据逻辑关系将决策问题绘制成一个树形图,按照从树梢到树根的顺序,逐步计算各节点的期望值,然后根据期望值进行决策的方法。决策树法适用于风险型决策。

决策树由决策点、方案分枝、自然状态点、概率分枝和结果节点组成。决策点是进行方案选择的点,在图中用□表示;方案分枝是从决策点引出的若干直线,每条直线代表一个方案;自然状态点是方案实施时可能出现的自然状态,在图中用○表示;概率分枝是从自然状态点引出的若干条直线,每条直线表示一种可能性;结果节点是表示不同方案在各种自然状态下所取得的结果,在图中用△表示。在方案分枝上,"‖"为剪枝符号,表示对该方案的舍弃。

决策树法的步骤:①绘制决策树形图。②计算期望值,并将结果写在相应方案的节点上方。③对比各方案的期望值大小,进行剪枝选优。在舍弃的方案上画"‖"隔断。

举例:某公司准备生产某种新产品,可选方案有两个。一是引进一条生产线,需投资500万元,建成后如果销路好,每年可获利150万元,如果销路差,每年要亏损30万元;二是对原有设备进行技术改造,需投资300万元,如果销路好,每年可获利60万元,如果销路差,每年可获利30万元。两个方案的使用期限均为10年,根据市场预测,产品销路好的概率为0.6,销路差的概率为0.4,应如何进行决策?

先绘制决策树,如图3-5所示。

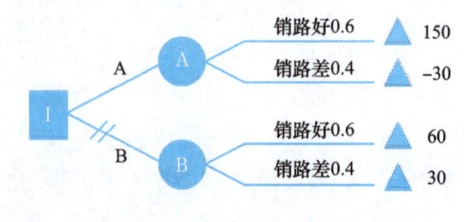

图3-5 决策树示意图

然后计算期望收益值:

方案A:(150×0.6-30×0.4)×10-500=280(万元)

方案 B：(60×0.6＋30×0.4)×10－300＝180(万元)

最后根据期望值选择方案：比较 A、B 方案的收益可知，A 方案的期望收益值大于 B 方案，所以决策者应选择 A 方案，即引进一条生产线。

第三节　计划概述

管理情景

贝尔·格里尔斯和他的《荒野求生》

《荒野求生》是美国探索频道制作的一档电视节目，由英国冒险家贝尔·格里尔斯主持，每集他会被空投到沙漠、沼泽、森林、峡谷等危险的野外无人区，在极为恶劣的环境下，寻找脱离险境的路径，回到文明社会。在一集节目中，他被投到了热带雨林，在降落后，他并没有马上开始寻找离开的路径，而是爬上了一棵最高的大树，在大树的最高点，他观察四周，首先确定要抵达的最终目标，随后观察从目前位置到达目标需要经过的路径，并记下路径中会遇到的诸如峡谷、瀑布等障碍，最后制订出脱险计划。从树上下来之后，贝尔向终点进发，并根据计划和将要遇到的障碍，沿途搜寻有用的材料制作工具。当贝尔遇到悬崖和瀑布等障碍的时候，因为有提前的计划和准备，他并没有太大的压力，都能从容地一一应对，经过两天的时间，贝尔·格里尔斯最终顺利抵达脱险地点。

【思考】什么是计划？计划对组织有何作用？

在组织中，管理者最主要的任务之一，就是努力使每个人理解组织的总目标和一定时期的目标，以及达到目标的方法。要使组织富有成效，员工必须要明白组织期望他们完成的是什么，这就是计划工作的职能。计划职能是管理的基本职能之一，计划过程是决策的组织落实过程。

一、计划的相关概念

(一)计划的含义

计划作为管理的一项基本职能，是 20 世纪初古典管理学派主要代表人物之一的法国管理学家亨利·法约尔(1841—1915)最先提出来的。法约尔在 1916 年发表的《工业管理与一般管理》一书中首次提出了企业管理的五种职能，即计划、组织、指挥、协调和控制。他指出，计划是规划未来，确定目标，以及提出实现目标的途径和方法的一种管理活动。他说："管理应当预见未来。"古典管理学派认为，计划职能包括决定最终目标以及决定实现最终目标的适当手段的全部管理活动。

斯蒂芬·罗宾斯指出,计划就是定义组织目标,确定战略以实现这些目标,以及制订方案以整合和协调工作活动。它同时涉及结果(做什么)和手段(怎么做)。

哈罗德·孔茨指出,计划工作就是预先决定做什么、如何做和谁去做。计划工作是一座桥梁,它把我们从所处的此岸和我们要去的彼岸连接起来,以克服这一天堑。

广义的计划职能是指管理者制订计划、执行计划和检查计划执行情况的全过程;狭义的计划职能是指管理者事先对未来应采取的行动所做的谋划和安排。

(二)计划职能的地位

计划职能在管理的各项职能中的地位集中体现在首位性上。一方面是指计划职能在时间顺序上是处于计划、组织、领导、控制和创新五个管理职能的始发或第一职能位置上,另一方面是指计划职能对整个管理活动过程及其结果施加影响具有首要意义。管理者制订计划,可以为管理者和其他人提供指导,计划中的措施可以降低组织未来的不确定性;计划还可以尽量减少浪费和冗余,同时计划还是控制的目标或标准。

(三)计划的内容

计划的内容包括"5W2H",由美国陆军兵器修理部首创,即通过设问来诱发人们的创造性设想,发问的具体内容可根据具体对象灵活应用,如图3-6所示。

What to do it?——要做什么?目的是什么?做哪一部分工作?即明确工作任务,明确计划要达到的目标和内容,如企业销售计划应达到的销售量、销售收入和销售利润等。

Who to do it?——谁来承担?谁去完成?谁最合适?即明确工作任务的担当者,明确计划的实施部门和各人的职责。

When to do it?——何时完成?何时最适宜?即规定计划中各项工作的时间安排,明确什么时候做到什么程度,明确工作进度。如企业生产计划、财务计划的逐级分解。

图3-6 计划的内容

Where to do it?——从何入手?何处最适宜?即规定计划实施的地点和场所,明确在什么地方进行工作。

Why to do it?——为什么要这样做?为什么需要改革?为什么非这样做不可?即明确制订计划的原因和动机。

How to do it?——怎么去做?怎样做效率最高?怎样实施?即规定完成计划的方式、方法和手段。

How much?——要完成多少数量?成本多少?利润多少?即明确工作量。

(四)决策与计划的关系

决策与计划是两个相互区别又相互联系的概念。

区别:要解决的问题不同。决策是关于组织活动方向、内容以及方式的选择,是"管理的首要工作"。计划则是对组织内部不同部门和不同成员在一定时期内行动任务的具体安排,它详细规定了不同部门和成员在该时期内从事活动的具体内容和要求。

联系:决策是计划的前提,计划是决策的逻辑延续。决策为计划任务的安排提供了依据,计划则为决策所选择的目标活动的实施提供了组织保证。在实际工作中,决策与计划相互渗透,有时甚至是不可分割地交织在一起的。

计划与其他管理职能的关系如图 3-7 所示。

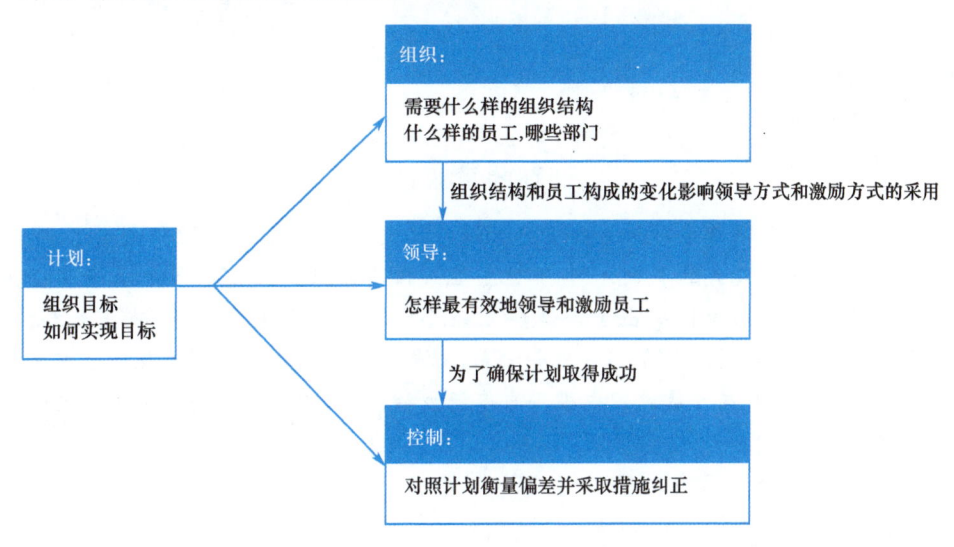

```
计划:                 组织:
组织目标   ─────→     需要什么样的组织结构
如何实现目标          什么样的员工,哪些部门
              │
              │   组织结构和员工构成的变化影响领导方式和激励方式的采用
              ↓
           领导:
           怎样最有效地领导和激励员工
              │
              │   为了确保计划取得成功
              ↓
           控制:
           对照计划衡量偏差并采取措施纠正
```

图 3-7 计划与其他管理职能的关系

(五)制订计划的目的

计划是为了协调过程、预见变化、减少冗余和浪费,便于控制,其目的主要有:

1. 指引方向,协调工作

计划能使置身于复杂多变和充满不确定性环境中的组织始终把其主要的注意力集中在既定目标上,使组织所有的行动保持同一方向。计划是一种协调过程,可以根据计划来组织人员、分配任务、减少内耗、降低成本和提高效率。

2. 降低风险,掌握主动

组织时时面临不确定性和风险,计划是预期变化并且消除变化对组织造成的影响的一种有效方法。计划促使组织展望未来,预见环境的变化,考虑环境对组织的冲击,这样可以早做准备,掌握主动,从而把风险降到最低限度。

3. 优化资源配置,减少浪费,提高效益

计划将组织活动在时空上进行分解,不仅规定不同部门在不同时间应从事什么活动,而且规定何时需要多少数量何种品质的资源,从而保障资源的及时供给;良好的计划能通过技术论证和可行性分析,从多种实现目标的途径中,选择最适当、最有效的方案,从而减少浪费,更有效地配置组织资源,提高经济效益。

4. 提供检查与控制标准

组织各部门在决策实施的活动中不可避免地会出现与目标不完全符合的情况,导致偏差。要及时发现偏差,就必须对组织活动进行检查和控制。计划工作建立的目标和指标是检查、控制的依据和尺度。计划的实施需要控制活动给予保证。

二、计划的类型

管理情景

计划的重要性

美国人豪斯和同事曾经对计划的重要性进行了较为深入的研究,他们调查了92家企业,其中17家企业有正式的长期计划,其他企业或仅有非正式的长期计划,或者完全没有正式的长期计划。然后他们给出了评价企业经营好坏的4个主要指标:销售额、股票价格、每股收益和税后纯利润。在上述四个方面,有长期计划的企业几乎都优于没有长期计划的企业。可见,企业在发展过程中根据自身的发展状况,制订相应的计划是企业管理中的一个重要环节。

【思考】 计划有哪些表现形式?

(一)计划的主要类别

计划可以根据实际工作需要,采用不同的分类方法,划分为很多种类。如表3-1所示。

表3-1   计划分类

分类标准	类 型
计划时间长短(时间跨度)	长期计划、中期计划和短期计划
计划范围(范围广度)	战略性计划和作业性计划
计划内容的明确性	指令性计划和指导性计划

1. 按计划时间长短,可将计划分为长期计划、中期计划和短期计划

长期计划一般指5年及以上的计划,主要是规划组织在较长时期的发展方向和方针,应达到的规模和水平,应实现的目标和要求,展示了组织的长远发展蓝图。

中期计划一般指1~5年的计划,企业常用的是年度计划,主要是按照长期计划的要求,确定一个计划年度的指导方针及其应当完成的目标任务。

短期计划一般指1年以下的计划,在企业中通常是指季度计划、月计划、旬计划。短期计划是贯彻执行年度计划的具体作业计划,主要是明确规定组织内部各级部门和各类人员在最近的一个时段中,应该完成的具体任务及其应达到的目标要求。

以上划分也不是绝对的,要结合行业特点和环境变化的速度进行划分。

2. 按计划范围的广度,可将计划分为战略性计划与作业性计划

战略性计划,是由高层管理者制订的应用于整个组织、为组织设立总体目标以寻求组织在环境中的地位的计划。战略性计划从战略的高度出发,规划组织在较长时期的全局性发展目标和整体性目标,进行重大的战略性部署。战略性计划具有三个显著特点:一是长期性;二是普遍性;三是权威性。对一个企业来说,战略性计划应包括企业经营方针、经营目标、整体布局、技术进步、产品开发、人才开发、市场开拓、机构改革和竞争战略等方面的总体计划。

作业性计划,是依据战略性计划的内容和要求,贯彻落实到组织下属各级部门在某一阶段内如何分步实施战略计划的具体行动计划。战略性计划是制订作业性计划的依据,作业性计划是实现战略性计划的保障,两者相辅相成。

3. 按计划内容的明确程度,可将计划分为指令性计划与指导性计划

指令性计划具有明确规定的目标、行动步骤以及操作指南,是由上级主管部门下达的具有行政约束力的计划。指令性计划带有行政的权威性与强制性,有明确规定的计划目标和必须达到的要求,组织的下属机构和人员必须严格执行,没有自由处置权。

指导性计划则不带有行政的强制性,没有明确规定的目标与要求,只提出一般的指导方针和原则性的意见,下属机构和人员有一定的自由处置权。

指令性计划主要用于部署解决组织的重大事项,实现关系全局的核心指标。指导性计划则多用于复杂多变的外部环境下,灵活机动地处理组织的应变问题及一般问题。

(二)计划的表现形式

哈罗德·孔茨和海茵茨·韦里克认为,计划包括九个层次,如图 3-8 所示。

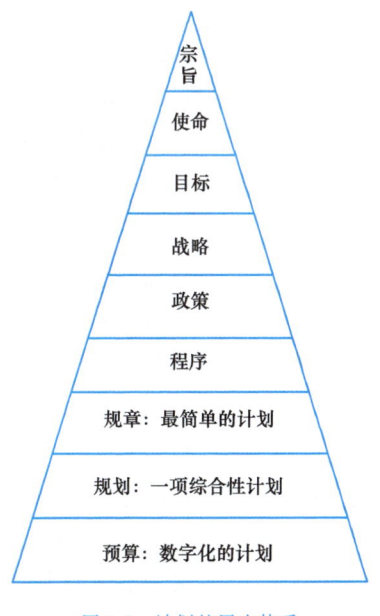

图 3-8 计划的层次体系

1. 组织的宗旨

宗旨是指社会赋予组织的基本职能和基本使命,即一个组织是干什么的和应该干什么。任何一个组织的存在都必然意味着有一个或一些明确的目的和使命。如企业的宗旨是为社会提供可销售的商品或服务,给投资者以合适的回报;大学的宗旨是教育、研究、传承和社会服务。

2. 组织的使命

使命是根据组织宗旨,选择服务的领域或事业。如学校的使命是教书育人,医院的使命是救死扶伤。迪士尼公司的使命是使人们过得快乐,联想电脑公司的使命是为客户利益而努力创新。

3. 组织的目标

目标即一定时期的目标或各项具体目标,是组织要从事的事业。目标是宗旨的具体化,一定时期的目标是依据宗旨提出的,具体规定了组织及其各部门的管理活动在一定时期要达到的具体成果。确定目标比确定宗旨要具体得多。不过,从确定目标到目标分解,再到最后形成一个目标网络的活动本身,就是一个严密的计划过程。所以组织目标本身的表现形式就是计划,是计划工作的结果。

4. 组织的战略

战略是为实现组织长远目标所选择的发展方向、所确定的行动方针和各类资源分配方案的总纲。在明确了组织宗旨和确定了组织目标之后,战略就是计划制订者所要考虑的重点问题。战略作为计划的一种形式,所着重考虑的是更有效地实现组织目标,它通过指明方向、确定重点和安排资源,取得更高的效益。所以战略往往是宗旨、目标、重大政策和各种规划的综合体,其重点是指明方向和资源配置的优先次序。

5. 组织的政策

政策是指在管理中处理各种具体问题的指南,是用文字来说明的、用来指导和沟通思想与行动的、协调一致的意见。政策作为计划,有助于将一些问题的解决事先确定下来,避免重复分析,并给其他派生的计划一个全局性的概貌,从而使主管人员能够控制全局。政策是组织活动中必不可少的,它使各级管理者在决策时有一个明确的思考范围。

6. 组织的程序

固定的工作程序一般是一种经过优化的计划,是对大量日常工作过程及工作方法的提炼和规范,它规定了处理例行问题的解决方法和步骤。程序在实质上是要详细规定即将进行的活动的准确方法和时间顺序,因此程序也是一种工作步骤。按程序办事,是提高管理规范化水平的重要途径。

7. 组织的规章

规章是一种较为简单的计划,它确定了在各种情况下什么是必须做的,什么是不必做的,规定了行动的是非标准。如"工作场所禁止吸烟"等。

程序与规章的区别在于:程序是有时间顺序规定的规则或一系列规则的总和;而规章一般并不规定时间顺序,也不一定是程序的组成部分,可能与程序毫不相干。

8. 组织的规划

规划是综合性和纲要性的计划,包括目标、政策、程序、规则、任务分配、要采取的步骤和要使用的资源,以及为完成既定行动方针所需的其他因素。通常情况下,规划需要预算支持。规划主要是根据组织总目标和各项分目标去制订组织的目标以及各部门的分阶段目标,其重点在于划分总目标实现的进度。所以,规划包括了组织的长期计划、短期计划和职能部门的专业计划等各项计划,构成了一个计划网络。

9. 组织的预算

预算是以数字来表示预期结果的报表。预算运用数字来表示计划的投入与产出的数量、时间和方向等,从中可以了解到整个文字计划的内容。预算是文字计划实现的支持和保证,没有必要的资金和预算支持,计划是无法实现的。

预算还是一种主要的控制手段,是计划和控制工作的联结点,因为计划的数字化产生预算,而预算又将作为控制的衡量标准。

三、计划编制的原则和步骤

(一)计划编制的原则

1. 限定因素原则

限定因素是指妨碍目标得以实现的因素。在其他因素不变的情况下,在选择备选方案时,人们越准确地识别、解决限定性因素和关键性因素,就越能有针对性地拟订各种行动方案。主管人员在制订计划时,必须全力找出影响计划目标实现的主要限定因素,有针对性地采取得力措施。

"短板理论"又称"木桶原理",指的是盛水的木桶是由许多块木板箍成的,盛水量也是由这些木板共同决定的。若其中一块木板很短,则此木桶的盛水量就被短板所限制,这块短板就成了这个木桶盛水量的"限定因素"。若要使此木桶盛水量增加,只有换掉短板或将短板加长才成。

实际工作中,解决问题的办法多种多样,也可以通过人员搭配、整合来克服"短板"缺陷,产生协同效应。

2. 许诺原则

通过一系列的行动,尽可能准确地使投入转化为计划目标所必需的时间。任何一项计划都是对完成各项工作所做出的许诺。许诺越大,实现许诺的时间就越长,实现许诺的可能性就越小。

3. 灵活性原则

计划中的灵活性越大,由于意外事件引起损失的危险性就越小。因此,计划工作必须具有灵活性,当意外情况出现时,才有能力改变方向而不必花太大的开销。制订计划时应留有余地。

4. 导向变化原则

计划的总目标不变，但实现目标的进程可以因情况的变化随时改变。计划制订后，在执行计划过程中，必要时根据实际情况进行检查和修订，也就是说执行计划要有应变能力。

（二）计划编制的步骤

计划编制工作可以分为八个步骤，如图 3-9 所示。

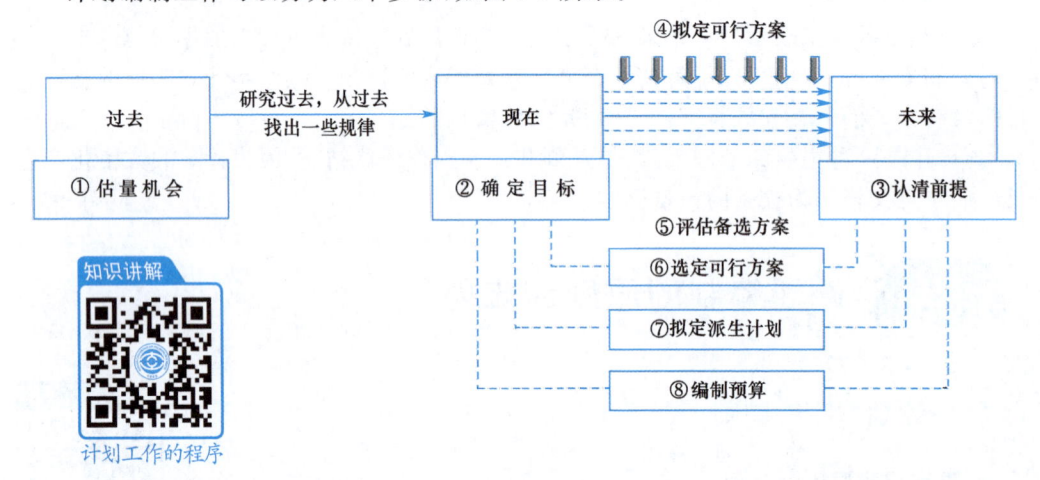

图 3-9　计划编制的步骤

1. 估量机会

认识机会是计划工作的起点，包括对计划的外部环境和内部条件进行分析，弄清楚管理环境能够给企业提供机会或造成威胁的因素。要分析管理环境中机会和威胁的重要性，管理者必须掌握环境的复杂程度和环境变化的速度。组织规模越大，管理者应对的各种环境就越多。

2. 确定目标

确定目标是计划的核心内容，目标是组织在未来一定时期应达到的预期成果。整个组织的一切活动都要紧紧围绕目标来进行。目标要能体现组织的宗旨，应具有挑战性和先进性，并且应经过综合平衡，建立在积极稳妥的基础上。本阶段主要解决四个问题：明确主题，是扩大利润、提高客户满意度，还是改进产品质量；确定目标的内容和顺序；确定适当的目标时间，要求在什么时间范围内完成；确定达到的数量或水平，确定用于测量计划实施情况的科学指标。

3. 认清前提

计划的前提是计划的假设条件，是计划的预期环境。确定计划前提就是要对组织未来的内外环境和所具备的条件进行分析和预测，弄清计划执行过程中可能存在的有利和不利条件。组织在确定计划前提时，主要需进行经济形势预测、社会环境预测、市场预测、技术发展预测和资源预测。

4. 拟订可行方案

在认清计划前提后,就需要寻找实现目标的方案和途径,拟订可行方案。计划职能、作为为未来行动进行谋划的行为,关键在于有新的构想和创意。要发扬民主,大胆创新,发掘可行方案,以供决策使用。

5. 评估备选方案

拟订可行方案之后,就需要根据计划目标和前提来权衡各种因素,并对多个备选方案进行可行性研究和论证分析,比较利弊得失,评价其优劣。

6. 选定可行方案

方案评估完成后,就需要根据选择标准和权重,从多个备选方案中选择一个或几个较优方案。在做出抉择时,应当考虑在可行性、满意度和可能效益三个方面结合得最好的方案。

7. 拟订派生计划

派生计划是指细节计划和引申计划,是总计划下的分计划。选定可行方案之后,需要制订派生计划来支持基本计划的贯彻和落实。派生计划一般由各个职能部门和下属单位制订。

8. 编制预算

计划工作的最后步骤就是编制预算,把计划转化为预算,使之数字化。预算完成后,可以成为汇总和综合平衡各类计划的一种工具,也可以成为衡量计划完成情况的标准。

四、计划的编制

管理情景

计划有哪些编制方法?

计划工作的效率和质量在很大程度上取决于所采用的计划方法。

古代诸如金字塔、长城等著名的伟大工程项目的成功,都得益于当时对工程的实施进行了严密的、科学的计划。现代计划方法具有许多优点,其中网络计划技术法起源于美国。20世纪50年代后期,美国的Booz—Allen Lockheed公司首次在北极星导弹计划中运用了PERT技术(Program/Project Evaluation and Review Technique),即计划评审技术。PERT利用网络分析制订计划以及对计划予以评价,它能协调整个计划的各道工序,合理安排人力、物力、时间、资金,加速计划的完成。同一时期,美国的Dupont and RamintonnRand公司创造了CPM方法(Critical Path Method),即关键路径法,它是通过分析项目过程中哪个活动序列进度安排的总时差最少来预测项目工期的网络分析方法。杜邦公司将其用于研究和开发、生产控制和计划编排,结果大大缩短了完成预定任务的时间,形成了一门关于项目资金、时间、人力等资源控制的管理科学。著名的阿波罗登月计划和曼哈顿计划等都是采用网络计划技术法的理论和方法而取得成功的经典案例。可见,了解和掌握科学的计划编制方法对计划的实施有很大的影响。

计划的编制具有一定的科学性,针对所在组织,根据实际情况制订相应的计划,就必须掌握一定的计划编制方法。

(资料来源:姜仁良.管理学习题与案例.北京:中国时代经济出版社,2006)

【思考】 在生活中,你是如何制订自己的生活和学习计划的?你知道计划有哪些编制方法?

(一)计划的编制方法

计划的编制方法有很多,常用的方法主要有滚动计划法、标杆瞄准法、网络计划技术和线性规划法等。

1.滚动计划法

滚动计划法是一种定期修订未来计划的方法,就是在制订计划或调整计划时,根据本期计划的执行情况和内外环境的变化情况,逐期向前推移,连续滚动编制计划的方法。它是运用规划论的原理编制弹性计划,使组织在适应环境变化的同时,保持组织运作的稳定性和灵活性。

计划工作是对组织未来的行动进行谋划和安排,而未来的政治、经济、自然、文化、科技、市场等环境因素的变化可能给组织带来的影响是很难预测和把握的,随着计划期的延长,这种不确定性带来的风险将会越来越大。为了避免未来环境变化的不确定性可能造成的不良后果,就必须把静态计划变为动态计划,实行计划分段。计划在执行一段时间后,要对以后各期计划的内容进行适当修改和调整,并向未来延续一个新的执行期。

滚动计划法的主要特征就是以滚动形式来编制具有弹性的计划,将短期计划、中期计划和长期计划有机地结合起来。编制滚动计划的基本原则是"近细远粗",即分段编制计划。前段是可执行计划,内容详细而具体,是计划的具体实施部分,具有指令性;后段是比较粗略的预订计划,内容一般比较笼统,是计划的准备实施部分,具有指导性。

例如,某电子公司在2015年制订了2016年至2020年的五年计划,采用滚动计划法。到2016年底,该公司的管理者就要根据2016年计划的实际完成情况和内外环境的变化,对原定的五年计划进行必要的调整和修订,据此编制2017年至2021年的五年计划,以此类推。如图3-10所示。

滚动计划法的优点:(1)可使计划与实际紧密结合,提高计划的准确性,更好地发挥计划的指导作用;(2)使短期计划、中期计划和长期计划有机结合,从而使计划与不断变化的环境因素相协调,使各期计划在调整中一致;(3)具有相当的弹性,可以有效规避风险,适应竞争需要,提高组织应变力。

2.标杆瞄准法

人们常说"榜样的力量是无穷的",其中隐含着一种新的管理思想,就是标杆管理。标杆瞄准(Benchmarking),又称基准管理,是以行业中领先和最有名望的

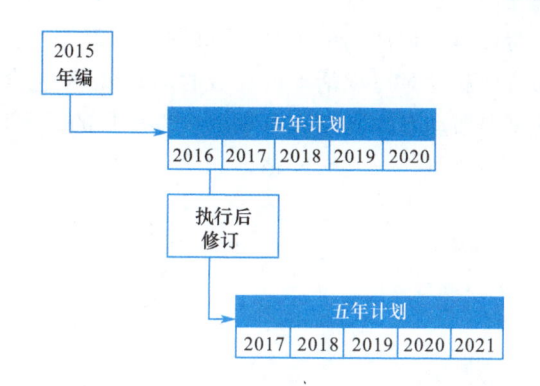

图 3-10 滚动计划示意图

企业作为标杆和基准,通过资料收集、分析、比较和跟踪学习等一系列规范化的程序,以标杆企业的产品、服务、流程和管理措施等方面的绩效及实践措施为基准,将企业的实际情况与这些基准进行定量化的评价和比较,找出领先企业达到优秀水平的原因,在此基础上选择改进的最佳方法,树立学习和追赶的目标。目前,标杆瞄准法在库存管理、质量管理、市场营销、成本管理、人力资源管理和企业战略管理等方面都得到了广泛的应用。

标杆瞄准法的基本构成可以概括为两部分:最佳实践(行业中的领先企业)和度量标准(能真实、客观地反映管理绩效的一套指标体系以及与之相应的作为标杆的一套基准数据)。

标杆瞄准的基本程序:①筹划。明确瞄准的内容、选择标杆企业、收集资料和数据,分析问题,制订措施,建立绩效度量指标;②分析。调查领先企业,调查最佳实践,分析差距,计划最佳绩效目标;③综合与交流。征询意见,修正绩效目标,改进计划方案;④行动。制订具体的行动方案,指定专人负责,聘请专家指导,进入实施阶段;⑤成熟运用。标杆瞄准成功开展后,使之作为企业经营的一项职能活动融入日常工作中,成为一项固定制度连续进行。

标杆瞄准为企业提供一种可信、可行的奋斗目标,以及追求不断改进的思路。在实践中,又可分为以企业内部操作为基准的标杆瞄准(内部绩效标杆)、以竞争对象全部特征为基准的标杆瞄准、以行业领先者或某些企业的优秀职能操作为基准的标杆瞄准和以最佳工作流程为基准的标杆瞄准等。

3. 网络计划技术

网络计划技术是 20 世纪 50 年代发展起来的一种科学的计划管理方法,包括关键路线法和计划评审技术。网络计划技术是把一项工作或项目分成各种作业,然后根据作业顺序进行排列,通过网络图对整个工作或项目进行统筹规划和控制,以便用最少的人力、物力、财力资源,用最快的速度完成工作。一般适用于一次性生产或工程项目的计划编制,也适用于企业生产作业计划的编制。

PERT 网络图是一种类似流程图的箭线图,它描绘出项目包含的各种活动的先后次序,标明每项活动的时间或者相关的成本。网络图由活动、事件和线路三个部分组成。

PERT 计划的步骤:①确定完成项目必须进行的每一项有意义的活动,完成每项活动所产生的事件或结果;②确定活动完成的先后次序;③绘制活动流程从起点到终点的图形,明确表示出每项活动及与其他活动的关系,用圆圈表示事件,用箭线表示活动,结果得到一幅箭线流程图;④估计和计算每项活动的完成时间;⑤借助包含活动时间估计的网络图,管理者制订出包括每项活动开始和结束日期的全部项目的日程计划。

例如,办公楼建设的主要事件及其时间估计如表 3-2 所示。

表 3-2　办公楼建设的主要事件及其时间估计

事件	描述	期望时间(周)	紧前事件
A	审查设计和批准动工	10	—
B	挖地基	6	A
C	立屋架和砌墙	14	B
D	建造楼板	6	C
E	安装窗户	3	C
F	搭屋顶	3	C
G	室内布线	5	D,E,F
H	安装电梯	5	G
I	铺地板和嵌墙板	4	D
J	安装门和内部装饰	3	I,H
K	验收和交接	1	J

将表 3-2 中的主要事件绘制成 PERT 网络图,如图 3-11 所示。

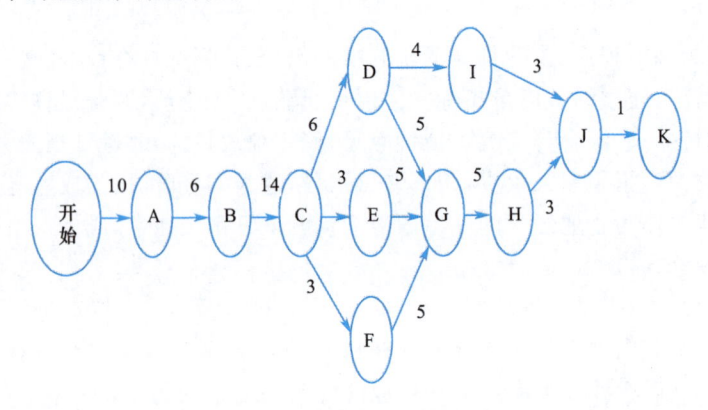

图 3-11　PERT 网络图

4. 线性规划法

线性规划法是在第二次世界大战中发展起来的一种重要的数量方法,是企业进行总产量计划时常用的一种定量方法。线性规划是运筹学的一个最重要的分支,主要用于研究有限资源的最佳分配问题,即如何对有限的资源做出最佳方式的调配和最有利的使用,以便最充分地发挥资源的效能去获取最佳的经济效益。由于有成熟的计算机应用软件的支持,采用线性规划模型安排生产计划,并不是一件困难的事情。该方法的最大优点是可以处理多品种问题。

另外,非线性规划、动态规划、排队论和库存论等方法也广泛应用于计划工作中。

(二)计划书的构成

不同种类的计划书,结构会有所不同。但是,计划书的构成与计划过程的顺序应该是一致的。一般来说,企业的计划书大致由以下 8 个部分,共计 11 项内容构成,如表 3-3 所示。

表 3-3　　　　　　　　　　　计划书的构成

部　　分	内　　容	说　　明
1.计划导入	(1)封面	计划书的脸面,应充满魅力
	(2)前言	表明计划者的动机及态度
	(3)目录	计划书的目录
2.计划概要	(4)计划概要	概述计划书的整体思路与内容
3.计划背景	(5)现状分析	明确计划的出发点,说明计划的必要性及其前提
4.计划意图	(6)目的、目标设定	确定计划的目的、目标,说明计划的意义
5.计划方针	(7)概念的形成	明确计划的方向、原则,规定计划的内容
6.计划构想	(8)确定实施策略的结构	明确计划实施的结构及其组织保证,提高计划的效果
	(9)具体实施计划	计划的具体内容,将实现目标的方法具体化
7.计划设计	(10)确定实施计划	实施计划所需时间、费用及其他资源;预测计划可能获得的效果
8.附录	(11)参考资料	附加与计划相关的资料,增加计划的可信度

(三)战略性计划的选择

战略性计划是作用于组织整体,为组织未来较长时间设定总体目标,为组织寻求在环境中的地位而做的全局性计划。

制订战略性计划包括六个步骤,如图 3-12 所示。

识别组织当前使命、目标和战略 → 外部环境分析 → 内部环境SWOT分析 → 制定战略 → 实施战略 → 评估结果

图 3-12　战略性计划的制订过程

步骤一,识别组织当前的使命、目标和战略,即对组织目的的描述,确定组织的业务范围。如 Facebook 的使命是"成为一种把你和你周围的人联系起来的社会工具"。

步骤二,进行组织外部环境分析,考察经济、人口、政治法律、社会文化、技术和全球化等方面的因素,以发现有关的发展趋势和变化,找出可以利用的机遇以及必须抵御的威胁。

步骤三,进行组织内部环境分析,用 SWOT 分析法对组织的优势(strengths)、劣势(weaknesses)、机遇(opportunities)和威胁(threats)进行分析,以充分利用组织的优势和外部机遇,减少或避免组织的外部威胁,弥补或纠正组织的劣势。

步骤四,制订战略。根据前三个步骤分析的结果,制订企业战略,扬长避短,满足客户需求。可以选择的基本战略有成本领先、差异化和目标集聚,成长战略则有一体化战略、多元化战略、加强型战略(市场渗透、市场开发和产品开发)、战略联盟、虚拟运作和防御战

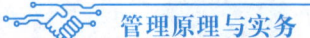

略等。

步骤五,实施战略。

步骤六,评估结果。

在今天的互联网冲击下,应对快速变化的环境还需要适宜的组织战略,包括电子商务战略、客户战略和创新战略。组织可以通过电子商务战略,使公司的产品或服务实现差异化、聚焦于特定客户群或工作标准化来降低成本;也可以通过线上线下(O2O)整合,实现虚拟与实体相结合,或者通过跨界和融合增加竞争优势。管理者可以使组织更加关注客户导向的战略实施,如向客户提供定制化的产品和服务、与客户有效地沟通和创造为客户服务的组织文化。管理者还可以使组织持续改善和创新来获得发展,如技术和产品创新。

管理情景

隆中对

《隆中对》选自陈寿《三国志·蜀志·诸葛亮传》,记录了东汉末年刘备三顾茅庐去襄阳隆中拜访诸葛亮时的谈话内容,诸葛亮根据当时的局势运筹帷幄,为刘备制订了三足鼎立的战略布局。全文大致意思如下:

刘备对诸葛亮说:"汉室的统治崩溃,奸邪的臣子盗用政令,皇上蒙受风尘遭难出奔。我不能衡量自己的德行能否服人,估计自己的力量能否胜任,想要为天下人伸张大义,然而我才智与谋略短浅,就因此失败,弄到今天这个局面。但是我的志向到现在还没有罢休,您认为该采取怎样的办法呢?"诸葛亮回答道:"自董卓独掌大权以来,各地豪杰同时起兵,占据州、郡的人数不胜数。曹操与袁绍相比,声望少之又少,然而曹操最终之所以能打败袁绍,凭借弱小的力量战胜强大的原因,不仅依靠的是天时好,而且也是人的谋划得当。现在曹操已拥有百万大军,挟持皇帝来号令诸侯,这确实不能与他争强。孙权占据江东,已经历三世了,地势险要,民众归附,又任用了有才能的人,孙权这方面只可以把他作为外援,但是不可谋取他。荆州北靠汉水、沔水,一直到南海的物资都能得到,东面和吴郡、会稽郡相连,西边和巴郡、蜀郡相连,这是大家都要争夺的地方,但是它的主人却没有能力守住它,这大概是上天拿它来资助将军的,将军你可有占领它的意思呢?益州地势险要,有广阔肥沃的土地,自然条件优越,高祖因之以成帝业。刘璋昏庸懦弱,张鲁在北面占据汉中,那里人民殷实富裕,物产丰富,刘璋却不知道爱惜,有才能的人都渴望得到贤明的君主。将军既是皇室的后代,而且声望很高,闻名天下,广泛地招揽英雄,思慕贤才,如饥似渴,如果能占据荆州、益州,守住险要的地方,和西边的各个民族和好,又安抚南边的少数民族,对外联合孙权,对内革新政治;一旦天下形势发生了变化,就派一员上将率领荆州的军队直指南阳、洛阳一带,将军您亲自率领益州的军队从秦川出击,老百姓谁敢不用竹篮盛着饭食、用壶装着酒来欢迎将军您呢?如果真能这样做,那么称霸的事业就可以成功,汉室天下就可以复兴了。"

【思考】 请用本节所讲述的战略性计划的制订过程,分析诸葛亮的战略决策内容,并思考二者的相似之处。

五、计划的实施

管理情景

邯钢的目标成本管理

根据市场上可接受的产品价格,倒推出产品出厂时的成本,从而按工艺顺序倒推出各工序的目标成本,并以此作为企业上下的管理标准,这就是邯郸钢铁厂有名的目标成本管理。

从1991年初开始,邯钢主动走向市场,实行了"模拟市场核算,成本否决"的经营机制。在企业内部,原材料、辅助材料、燃料、耐火材料、产成品和半成品等的计划价格一律按市场价格核算,改变过去从前向后逐道工序核定成本的传统做法,从产品在市场上被消费者接受的价格开始,从后向前测算出逐道工序的目标成本,然后层层分解落实到每一个员工,全厂最终形成一个目标成本网络体系。

在这一过程中,邯钢首先肯定了一点:企业目标成本的控制管理需要全体员工的努力,降低成本应该是企业上至厂长、下至员工每一个成员的共同目标。每一个人都要分担成本指标或成本费用指标,实行全员和全过程的成本管理。在确定成本时,邯钢反复进行测算,确定合理和先进的单位目标成本,遵循"亏损产品不亏损,盈利产品多盈利"的原则,核定出全厂53个主要产品品种、规格的内部成本和内部利润。为了把成本指标落到实处,邯钢将1万多个综合指标分解到二级厂和处室,然后再细化成10万个小指标,层层分解落实到有关科室、工段、班组和员工个人,层层签订承包协议,使每个员工的工作都与市场挂钩,真正形成了"市场重担众人挑,人人肩上有指标"的责任体系。

为了保证模拟市场核算这一机制的有效运转,邯钢在全厂实行了成本否决制度:凡完不成成本和费用指标的单位或个人,一律停发当月的全部奖金,但累计完成后可补发,以促使各单位以丰补歉,确保全年成本指标的完成。

通过推行和完善市场核算机制,邯钢取得了显著的经济效益和社会效益。从1990年到1998年,邯钢的钢铁产量由110万吨增加到了344万吨,实现销售收入由10.2亿元提高到80.1亿元(含税),实现利税由2.1亿元增加到10亿元,其中利润由100万元增加到7亿元,实现了国有资产的迅速增值。

【思考】
1. 结合邯郸钢铁厂的目标成本管理法,谈谈目标管理有何作用。
2. 学习完目标管理后,对邯钢的目标管理进行剖析。

计划编制完成后,就要把计划所确定的目标任务在时间和空间两个角度展开,落实到组织内的各个单位和个人,规定其在计划期内应该从事什么活动,达到什么要求,这个过程就是计划的组织实施过程。其行之有效的方法主要有滚动计划法、网络计划技术、目标管理和 PDCA 循环管理等,这里主要介绍目标管理与 PDCA 循环管理。

(一)目标管理

1. 目标管理的概念

目标管理(Management by Objectives,MBO)是美国管理大师彼得·德鲁克于 1954 年提出的,所谓目标管理,就是管理目标,是依据目标进行的管理。目标是指期望的成果,这种成果不仅是个人而且是小组甚至整个组织努力的结果。目标是组织行动的出发点和归宿,为管理决策指明了方向,并同时作为标准用来衡量实际的绩效。目标管理是让组织的主管和员工亲自参与目标的制订,在工作中实行"自我控制"并努力完成工作目标的一种管理制度或方法。

2. 目标管理的主要内容

1954 年,德鲁克在其所著的《管理的实践》一书中最先阐明了目标管理的概念和方法。他认为,传统管理学派是以任务为中心,忽视了人的作用;行为学派过于强调人,忽视了人与工作的结合。为了克服两者的弊端,需要实行目标管理,把以任务为中心和以人为中心的管理方法统一起来,使员工了解自己的目标任务,实行自我控制,既强调工作成果,又重视人的积极性,这正是目标管理的本质特征。目标管理包含以下内涵:

①目标管理强调以目标指导行动。组织的任务必须转化为目标,管理者通过这些目标对下级进行领导并以此来保证企业总目标的实现。

②目标管理是一种程序。组织中的各级管理人员和员工共同制订目标,确定彼此的成果责任,并以此项责任作为指导业务和衡量各自责任的准则。每位管理者必须自行发展和设定单位的目标,管理者和员工靠目标来管理,进行自我指挥和自我控制,而不是由他的上级来指挥和控制。目标管理的主要贡献在于,能够以自我控制的管理方式取代强制式的管理。

③目标管理以 Y 理论为基础,重视人的因素和建立目标锁链与目标体系。

④目标从一开始就应该强调团队合作和团队成果。组织能让个人充分发挥特长,凝聚共同的愿景和一致的努力方向,建立团队合作,调和个人目标和共同福祉相适应。管理者的工作是为整体绩效负责。组织绩效要求每一项工作必须以达到组织的整体目标为原则,尤其是每一位管理者都必须把工作重心放在追求企业整体的成功上。

3. 目标管理的过程

目标管理是一个全面的管理系统,包括制订目标、目标分解、目标实施、目标考评和实施奖惩活动等管理循环。目标管理的过程如图 3-13 所示。

①制订目标。制订目标包括企业经营环境调查、初步在最高层设置目标、确定部门和员工的目标以及循环修订

图 3-13 目标管理的过程

目标。在制订目标的过程中,要体现一个自下而上和自上而下的循环过程。

②目标分解。组织总目标的展开,要求每个目标和子目标都应有某一个人的明确责任。实际工作中,可以按照组织结构对总目标进行纵向和横向分解。组织总目标从上到下层层分解、逐级落实的过程,就叫作目标展开。在目标展开的过程中,除了必须做好目标分解工作,还要抓好目标责任的落实。以工业企业为例,在企业总目标确定之后,首先要把企业总目标逐级分解为各部门、车间、班组和个人岗位等各个层次的分目标,构成企业目标体系。同时,也将目标责任逐级分解落实到各部门、车间、班组和个人岗位,形成企业目标责任体系。

③目标实施。目标实施包括目标的实施、检查和自我控制。所谓自我控制,就是组织的下属机构和全体员工都按照自己单位和个人所承担的目标责任,在实现目标的过程中,充分发挥主动性和积极性,进行自主管理,即不断进行自我分析、自我检查、自找差距、自我激励和自我完善。上级的管理则主要表现在指导、协助、授权、提供情报、提出问题、创造条件、纵横协调和改善环境等工作上。

④目标考评。目标考评既是实行奖惩的依据,又是上下沟通的机会,同时还是自我控制和自我激励的手段。目标考评既包括上级对下级的评价,也包括下级对上级、同级关系部门之间以及各层次自我的评价。其基本做法是通过信息反馈系统,将组织所属各级单位和全体员工的目标实施情况定期逐级反馈到上级单位,从中发现差异,查清原因,以便及时采取措施,纠正偏差。若在检查中发现预定目标与实际情况不符,或因不可抗拒的原因造成无法实现预定目标,则应对预定目标进行调整修改。在检查工作中,可以把自我检查与上级检查相结合,把专业检查与全面检查相结合,把定期检查与经常检查相结合。

⑤实施奖惩活动。在对目标实施过程进行检查和控制的同时,还应对检查结果做出评价和考核,并与经济责任制联系在一起,实施奖励和惩罚。具体做法是按月份或季度和年度定期组织管理人员对组织下属各级单位和全体员工的目标责任完成情况进行检查考评,并依据考评结果决定工资和奖金的发放水平,组织行政部门的嘉奖惩罚和岗位职务的升降调动。

⑥制订新目标并开始新的目标管理循环。一个计划期的目标管理过程结束之后,可根据检查考评资料发动广大员工进行总结,以推广成功的经验,吸取失败的教训,并用以指导和改善下一个计划期的目标管理工作,进行新的和更高水平的目标管理循环。

4. 目标的制订

目标的制订是为了确定一个清晰而明确的目标,一般要符合 SMART 原则。

S 指 specific,指目标是明确具体的,用具体的、明确的语言说明要达成的行为标准,应尽可能量化为具体数据。如年销售额 5 000 万元、费用率 25%、存货周转一年 5 次等;不能量化尽可能细化,如文员工作态度的考核可以分为工作纪律、服从安排、服务态度、电话礼仪和员工投诉等。

M 指 measurable,指目标是可测量的,要把目标转化为量化或质化指标,可以按照一定标准进行评价,如主要原料采购成本下降 10%,即在原料采购价格波动幅度不大的情况下,同比采购单价下降10%等。

A 指 attainable,指目标是可达成的,目标是基于现实制订的且具有一定的挑战性,即要根据企业的资源、人员技能和管理流程配备程度来设计目标,保证目标是可以达成的。

R 指 relevant,指与目标相关的,各项目标之间有关联,相互支持,符合实际。

T 指 time-based,指目标是有完成时限的,要明确各项目标的完成时间或日期,便于监控和评价。

目标可以来自组织的愿景、组织的竞争战略、顾客的需要、组织的职责、组织存在的问题和组织成长的需要等。

5. 如何推行目标管理

①关键在于领导。在推行目标管理的过程中,要求领导改进工作作风、提高管理水平和善于沟通。

②要有一定的思想基础和科学管理基础。推行目标管理,要教育职工树立全局观念和长远利益观念,正确理解国家、集体和个人三者之间的关系。需要组织的各项规章制度比较完善,信息比较通畅,能够比较准确地度量和评估工作效果。

③目标管理要逐步推行、长期坚持方能取得成效。

(二)PDCA 循环管理

PDCA 简称戴明环,源于戴明的质量管理。PDCA 是 Plan(计划)、Do(执行)、Check(检查)和 Action(行动)的第一个字母缩写,PDCA 循环就是按照这样的顺序进行质量管理,并且循环不止地进行下去,它是全面质量管理所应遵循的科学程序,其精髓在于持续改善。PDCA 循环作为全面质量管理体系运转的基本方法,其实施需要搜集大量数据资料,并综合运用各种管理技术和方法。全面质量管理活动的全部过程,就是质量计划的制订和组织实现的过程,这个过程就是按照 PDCA 循环,不停顿地周而复始地运转。PDCA 循环及步骤如图3-14 所示。

Plan(计划),包括方针和目标的确定,以及活动规划的制订。Do(执行),根据已知的信息,设计具体的方法、方案和计划布局;再根据设计和布局进行具体运作,实现计划中的内容。Check(检查),总结执行计划的结果,分清哪些对了、哪些错了,明确效果,找出问题。Action(行动),对总结检查的结果进行处理,对成功的经验加以肯定,并予以标准化;对于失败的教训也要总结,引起重视。对于没有解决的问题,应提交给下一个 PDCA 循环去解决。

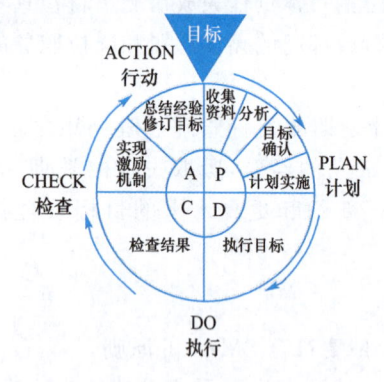

图 3-14 PDCA 循环及步骤

以上四个过程八个步骤不是运行一次就结束,而是周而复始地进行,一个循环完了,解决一些问题,未解决的问题进入下一个循环。

第四节　制订职业生涯规划书

一、什么是职业生涯规划

职业生涯规划指的是一个人对其一生中所承担职务的相继历程的预期和计划,这个计划包括一个人的学习与成长目标,以及对一项职业和组织的生产性贡献和成就期望。个体的职业生涯规划并不是一个单纯的概念,它和个体所处的家庭以及社会存在密切的关系,并且要根据实际条件具体安排。而且因为未来的不确定性,职业生涯规划也需要确立适当的变通性。虽然是规划,也不是一成不变的。同时,职业生涯规划也是个体的人生规划的主体部分。

二、为何要进行个人职业生涯规划

规划职业生涯的目的是争取最大的收益,在职业探索中少走弯路、不走错路、避免走回头路,能够通过选择走最佳路径来实现职业理想。具体而言,职业生涯规划有以下作用:

(1)做好职业生涯规划,可以分析自我,以既有的成就为基础,确立人生的方向,提供奋斗的策略,准确定位职业方向。

(2)通过职业生涯规划,可以评估个人目标和现状的差距,也可以重新安排自己的职业生涯,突破生活的路线,塑造清新充实的自我。

(3)通过职业生涯规划,可以准确评价个人特点和优劣,全面了解自己,增强职业竞争力,发现新的职业机遇,在职业竞争中发挥个人优势。

(4)通过职业生涯规划,可以重新认识自身的价值并使其增值。通过自我评估,认识到自己的优缺点,然后通过反思和学习,不断完善自己使个人价值增值。职业生涯规划通常建立在个体的人生规划基础上,因此,做好职业生涯规划需要将个人生活、事业与家庭联系起来,让生活充实而有条理。

三、职业生涯规划的简要步骤

只要通过问自己以下几个问题,职业生涯规划过程就明确了。

(1)What are you? 首先问自己,你是什么样的人,这是自我分析过程。分析的内容包括个人的兴趣爱好、性格倾向、身体状况、教育背景、专长、过往经历和思维能力。这样对自己会有一个全面的了解。

(2)What do you want? 你想要什么? 这是目标展望的过程,包括职业目标、收入目标、学习目标、名望期望和成就感。

（3）What can you do？你能做什么？自己专业技能是什么？最好能学以致用，发挥自己的专长，在学习过程中积累与自己专业相关的知识技能。同时，个人工作经历也是一个重要的经验积累，能帮助你判断你能够做什么。

（4）What can support you？什么是你的职业支撑点？你具有哪些职业竞争能力？你拥有哪些资源和社会关系？个人、家庭、学校和社会的种种关系，也许都能够影响你的职业选择。

（5）What fit you most？什么是最适合你的？行业和职位众多，哪个才是适合你的呢？待遇、名望、成就感、工作压力及劳累程度都不一样，看各人的选择了。选择最好的并不是合适的，选择合适的才是最好的。这就要根据对前四个问题的思考来回答这个问题。

（6）What can you choose in the end？最后你能够选择什么？通过前面的过程，你就能够做出一个简单的职业生涯规划了。

职业生涯规划分为六个步骤：第一，要建立职业生涯意识，这需要你畅想未来生活、认识当今世界和确立你的职业目标。第二，认识你自己，需要你充分且正确地认识自身条件与相关环境，你需要审视自己、认识自己，了解自己的兴趣、特长、性格和思维方式等，弄清楚我想干什么，我能干什么，我应该干什么，我该如何选择职业。第三，探索职业世界。你需要对备选职业和可能的工作组织进行深入了解，收集相关信息，为选择做准备。第四，确定职业生涯目标。你需要将短期目标与长期目标相结合，在确立长期目标时要立足现实、慎重选择和全面考虑。第五，计划与实施。就是制订实现职业生涯目标的行动方案并付诸行动。第六，评价与反馈。实施效果要在实施中去检验，适时总结，及时诊断出现的问题，找出相应的对策，对规划进行调整与完善。

本章小结

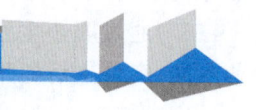

决策是管理者识别并解决问题的过程，或者管理者利用机会的过程。决策的过程包括确定一个问题、确定决策标准、为各项标准分配权重、形成备选方案、分析备选方案、选择决策方案、方案的执行与评估决策的效果等八个基本步骤。

定性决策的方法有群体决策的头脑风暴法、名义小组技术、德尔菲法和电子会议分析法，有确定企业经营活动方向的经营单位组合分析法和定向政策矩阵。定量决策的方法有线性规划法、本量利分析法、决策树法等。

计划在管理职能中处于首要位置，计划的内容5W2H，指明确要做什么、为什么要这样做，在什么时间、什么地点、由谁去做，怎么去做，要完成多少数量。

计划的表现形式有组织的宗旨、使命、战略、政策、程序、规章、规则、规划和预算等。计划编制的原则包括限定因素原则、许诺原则、灵活性原则、导向变化原则等。计划编制工作的步骤包括估量机会、确定目标、认清前提、拟订备选方案、评估备选方案、选定可行方案、拟订派生计划和编制预算等八个步骤。计划编制方法包括滚动计划法、标杆瞄准法、网络计划技术、线性规划法等，其实施中的有效方法有目标管理和PDCA循环管理等。

目标管理以目标指导行动,是一种上下协同的程序,以 Y 理论为基础,强调团队合作和团队成果。目标管理的过程包括制订目标、明确组织作用、执行目标、成果评价、实行奖惩、执行新目标并开始目标管理循环。推行目标管理,关键在于领导,组织要有一定的思想基础和科学管理的基础,要逐步推行、长期坚持方能取得成效。

本章习题

一、单项选择题

1. 被称为决策"硬技术"的决策方法是指(　　)。
   A. 边际分析法　　　B. 主观决策法　　　C. 科学决策法　　　D. 定量决策法
2. 决策的第一步是(　　)。
   A. 确定一个问题　　B. 诊断问题　　　C. 形成备选方案　　D. 选定决策方案
3. 狭义的决策是指(　　)。
   A. 拟订方案　　　B. 评价方案　　　C. 选择方案　　　D. 比较方案
4. 计划工作的核心是(　　)。
   A. 确定目标　　　　　　　　　　B. 估量机会
   C. 决策　　　　　　　　　　　　D. 确定计划前提条件
5. 制订计划的主要目的是(　　)。
   A. 减轻主管人员的决策负担　　　B. 让工作井然有序
   C. 让下属有章可循　　　　　　　D. 资源配置
6. 目标的价值体现在(　　)。
   A. 指明方向与提供标准　　　　　B. 激励作业
   C. 管理基础　　　　　　　　　　D. 上述各方面
7. 通常组织中层次越低的部门,其目标往往(　　)。
   A. 比较具体　　　B. 时间跨度较长　　C. 很抽象　　　D. 变化快
8. 目标管理的一个主要优点是(　　)。
   A. 减少书面工作
   B. 为产品组合制订了目标
   C. 把目标的制订和对个人的激励联系了起来
   D. 为组织制订了目标
9. 目标管理强调的是(　　)。
   A. 方法论　　　　　　　　　　　B. 工作进度安排
   C. 工人和管理者活动　　　　　　D. 以成果为目标的管理
10. 目标管理的具体步骤不应包括(　　)。
    A. 上下级共同讨论下属的任务、责任、工作内容等
    B. 确立长期绩效目标
    C. 定期检查进展状况
    D. 期末共同评估所取得的成果

11. 销售增长率和市场占有率均高的产品群称之为（　　）。
A. 瘦狗型经营单位　　　　　　　　B. 幼童型经营单位
C. 金牛型经营单位　　　　　　　　D. 明星型经营单位

12. 瘦狗型经营单位应该采取（　　）甚至放弃战略。
A. 发展　　　　B. 保持　　　　C. 收缩　　　　D. 收获

二、多项选择题

1. 一般来说，越是组织的下层主管人员所做出的决策越倾向于（　　）。
A. 战略型　　　B. 经验型　　　C. 常规型　　　D. 肯定型
E. 风险型

2. 定量决策的方法有（　　）。
A. 线性规划法　　　　　　　　　　B. 本量利分析法
C. 决策树法　　　　　　　　　　　D. 电子会议分析法

3. 定性决策的方法有（　　）。
A. 头脑风暴法　　　　　　　　　　B. 专家决策咨询法
C. 线性规划法　　　　　　　　　　D. 德尔菲法
E. 决策树法

4. 决策的程序一般包括（　　）。
A. 确定一个问题　B. 确定决策标准　C. 形成备选方案　D. 评价备选方案
E. 选择决策方案和方案的执行

5. 计划的表现形式有（　　）。
A. 组织的宗旨　B. 组织的目标　C. 组织的规则　D. 组织的程序
E. 组织的预算

6. 计划的编制方法有（　　）。
A. 滚动计划法　B. 标杆瞄准法　C. 线性规划法　D. 网络计划技术

7. 根据决策问题的性质和重要程度，可将决策分为（　　）。
A. 长期决策　　B. 战略决策　　C. 战术决策　　D. 业务决策

8. 计划的编制原则包括（　　）。
A. 限定因素原则　B. 许诺原则　　C. 灵活性原则　D. 导向变化原则

9. 目标管理的过程包括（　　）。
A. 制订目标　　B. 目标分解与执行　C. 目标考评　D. 实行奖惩
E. 制订新计划

三、判断题

1. 企业追求利润最大化就等于为产品制定最高价格。　　　　　　　　（　　）
2. 计划在管理中处于首要位置。　　　　　　　　　　　　　　　　　（　　）
3. 推行目标管理，关键在于领导。　　　　　　　　　　　　　　　　（　　）
4. 量本利分析法是根据产量、成本、利润三者之间的相互关系，进行综合分析，预测利润，控制成本的一种数学分析方法。通常也称为"盈亏分析法"。　　　（　　）

5. 根据决策问题的重复程度可将决策划分为程序化决策和非程序化决策。（ ）
6. 计划工作具有强烈的目标性,它以行动为载体,引导组织的经营运转。（ ）
7. 计划的效率并不总是表现为投入和产出之间的比例。（ ）
8. 计划工作就是对未来的一种预测。（ ）
9. 组织管理的过程就是实现目标的过程。（ ）
10. 在确定备选方案时,很重要的一项工作就是减少备选方案的数量。（ ）
11. 宗旨和使命是确定优先顺序、战略、计划和工作安排的基础。（ ）
12. 有些长期目标也可能表现得很具体,但其变动可能性则比短期目标要大得多。（ ）
13. 企业的目标必须有一个明确的核心,即利润最大化。（ ）
14. 目标管理应鼓励参与决策,注重自我控制,促进权力的下放,强调成果第一。（ ）
15. 管理部门必须定期修正目标。（ ）

四、问答题

1. 什么是头脑风暴法？它有何特点？
2. 什么是"名义小组技术"？
3. 决策的过程包括哪些步骤？
4. 根据波士顿矩阵,企业经营业务的状况如何分类？各有什么特点？
5. 什么是计划？计划的5W2H指的什么？
6. 孔茨和韦里克的计划层次体系的基本内容有哪些？
7. 计划的编制包括哪些步骤？
8. 目标管理的基本思想是什么？实施目标管理有哪些过程？

五、计算题

1. 某企业拟生产一种产品,产品售价每台300元,固定费用50万元,计划年产5 000台,单位变动费用每台200元,试计算盈亏平衡点产量。

2. 某公司生产一种产品,固定成本为200 000元,每台产品售价为15元,单位产品变动成本为10元。计算:①该公司盈亏平衡点产量为多少？②如果要实现200 000元的目标利润,其产量应是多少？

3. 某照相机厂提出了两个方案供领导班子决策:一个方案是继续生产传统产品,另一个方案是生产数码相机。根据市场部预测,在市场需求量大的情况下,生产传统相机一年可以获利300万元,而生产数码相机可以获利500万元；在市场需求量小的情况下,生产传统相机可以获利100万元,生产数码相机将亏损50万元。根据市场调研与预测,需求量大的概率为0.8,需求量小的概率为0.2。

问:领导班子应该如何做出决策？画出决策树并做出决策。

五、案例分析

开发新产品与改进现有产品之争

袁之隆先生是南机公司的总裁。这是一家生产和销售农业机械的企业,1992年产品销售额为3 000万元,1993年达到3 400万元,1994年预计销售可达3 700万元。每当坐在办公桌前翻看那些数字、报表时,袁先生都会感到踌躇满志。

这天下午又是业务会议时间,袁先生召集了公司在各地的经销负责人,分析目前和今后的销售形势。在会议上,有些经销负责人指出,农业机械产品虽有市场潜力,但消费者的需求趋向已有所改变,公司应针对新的需求,增加新的产品种类,来适应这些消费者的新需求。

身为机械工程师的袁先生,对新产品研制、开发工作非常内行。因此,他听完各经销负责人的意见之后,心里便很快算了一下,新产品的开发首先要增加研究与开发投资,然后需要花钱改造公司现有的自动化生产线,这两项工作将耗时3～6个月。增加生产品种意味着必须储备更多的备用零件,并根据需要对工人进行新技术的培训,投资又进一步增加。

袁先生认为,从事经销工作的人总是喜欢以自己业务方便来考虑,不断提出各种新产品的要求,却全然不顾品种更新必须投入的成本情况,就像以往的会议一样。而事实上公司目前的这几种产品,经营效果还很不错。最后,他决定仍不考虑新品种的建议,目前的策略仍是改进现有的品种,以进一步降低成本和销售价格。他相信,改进产品成本、提高产品质量并开出具有吸引力的价格,将是提高公司产品竞争力最有效的法宝。因为,客户们实际考虑的还是产品的价值。尽管他已做出了决策,但他还是愿意听一听顾问专家的意见。

【思考】
1. 你认为该公司的外部环境中有哪些机会与威胁?
2. 如果你是顾问专家,你会对袁先生的决策做何评价?

从头起步

耐克公司的创意产生于1962年菲利普·耐特在斯坦福大学攻读工商管理硕士时写的一篇论文。1964年,耐特和他的来自俄勒冈大学的田径教练比尔·鲍尔曼创立了蓝带运动鞋商品公司,用来树立优胜者的形象。当年他们用小车后备厢拉着货在当地的运动会上售出了1 300双跑鞋。当耐特决定全心全意致力于发展蓝带运动公司时,他还以注册会计师为业,并于1969年被评为会计学教授。1972年,蓝带运动公司按照神话中胜利女神的名字改为耐克。

从1972年到1990年,耐克公司取得了巨大的发展。1972年的销售额为200万美元,到1982年,销售额达到1.94亿美元,平均每年增长率为82%。到了1990年,由于迈克尔·乔丹的加入,销售额有了惊人的发展,达到了20亿美元。即使在乔丹宣布退出NBA前,菲利普·耐特和他的同行们就一直在不断地寻找商业机会。他们知道,虽然迈克尔有惊人的天赋,但他不可能打一辈子篮球。

耐克公司的另外一个促销手段称为"耐克镇"。"耐克镇"由体育用品博物馆、体育用品商店和游乐场组成,目的就是树立耐克公司"精力充沛、富有生命力"的产品形象。耐克镇里还有三维广告、巨型鱼缸和篮球场。起初,耐克公司在俄勒冈州的波特兰和伊利诺伊州的芝加哥各建了一座耐克镇,还计划使耐克镇遍布全球。为索尼公司建造类似商店的大卫·曼费雷迪说:"这只是树立公司形象的一部分,它决定公司在世界面前的形象。"这个创意强调的是形象,而不是开销,所以这里的商品不打折。当芝加哥的耐克镇开业后,每周吸引大约5 000名顾客,每人平均消费50美元。

为了适应不断变化的市场需求,耐克公司的管理者开始向各方面发展。1992年,耐克公司专门建立了销售耐克产品的专卖店。这一年,耐克公司全部利润中的1千万美元来源于3家专卖店和2个耐克镇的销售。尽管耐克公司是从汽车后备厢销售运动鞋起家的,但其在运动服销售的发展上比运动鞋发展更快。

【思考】 耐克公司根据外部环境的变化,采用了哪些决策发展自身?

延伸阅读

态势战略

彼得·德鲁克对358位企业经理45年中的战略选择进行深入研究后,提出了以下三种态势战略类型:

(1)稳定战略。稳定战略就是维持现有的经营范围和经营水平的战略。组织既不准备进入新的经营领域,也不准备扩大经营规模。其核心是在维持现状的基础上,提高组织现有生产条件下的经济效益。稳定战略适宜组织处于以下情况时使用:组织内部缺乏发展所需资源、组织已达到最满意的规模经济效益、组织的市场地位很稳定且整个市场正趋于饱和、组织现有的战略方案仍与组织内外部环境非常吻合、组织未来的发展方向暂时不明等。

(2)发展战略。发展战略亦称扩张战略,是指组织为达到扩大市场份额、获得规模经济效益或新产品的收益等,依靠生产技术的进步和增加生产要素的投入,使组织在现有基础上向更高水平发展的战略。当组织生产的产品近期和远期需求量都很大,竞争又不激烈或竞争对手少,组织自身实力较强且拥有发展所需资源的情况下,组织可运用这一战略。发展战略又可分为集中战略、一体化战略、多元化战略和跨国经营战略。

(3)收缩战略。收缩战略指减少组织投入、缩小经营规模的战略。当组织所生产的产品市场需求逐年下降,产品已进入衰退期,或者市场竞争十分激烈,组织没有资源能力来维持或提高市场占有率,则可果断地实施收缩战略。其方式有减少生产量、出售部分固定资产、退出某一个或几个业务领域。

第四章 组织与组织文化

学习目标

1. 理解组织的内涵和要素,认识组织设计的概念及组织设计的原则。
2. 认识管理幅度与层次的关系以及影响管理幅度的因素。
3. 掌握典型组织结构的类型、特点和适用范围。
4. 掌握组织运行中需要处理的关键关系。
5. 正确认识非正式组织的形成原因、作用和对待非正式组织的策略。
6. 理解组织文化的概念、内涵和构成,掌握塑造组织文化的途径。

能力目标

1. 能够为中小企业设计较为合理的组织结构。
2. 能够为中小企业设计组织文化塑造的途径。

问题引导

1. 什么是组织?组织工作的内容有哪些?
2. 如何进行组织设计?
3. 典型的组织结构有哪些?

为了使人们能为实现目标而有效地工作,就必须设计和维持一种职务结构,这就是组织管理职能的目的。

——哈罗德·孔茨

第一节 组织概述

管理情景

海尔集团组织变革

当今时代,互联网的介入、市场竞争的加剧、技术的突变、用户需求的个性化和员工构成的发展变化等都要求企业建立起能更好适应环境、更快重组资源的新型组织。

海尔集团在信息技术革命的背景下,对其管理结构做出更新调整,不断对组织结构进行变革。早期实行事业部制的海尔,为更好地直接面向顾客进行自我完善型经营体制改革,对事业部制进行了流程重组,变更为创新主体的大规模组织结构,即以市场链为纽带的业务流程再造。2005年,海尔集团为了更好应对互联网的挑战,从看待客户的角度看待所有问题,为求最大限度提高反应速度。海尔集团将用户作为起点和决定要素,将组织变成倒三角形的自主经营体,推行人单合一的管理模式。之后,随着大数据信息时代的发展,海尔集团在2012年进行战略转型,由生产产品和服务转向生产"创客"(maker),并配合打造创业平台推行了一系列组织变革。到2016年,海尔平台上有超过200个创业小微,海尔全球营业额达到2 000多亿元。

个性化、情景化的用户,与创客化的员工、小微化的创新创业单元,都可谓是海尔集团的组织表现,这股组织结构变革的目标是从客户、员工和市场的需求角度来重新界定企业的组织形态。正如迈克尔·哈默所说,客户经济时代的企业必须成为容易做生意的企业,企业要从客户的角度来看待交易环节上的所有问题。简单地讲,就是要简化一切浪费客户金钱的手续,消除一切消耗客户精力的多余环节。从提供产品或服务到提供整体解决方案的演变,实际上是海尔集团组织变革的方向。

【思考】

1. 何为组织结构?为什么要对组织结构进行变革?
2. 什么是事业部制?
3. 客户经济时代有些什么特征?

一、组织的概念和要素

(一)组织的概念

组织是管理的一项基本职能。管理者的主要任务之一就是要使组织不断发展和完善,使之更加富有成效。

什么是组织?组织在当今社会无处不在,无时不有。它是人们群体活动的主要形象,是人的社会性的重要表现。国务院是个组织,某所大学也是一个组织,这样的例子人人都能说出许多,但这并没有说明组织的确切含义。

切斯特·巴纳德认为,组织是一个有意识地对人的活动或力量进行协调的体系,是两个以上的人的自觉协作的活动或力量所组成的一个体系,这种定义叫作"行为论"。

哈罗德·孔茨和海因茨·韦里克认为,"组织"就意味着一个正式的有意形成的职务结构或职位结构。

理查德·达夫特将组织描述为:(1)是社会实体;(2)有确定的目标;(3)有精心设计的结构和协调的活动型系统;(4)与外部环境相联系。组织的关键要素不是一个建筑、一套政策和程序,组织是由人及其相互关系组成的。

概括地讲,组织作为一项管理职能,有正式的有意形成的职务结构和职位结构,有两个以上的人为实现共同目标而协同行动的集合体。组织工作包括职位设计、部门划分、职权配置、人员配备、协调整合、组织文化和组织变革等一系列使组织协调运行的活动。

(二)组织含义的四要素

1. 组织有一个共同的目标

目标是组织存在的前提和基础,任何组织都是为了实现特定的目标而存在的。

2. 组织是实现目标的工具

组织目标是否能够实现,就要看组织内各要素之间的协调和配合程度,分工协作是由组织目标限定的。一个组织是否能够达到目标,其中很重要的一个方面就是要看组织结构是否合理有效。

3. 组织包括不同层次的分工协作

组织内部必须有分工,而在分工之后,就要赋予各个部门及每个人相应的权力,以便实现目标。组织为达到目标和提高效率,就必须进行分工协作,把组织上下左右联系起来,形成一个有机的整体。

4. 组织受外部环境的影响

组织存在于不同类型的环境中,环境和组织之间是相互影响和相互作用的。

二、组织职能的要素

(一)共同目标

任何组织都是为了实现其特定的目标而存在的,组织作为一个整体只有具有共同的目标,才能统一指挥、统一意志和统一行动。

(二)协作意愿

协作意愿指组织成员对组织共同目标做出贡献的意愿。若组织无协作意愿,组织目标将无法达成,组织也必将趋于散乱。对于组织成员来说,其协作意愿的强弱主要取决于组织成员对自己在组织中所做的贡献与所取得的报酬之间的比较。

(三)信息沟通

组织的共同目标和个人协作意愿只有通过信息沟通联系和统一起来,才具有意义和效果,因此,信息沟通是组织内一切活动的基础,是组织存在和发展的一个重要因素。

(四)协调关系

把组织上下联合起来,把组织成员中愿意合作、为共同目标做出贡献的意志统一起来,是实现组织目标的有效保障。

三、组织的职能

作为管理的一项基本职能,组织职能是指在组织目标已经确定的情况下,将实现组织目标所必须进行的各项活动加以分类组合,进行管理层级和管理部门的划分,并将完成目标所必需的某种职权授予各部门和各层级,从而进行指挥、监督和控制的活动过程。

(一)组织结构的设计

围绕组织目标,设计和建立一套组织结构和职位系统,包括横向管理部门的设置和纵向管理层次的划分。

(二)适度的分权和授权

分权和授权相结合能确保组织的灵活性和适应性。确立职权关系,把各层次、各部门结合为一个有机整体。分权适度和授权成功有利于组织内各层次和各部门为实现组织目标而协同工作;有利于减轻高层管理者的负担,使其集中精力抓大事,使基层管理者有职、有权、有责,发挥他们的聪明才智,保证组织高效率地运转。

(三)人员的选择和配备

有了适当的组织结构,选择合适的人才放在合适的岗位就很重要,因此,要建立适当的人员选择和配备机制,适应组织发展的需求。现代管理的一个重要内容就是以人为中心,围绕"选人、育人、用人和留人"做好各项工作。

(四)组织文化的培育和建设

为保证组织高效运转并长期生存发展下去,需要创造良好的组织气氛,进行团队精神的培育和组织文化的建设。

(五)组织运作和组织变革

组织运作是指管理者怎样使已设计好的组织系统围绕目标有效地运转,包括制定和落实各种规章制度及建立组织内部的信息沟通模式。组织变革是指不断适应实现目标的需要,对组织工作进行必要的调整、改革和再设计。

四、组织结构运行的关系

组织运行中,要处理好不同部门和不同成员之间的各种关系,以保证组织的正常运行,具体包括直线职权与参谋职权的关系、集权与分权的关系、正式组织与非正式组织的关系等。

1. 直线职权与参谋职权的关系

直线职权是一种命令关系,是上级指挥下级的关系。组织中存在等级原则,命令关系自上而下,从组织的最高层,经过中间环节,一直延伸到最基层,形成一种等级链。参谋关系是伴随着直线职权关系而产生的,属于顾问性质。纯粹的参谋人员,其职能是进行调查和研究,并向直线职权的管理人员提出建议。参谋的设置首先是为了方便直线主管的工作,减轻他们的负担,随着组织规模的扩大,参谋人员的数量会不断增加,参谋机构会逐渐规范化。

直线关系是一种指挥和命令的关系,授予直线人员的是决策和行动的权力;而参谋关系是一种服务和协助的关系,授予参谋人员的是思考、筹划和建议的权力。

从直线主管这方面来说,他们需要对自己所辖部门的工作结果负责;从参谋人员的角度看,会因为直线主管的轻视而产生不满。参谋人员为了克服来自底层直线管理者的抵制,往往会不自觉地寻求上级直线经理的支持。

2. 集权与分权的关系

集权与分权是指职权在不同管理层之间的分配与授予。职权的集中和分散是一种趋向性,是一种相对的状态。

集权是指决策权在组织系统中较高层次的一定程度的集中。分权是指决策权在组织系统中较低层次的一定程度的分散,是在组织结构中把决策权进行分散的趋向。分权通过授权完成,使下级在一定的监督下拥有相当的自主权和行动权,方便基层管理人员酌情处置以应对不断变化的环境。组织应根据组织目标与环境、条件的需要正确决定集权与分权程度。现代管理中总的趋势是加强职权的分权化。

3. 正式组织与非正式组织的关系

组织设计的目的是为了建立合理的组织机构和结构,规范组织成员在活动中的关系,其结果是形成正式组织。非正式组织是伴随着正式组织的运转而形成的,其成员由于工作性质相似、社会地位相当、对一些具体问题的认识基本一致和观点基本相同,或者在兴趣、业余爱好以及感情相投的基础上,产生了一些被大家所接受并遵守的行为规则,从而形成了固定非正式组织。维系正式组织的主要是理性原则,而非正式组织主要是以感情和融洽的关系为标准。

此外,组织在运行中还要处理好个人领导与集体领导的关系,发挥好集体领导的作用。

第二节 组织设计

组织结构的设计应该明确谁去做什么,谁要对什么结果负责,并且消除由于分工含糊不清造成的执行中的障碍,还要提供能够反映和支持企业目标的决策和沟通网络。

——哈罗德·孔茨

管理情景

巴恩斯医院

10月的某一天,产科护士长黛安娜·波兰斯基给巴恩斯医院的院长戴维斯博士打来电话,要求立即做出一项新的人事安排。从黛安娜的急切声音中,院长感觉到一定发生了什么事,因此要她立即到办公室来。5分钟后,黛安娜递给了院长一封辞职信。

"戴维斯博士,"她开始申述,"我简直干不下去了。我有两个上司,每个人都有不同的要求,都要求优先处理。要知道,我只是一个凡人。我已经尽最大的努力适应这种工作,但看来这是不可能的。让我举个例子吧。但请相信我,像这样的事情,每天都在发生。"

"昨天早上7:45,我来到办公室就发现桌上留了张纸条,是杰克逊(医院的主任护士)给我的。她告诉我,她上午10点钟需要一份床位利用情况报告,供她下午向董事会汇报时用。这样一份报告至少要花一个半小时才能写出来。30分钟以后,乔伊斯(黛安娜的直接主管,基层护士监督员)走进来质问我为什么我的两位护士不在班上。我告诉她外科主任从我这要走了她们两位,因为急诊外科手术正缺人手,需要借用一下。结果,乔伊斯叫我立即让这些护士回到产科部。她还说,一个小时以后,她会回来检查我是否把这事办好了! 我跟你说,这样的事情每天都发生好几次。一家医院就只能这样运作吗?"

【思考】 如何解决护士长黛安娜·波兰斯面临的窘境? 该医院的职位设计存在什么问题? 违反了什么原则?

实际上,在一个规模稍大的组织内,人们可以感受到一个共同的矛盾,即管理对象的复杂性与个人能力的有限性。面对全球一体化的经济形势,面对变幻莫测的市场,面对日新月异的科学技术,面对需求层次各不相同的员工,面对日趋激烈的市场竞争,管理者会发现需要决策的事太多,时间不够用,能力不够大。在这种情况下,唯一的选择是由一群人来管理,这就存在一个权力和责任的划分问题,需要分工与协调,所以必须设计出合理的组织结构。

组织目标一经确定,为了保证目标与计划的有效实现,管理者就必须设计合理的组织架构,整合这个架构中不同员工在不同时空的工作并使之转换成对组织有用的贡献。组织设计包括两个方面的内容,即在职务设计的基础上进行的横向的管理部门设计和纵向的管理层次设计。

一、组织设计的概念

当组织的目标确定后,为使这些目标得以顺利实现就需要对组织内部的任务进行分工,并按一定的协作关系将它们联结起来形成框架结构,这种框架结构通常被称为组织结构。组织结构是管理中的一种分工协作。

组织设计就是对组织开展工作、实现目标所必须进行的各种资源的安排,其核心是组织结构设计,其目的就是建立一种能产生有效的分工合作关系的结构。

二、组织设计的任务

设计组织的结构是执行组织职能的基础工作,组织设计的任务是提供组织结构系统图和编制职务说明书。

通常来说,组织结构系统图能最直观地反映组织内部上下左右,各部门、各职务间的相互关系。组织结构系统图并不是一个固定的模式,本书仅展示其一般结构,如图4-1所示。

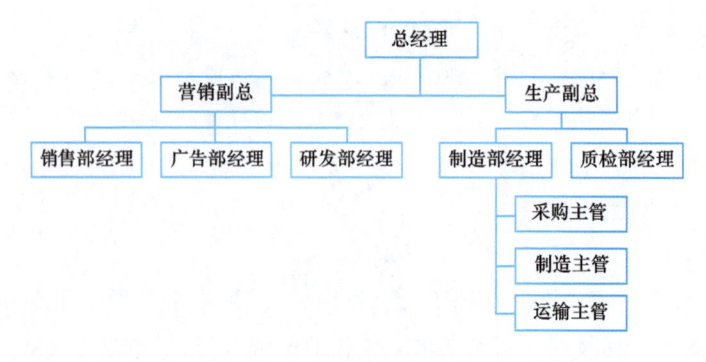

图 4-1　组织结构系统图

职务说明书要求简单而明确地指出该管理职务的工作内容、职责与权力、与组织中其他部门和职务的关系,明确担任该项职务者所必须具备的基本素质、技术知识、工作经验和处理问题的能力等条件。

(一)职务分析与设计

职务分析与设计是组织设计的最基本工作。职务设计是在目标活动逐步分解的基础上,设计组织内从事具体管理工作所需的职务类别和数量,分析每个职务的人员应负的责任和应具备的素质要求。组织结构系统图是自上而下来绘制的,但设计一个全新的组织结构却需要从最基层开始,也就是说,组织设计是自下而上的。

(二)部门划分和层次设计

根据各个职务所从事工作内容的性质以及职务间的相互关系,依照一定的原则,采取一定的部门化方式,将各个职务组合成"部门"的管理单位。这些部门又可以按一定的方式组合成上一级的更大的部门,这样就形成了组织的层次。

(三)结构形成

职务设计和部门划分是根据工作要求来进行的,通过职责权限的分配和各种联系手段的设置,使组织中的各构成部分联结成一个有机的整体,使各方面的行动协调配合。

在组织的总体框架完成后,需要通过建立一定的职权关系与制度规范,将各职位和各机构联系起来,以形成一个稳定规范和协调运行的有机组织。组织联系主要包括两个方面,一方面是在不同部门或管理层次之间配置职权的问题,另一方面是建立健全系统的制度规范体系的问题。

三、组织设计的原则

在组织设计或组织结构变革的过程中,应经常对照组织设计原则进行检查,权衡利弊,排除隐患。组织设计的基本原则如下:

(一)分工明晰原则

分工明晰原则是指人员对自己所承担工作的责任、权利以及由此带来多少利益的明白了解。一方面要合理划分组织内部各职能部门的工作范围,另一方面要明确专业分工之间的相互关系,这样才有利于从组织上保证目标的实现。分工明晰原则有助于降低交易成本,提高组织效率。

(二)统一指挥原则

统一指挥原则是由法约尔提出的,他认为无论什么工作,一个下级只能接受一个上级的指挥,如果两个或两个以上的主管同时对一个下级或一件工作行使权力,就会出现混乱的局面。

在法约尔之后,人们又把该原则发展为如果需要两个或两个以上主管同时指挥的话,在下达命令前主管必须相互沟通,达成一致,这样下级才不会无所适从。在管理中还要尽量避免越级指挥的现象。统一指挥原则十分重要,对于保证组织目标的实现和绩效的提高有很大的作用,防止"政出多门"等问题。

(三)权责对等原则

在进行组织设计时,既要明确每一部门或职务的职责范围,又要赋予其完成职责所必需的权力,使职权和职责保持一致。权责对等是组织有效运行的前提,只有责任没有权力或权限太小,会使管理者的积极性和主动性受到严重束缚;只有权限而无责任或者责任权限小于职权,则会导致组织中出现权力滥用和无人负责现象并存的局面。

(四)控制幅度原则

任何管理人员能够直接有效地指挥和监督的下属的数量总是有限的,管理幅度太大,会造成指挥监督不力,使组织陷入失控状态;管理幅度过小,又会造成管理人员配备增多,管理成本增加,效率降低。因此,保持合理的管理幅度是组织设计工作的一条重要原则。

(五)最少层次的原则

精简、统一和效率是组织设计的要求。机构精简,协调工作量减少了,沟通容易了才能实现高效率。管理层次是组织结构中纵向管理系统所划分的等级数量。最少层次原则是指在保证组织合理有效运转的前提下,应尽量减少管理层次。

(六)人职结合原则

组织中每个部门、每个职务都必须由一定的人员来完成规定的工作任务。组织设计必须确保实现组织目标活动的每项内容都能落实到具体的职位和部门,做到"事事有人做"。组织设计就要求从工作特点和需要出发,因事设职或因职用人。在组织设计时一方面必须保证有能力的人有机会去做他们真正胜任的工作;另一方面要使工作人员的能力在组织中获得不断提高和发展,同时也要尽可能地让人的操作有利于职位的完善和组织的优化。

(七)自我优化原则

组织能够根据自身的发展需要,适时地进行组织结构和人员调整,以保证组织在新情况下能够保持持续的活力。这就要求高层管理人员具有能够根据情况的变化合理地进行调整的意识。管理者必须在稳定与动态变化之间寻求一种平衡,既保证组织结构有一定的稳定性,又使组织有一定的发展弹性和适应性。

四、组织结构设计的影响因素

(一)组织战略

组织战略规定了组织的发展方向和总目标以及实现目标所应采取的行动。而作为实现组织战略手段之一的组织结构,与组织战略的关系十分密切。组织结构是由组织战略决定的,组织结构是为组织战略服务的。如果一个企业的组织战略发生了重大变化,为其服务的组织结构也应做出相应的调整,以适应组织战略的变化。

(二)组织环境

环境的变化可能使组织中部门之间的地位及相互关系发生变化,即某些部门的地位变得重要起来或者某些部门的地位变得相对次要。在这种情况下,部门角色的变化可能加剧部门间的隔阂和冲突。因此,当环境不确定性因素增强时,协调就显得尤其必要。

(三)技术变化

所采用的技术不同,对个人和组织的要求也是不同的。任何组织都需要通过技术将投入转换为产出,组织的设计需要随技术的变化而变化,特别是技术范式的重大变化,往往要求组织结构与之相适应,做出相应的改变和调整。

(四)组织规模

组织规模通常用人员数量来衡量。研究发现,大型组织的结构形式远远不同于小型组织。小型组织通常是非正式的,劳动分工少,规章制度较少(正规化程度低),专业人员和办公人员少,甚至不存在正式的预算和业绩考核系统。而大型组织则有着较多的分工、庞大的专业人员队伍、大量的规章制度和业绩考核等内部系统。大型组织与小型组织在规范化程度、集权化程度、复杂性程度和人员比例等方面均有较大差异。

(五)人员结构与素质

人员素质越高,组织结构设计上也要求保留更大的弹性和灵活性,使高素质的人员能更好地发挥主动性和创造性。

(六)生命周期影响

组织的演化成长呈现出明显的生命周期特征,组织设计在生命周期内的不同阶段应有所不同。奎因和卡梅隆把生命周期划分为四个阶段:创业阶段、集合阶段、规范化阶段和精细化阶段。与每一阶段相关的组织特点如下:

1. 创业阶段的特点。组织规模小,官僚体制不明显,个人能力重要。高层管理者提供结构和控制系统,组织的精力侧重于生存和单一产品的生产和服务。

2. 集合阶段的特点。这是组织的青年期。在此阶段,组织成长迅速,雇员受到激励并服从组织的使命,尽管某些程序已经出现,但规范化程度仍然较低,继续成长是组织的主要目标。

3. 规范化阶段的特点。这时组织进入中年期并呈现出官僚化特征。组织中人员增加,管理层次增多,分工更加细化。组织的创新工作可能通过建立独立的研究和开发部门来实现,组织的主要目的是内部稳定性和扩大市场。高层管理者要善于授权以调动下属的积极性。

4. 精细化阶段的特点。成熟的组织往往显得规模巨大和官僚化,继续演化可能使组织进入衰退期。此时,管理者可能通过尝试组建团队来阻止进一步官僚化,技术创新则通过使研究与开发部门机构化来实现。维护和提升组织的荣誉与名誉是此阶段的重要任务。

五、管理幅度与管理层次

(一)管理幅度

管理幅度是指一名领导者(主管)所能直接而有效管理和指挥的下属的人数。一个管理者的管理幅度是有一定限制的。管理幅度过小,会造成资源的浪费;而管理幅度过大,又难以实现有效的控制。

任何人的知识、经验、能力和精力总是有限的,下属人员的集中与分散程度、管理工作的性质与难度、工作的标准化程度、工作的类别、需要解决的问题出现的频率、管理者与下属人员之间的关系、管理者的素质与管理能力、被管理者的素质与工作能力等,都在很大程度上决定着管理幅度的大小。古典学者主张窄小的幅度,通常不超过六人,以便对下属保持紧密而有效的控制。

(二)管理层次

管理层次是指组织内部从最高一级管理组织到最低一级管理组织的组织等级。管理层次的产生是由管理幅度的有限性引起的,由于有效管理幅度的限制,才必须通过增加管理层次来实现对组织的控制。

(三)管理幅度与管理层次的关系

管理幅度与管理层次之间存在反比关系。

$$组织规模 = 管理幅度 \times 管理层次$$

对于一个人员规模既定的组织,管理者有较大的管理幅度,意味着可以有较少的管理层次;而管理者的管理幅度较小时,则意味着该组织有较多的管理层次。

小阅读

第二次世界大战的时候,盟军总司令艾森豪威尔和当时的罗马教皇,两个人都可以认为是高层管理者,他们的管理幅度谁宽谁窄呢?当然是艾森豪威尔要窄一些,因为他所面临的是战争的环境,战场上瞬息万变,所以他不可能指挥过多的下级。那么,两者之间管理幅度差别会有多大呢?答案是惊人的。据记载,艾森豪威尔当时直接指挥的下级实际上只有三个人,也就是说他的管理幅度是3;而罗马教皇的直接下级有700多位。3:700,可见在不同的环境下,管理幅度会有多大的差别。

在组织管理过程中要正确处理好管理幅度与管理层次之间的关系问题。有的企业用扩大管理幅度和减少管理层次的方法,构成扁平式组织结构(Flat Organization);有的企业则采用缩小管理幅度和增加管理层次的方法,形成垂直式组织结构(Tall Organization)。

扁平式组织结构属于分权型组织,它层次少,便于上下信息交流,有利于发挥下级人员的才干,灵活而有弹性,所需管理人员少、管理费用开支低。其缺点是不便于进行有效监督和控制,加重了交叉联络的负担,容易突出下属的特权和部门的利益。

相对来说,垂直式组织结构属于集权式组织,它具有高度的权威性和统一性,决策和行动都比较迅速。缺点是不便于纵向联络沟通,缺乏灵活性和适应性,所需管理人员多、管理费用大。

一个管理人员到底能够有效地管理多少下属,决定有效管理幅度的因素有哪些?对这个问题进行比较深入研究的是美国洛克希德导弹与航天公司,该公司提出了影响管理幅度和管理层次的六大因素,即职能相似性、地区相近性、职能复杂性、指导和控制工作量、计划工作量和协调工作量。因此,确定管理幅度和管理层次时,应具体问题具体分析。

第三节　组织结构

> 州总其统,郡举其纲,县理其目,各职守不得相干,治之经也。
>
> ——傅玄《傅子·安民》

管理情景

通用减少管理层次

20世纪90年代初,世界经济严重衰退,美国、英国、法国、德国和日本等发达国家无一幸免。无数企业举步维艰,破产倒闭者比比皆是,甚至一些超级大公司,也在劫难逃,出现巨额亏损。如福特汽车公司、通用汽车公司、数据设备公司、王安电脑、施乐公司和三角航空公司等,甚至人们一向看好的IBM也在1992年度亏损68亿美元,股价暴跌,其董事长不得不引咎辞职。在这艰难的年代,美国通用电气一枝独秀,销售收入和税后利润连年增长。根据《商业周刊》公布的数据,通用电气在1992年全球大企业排名表中名列第六位,其销售额在全国居第五位,而税后净利润在全美国居第三位。全公司有13个事业部,产品多种多样,从照亮千家万户的普通电灯泡到原子能发电站,从地面的机车到太空中的卫星,从飞机发动机到家用电器。它经营的信用卡达到6 000多万张,它拥有的商用飞机比美国航空公司还多。美国人购买的食品,36%储藏在该公司生产的冰箱里;晚饭后,每五人中就有一个收看属于通用电气的全国广播公司(NBC)的电视节目。

通用电气的成功,很大程度归功于公司总裁韦尔奇的独到战略。韦尔奇在20世纪80年代初就任公司总裁,他一上台就以其强硬的作风令世人瞩目。韦尔奇接手公司时,对公司的状况极为不满,认为公司染上了不少美国大公司都有的"恐龙症",即机构臃肿、部门林立、等级森严、层次繁多、程序复杂、官僚主义严重、反应迟钝。在日本和德国的竞争面前,束手无策,节节败退。为改变这种状况,韦尔奇明确提出要以经营子公司的方式来经营通用电气,彻底消除官僚主义,并采取了精简机构和减少层次的措施。

当时,通用电气公司有40多万职工,其中有"经理"头衔的人就达到2.5万,高层经理500多人,副总裁就有130个。管理层次有12层,工资级别多达29级。韦尔奇一上台就大刀阔斧地削减错综重叠的机构和成员。从1981年到现在,他至少砍掉了350多个部门和生产、经营单位,将公司职工裁减为27万。他在裁减冗员的同时大力压缩管理层次,强制性要求在全公司任何地方从一线职工到他本人之间不得超过5个层次。这样原来的组织结构变成了金字塔形结构。以家用电器事业部的销售为例,从一线销售人员到公司总裁之间仅有4个层次:公司总裁——家用电器事业部总裁——家用销售部总经理——30个地区家电销售经理——400个家电销售代表。再以通用电气所属的重型燃气轮机制造基地为例,全厂有2 000多个职工,年销售收入达到20多亿美元。全厂由一位总经理负责,他的下属是十几位生产线经理,如叶片生产线、装配线、调试线等,每个生产线经理直接面对100多名工人。没有班组长,也没有工长、领班,更没有任何副职。

【思考】组织层次对企业有何影响？什么样的组织结构是有效的？

组织结构是指组织各部门的排列顺序、空间位置、聚散状态、联系方式以及各要素之间相互关系的一种模式。组织结构是随着生产、技术和经济的发展而不断演变的，由于组织的内、外部环境不同，组织的结构类型也不尽相同。

一、直线制组织结构

直线制是指组织没有职能机构，从最高管理层到最基层，实行直线垂直领导。如图 4-2 所示。

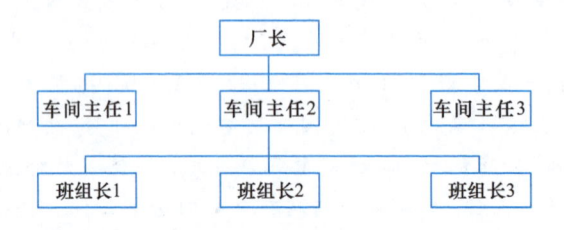

```
                      厂长
        ┌──────────────┼──────────────┐
     车间主任1        车间主任2        车间主任3
        │              │              │
      班组长1        班组长2         班组长3
```

图 4-2　直线制组织结构

在组织结构图中，职权关系用一条由上级部门或人员直通到下级部门或人员的直线来表示，所以形象地称为直线职权。直线主管对其下属人员行使领导、监督和指挥等权力。如图 4-2 中，厂长对车间主任拥有直线职权，车间主任对班组长拥有直线职权。其特点是上级有命令指挥权，下级必须贯彻执行，不得自行其是；下级对自己的直线上级负责，并报告工作。

通用汽车、IBM 等组织曾在 20 世纪 80 年代采用过这种组织结构形式，最终导致管理层过多使整个组织管理失去效率。在实践中，直线制组织结构最初产生于手工业作坊，当时老板和工厂主都是亲自管理，全面处理生产、技术、销售和财务等事务。

直线制组织结构的优点是机构简单，沟通迅速；集权领导，指挥统一；垂直联系，责任明确；灵活机动，管理成本低。其缺点是权力集中于一人，易造成滥用职权；组织中没有职能机构，管理者负担过重，难以满足复杂形势的需要，因此一般适用于业务单一、有较稳定服务对象的小型组织或现场的作业管理。

发展初期的小企业和创业型的企业家多数会采用这种大权独揽的组织结构，由于缺乏横向的沟通，当组织规模扩大或主管人员能力不足以有效控制时，就难以适应业务发展的要求，一旦发生意外事件或紧急情况有可能给组织造成较大的损害。

二、职能制组织结构

职能制是在组织内设置若干职能部门，并都有权在各自业务范围内向下级下达命令，也就是各基层组织负责人除了服从上级直接领导的指挥之外,还受上级各职能机构或人员的领导。如图4-3所示。组织结构图中的职能机构包括财务、人事、公关、法律事务等。

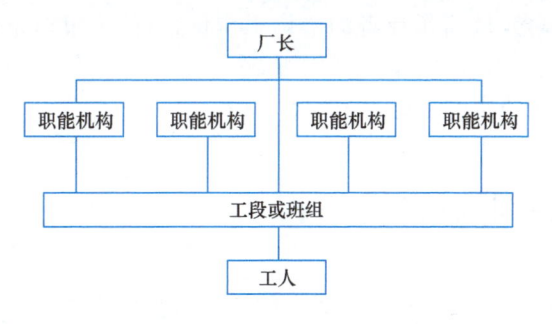

图 4-3　职能制组织结构

职能制的优点是管理分工较细,有利于工作的深入,有利于专业管理机构职能的充分发挥。但是多头领导,政出多门,破坏了统一指挥原则,且横向的协调比较差,人们关注的都是本部门的利益,有一种"碉堡"效应,在这种"碉堡"中长期工作的人会形成一种陋习,或者一种职业病,这种病也叫作"隧道眼",就是只看到自身,而看不到其他人。

职能制组织结构适合产品品种比较单一、外部环境比较稳定的中小型企业。

三、直线—职能制组织结构

直线—职能制是指在组织内部,既设置纵向的直线指挥系统,又设置横向的职能管理系统,以直线指挥系统为主体建立的两维的管理组织。职能部门发挥参谋作用,无权指挥下级部门,只起业务指导作用,但在直线人员授权下可行使职能权,如图4-4所示。

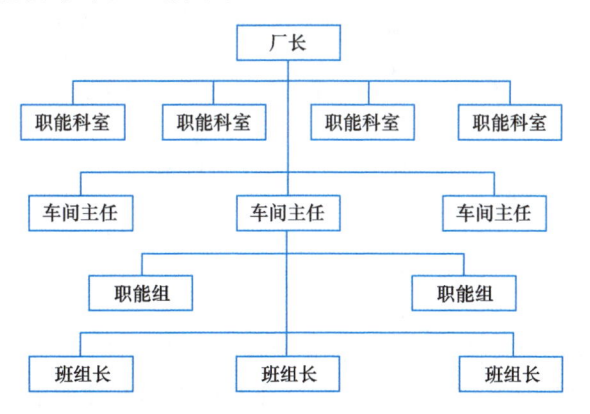

图 4-4　直线—职能制组织结构

直线—职能制组织结构的优点是分工细密,任务明确,且各个部门的职责具有明显的界限,便于建立岗位责任制;既保证了组织的统一指挥,又有利于加强专业化管理;各职能部门仅对自己应做的工作负有责任,可以专心从事这方面工作,因此有较高的效率;各级领导者都有相应的职能机构做参谋和助手,使企业能够适应组织活动日益复杂化的特点;

管理权力高度集中,有利于高层管理人员对整个公司实施严格的控制。

直线—职能制组织结构的缺点是直线人员与参谋人员的关系难以协调,缺乏信息交流,各部门缺乏全局观念,最高领导者的协调工作量大;整个组织系统刚性较大,分工很细,手续繁杂,反应较慢,不易迅速适应新的情况。

直线—职能制组织结构广泛适用于各类组织。

四、事业部制组织结构

在20世纪20年代,当时的通用汽车公司由于组织规模扩大,导致组织层次不断增加。当时采取的是职能制组织结构,随着层次的不断增多,组织的效率变得越来越低,各种问题变得越来越多,从而导致通用汽车公司走到濒临破产的地步。传统的职能制无法维系这样一个巨大的机构,只好把下属的各个单位分成相对独立的一些子部门。在战略、对外关系、财务等方面,由公司来统一管理;但是在具体的运营上,则赋予下级单位以相当大的自主权。这种组织结构模式称为事业部制,它的出现在管理发展史上具有里程碑式的意义。

事业部制是在直线—职能制框架的基础上,设置独立核算、自主经营的事业部,在总公司领导下,统一政策,分散经营。这是一种分权化体制,通常可按产品、地区、顾客和项目等来划分事业部,如图4-5所示。

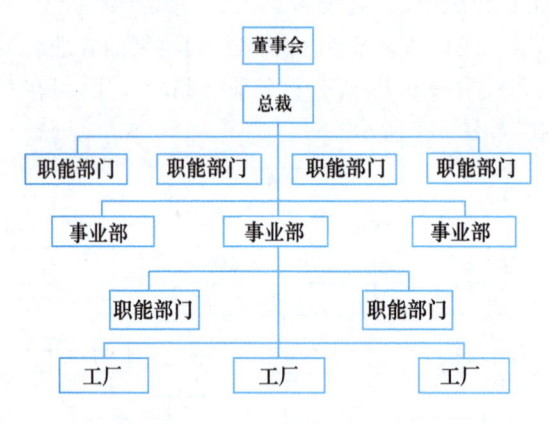

图4-5 事业部制组织结构

事业部制组织结构的优点是有利于发挥事业部的积极性、主动性,更好地适应市场;公司高层集中思考战略问题;有利于培养综合管理人员,分权化的事业部经理与一家独立公司的高层所面对的问题几乎是一样的,所以事业部制在培养和考验着未来的领导人才;扩大了有效控制的跨度,使上级领导直接控制下层单位的数目增加。

但事业部制也存在分权带来的不足,如指挥不灵,机构重叠,集权与分权关系比较敏感,一旦处理不当,可能削弱整个组织的协调一致;对管理者要求高,每个事业部都相当于一个单独的企业,事业部经理要熟悉全面业务和管理知识才能胜任工作。

第四章 组织与组织文化

这种组织结构适用于面对多个不同市场的大规模组织,同时为了使组织保持完整性,最高管理当局必须保持事业发展、有关资金分配、人事安排三个方面的决策权。

五、矩阵制组织结构

需要指出的是,在事业部制组织结构中,每一个事业部的内部依然采取职能制结构。所以从本质上讲,事业部制仍然是一种建立在专业化分工基础上的结构方式,是按照职能的方式划分的组织结构,必然具有职能划分的各种各样的优缺点,例如不能直面顾客,难以从顾客的角度出发解决问题。

这时候就出现了一种可行的方式,就是针对每一类顾客,设立一个专门的职位。这个专门的职位,叠加在职能分工形式的基础之上,专门从事横向的协调,响应顾客的需要,这就是矩阵制,如图4-6所示。

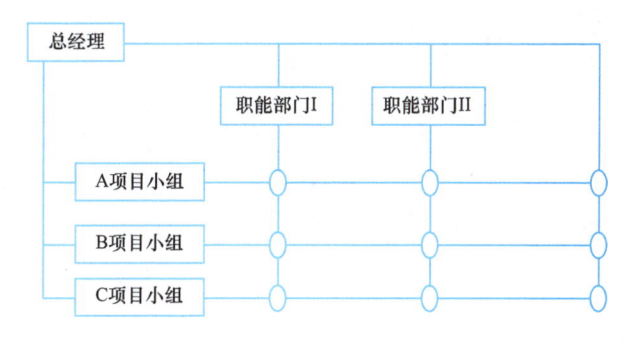

图 4-6 矩阵制组织结构

矩阵制是由按职能划分的纵向指挥系统与按项目组成的横向系统结合而成的组织。横向上,是各运动项目或研究项目组。在项目负责人的主持下,从纵向的各职能部门抽调人员,组成项目组,共同从事运动项目或研究项目的工作。项目完成后,返回本部门,项目组随即撤销。

由于矩阵结构是按项目进行组织的,所以它加强了不同部门之间的配合和信息交流,克服了直线—职能制结构中各部门互相脱节的现象;同时它具有工作小组那种机动灵活性,可随项目的开始与结束进行组织或给予解散;一个人还可以同时参加几个项目小组,这就大大提高了人员的利用率;由于职能人员直接参与项目,且在重要决策问题上有发言权,这使他们增加了责任感,激发了工作热情。

矩阵制中项目负责人的责任大于权力。因为参加项目的每个人都来自不同的部门,一般隶属关系仍在原部门,而仅仅是临时参加该项目。所以项目负责人对他们工作的好坏,没有足够的激励手段与惩罚手段,这些权力仍然在原部门领导人手中。矩阵制造成双重指挥也是一大缺陷,破坏了统一指挥的原则,项目负责人和原部门负责人都对参加该项目的人有指挥权。所以,项目负责人必须与各个部门负责人配合,才能顺利地进行工作。

矩阵制组织结构主要适用于突击性、临时性任务,如运动项目集训、大型赛事组织、运动项目科研等。

六、多维立体组织结构

将事业部制和矩阵制进行有机结合,由直线指挥、专业职能指导、地区分布等多维因素构成的复合型组织模式称为多维立体组织。这种组织结构适用于大规模、多元化、跨地区的组织或产业。其管理结构清晰,有利于对组织进行管理,但由于机构体系庞大,通常而言管理成本较高,内部沟通不畅容易导致管理信息滞后。多维立体组织包括:U形组织结构、M形组织结构、矩阵制结构、多维制和超级事业部制结构、H形组织结构、模拟分割制结构等。不同的组织类型适用的情况不同,企业可根据自身实际情况进行选择及自主调整。

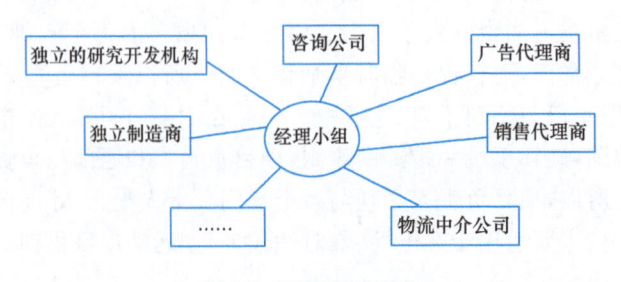

七、网络型组织结构

网络型组织结构是利用现代信息技术手段而建立和发展起来的一种新型组织结构。现代信息科学技术的快速发展以及 Internet 技术的广泛应用,使得企业与外界的联系大大增强,企业的经营地理范围不再局限于一个国家、一个地区,而是通过互联网与世界相联。正是基于这一条件,企业可以重新审视自身机构的边界,不断缩小内部生产经营活动的范围,扩大与外部单位之间的分工协作。这就产生了一种基于契约关系的新型组织结构,即网络型组织结构。如图 4-7 所示。

网络型组织结构是一种很精干的中心机构,以契约关系的建立和维持为基础,依靠外部机构进行制造、销售或其他重要业务经营活动的组织结构形式。被联结在这一结构中的各经营单位之间并没有正式的资本所有关系和行政隶属关系,只是通过相对松散的契约(正式的协议契约书)纽带,通过一种互惠互利、相互协作、相互信任和支持的机制来进行密切的合作。由于网络型组织的大部分活动都是外包、外协的,因此,公司的管理机构就只是一个精干的经理班子,负责监管公司内部开展的活动,同时协调和控制与外部协作机构之间的关系。网络型组织结构极大地促进了企业经济效益质的飞跃,实现了企业全世界范围内供应链与销售环节的整合,实现了企业充分授权式的管理。

图 4-7 网络型组织结构

小阅读

随着大数据的发展,组织结构的变革也在不断进行。越来越多的企业开始注重构建大数据分析部门,传统企业发展为平台型组织的转型变革,被认为是互联网时代下企业获取竞争优势的必要途径。而不少现代技术型企业开始去中心化变革,更加注重影响力,形成指数型组织结构,例如,小米、滴滴、Uber等。这种较为新型的组织结构能够更好地适应企业的数字化运营策略。

第四节　正式组织与非正式组织

管理情景

蚁群效应

蚂蚁的世界一直为人类学与社会学的学者所关注,它们的组织体系和快速灵活的运转能力始终是人类学习的楷模。蚂蚁有严格的组织分工和由此形成的组织框架,但它们的组织框架在具体的工作情景中有相当大的弹性,比如它们在工作场合的自组织能力特别强,不需要任何领导人的监督就可以形成一个很好的团队而有条不紊地完成工作任务。

蚂蚁做事很讲流程,但它们对流程的认识是直接指向于工作效率的。比如,蚂蚁发现食物后,如果有两只蚂蚁,它们会分别走两条路线回到巢穴,边走边释放出一种它们自己才能识别的化学激素做记号,先回到巢穴者会释放更重的气味,这样同伴就会走最近的路线去搬运食物。从工效学的角度看,人类的工作过程(流程和具体动作)都可能存在多余环节,提高工作效率的一个重要途径就是如何去发现和减掉那些多余环节。

蚂蚁做事有分工,但它们的分工是有弹性的。一只蚂蚁搬食物往回走时,碰到下一只蚂蚁,会把食物交给它,自己再回头;碰到上游的蚂蚁时,将食物接过来,再交给下一只蚂蚁。蚂蚁要在哪个位置换手不一定,唯一固定的是起始点和目的地。有一家大型零售连锁店就运用了这个模式来调整其物流仓储中心的工作流程。以前,该仓储中心用区域方式捡货,如果上一手没有完成,下一手只能等着。由于每个人的工作速度有差异,而且因为仓储中心的商品品种很多,即便同一个人,对不同商品的捡货速率也存在差异,这种区域方式捡货容易造成总是有人在等别人完成工作以便接手的情况。蚂蚁模式则是,一个人不断捡出商品,一直到下游有空来接手工作后才回过头去接手上游的工作。为了提高这一工作链的整体效率,他们把速度最快的员工放在最末端,速度最慢的员工放在最上游,运用蚂蚁模式,使生产效率比以前提高了30%。要在团队工作的情景中保持较高的工作效率,最主要的是要解决工作链上的脱节和延迟,不同岗位之间的替补与支持正是解决这一问题的有效方式。

可见,"蚁群效应"的优势集中表现为:弹性——能够迅速根据环境变化进行调整;强韧——一个个体的弱势,并不影响整体的高效运作;自组织——无须太多的自上而下的控制或管理,就能自我完成工作。蚁群效应无疑是现代企业在组织发展中所梦寐以求的。

【思考】"蚁群效应"体现了什么样的组织形式?

组织设计的目的是为了建立合理的组织机构和结构,规范组织成员在活动中的关系,设计的结果是形成正式组织。

非正式组织则是伴随着正式组织的运转而形成的,对非正式组织的研究起源于"霍桑实验",其理论由巴纳德首次提出并创立。其成员由于工作性质相似、社会地位相当、对一些具体问题的认识基本一致和观点基本相同,或者在兴趣、业余爱好以及感情相投的基础上,产生了一些被大家所接受并遵守的行为规则,从而形成了固定的非正式组织。维系正式组织的主要是理性原则,而非正式组织主要是以感情和融洽的关系为标准。非正式组织对我们生活的影响日益加深,因而研究非正式组织是很有必要的。

一、非正式组织的概念

正式组织是为实现组织目标,按组织章程和组织规程建立在组织效率逻辑和成本逻辑的基础之上,成员有明确的、正式规定的群体。

非正式组织是人们在共同的工作过程中自然形成的以感情和喜好等情绪为基础的、松散的、没有正式规定的群体。人们在正式组织所安排的共同工作和相互接触中,必然会以感情、性格和爱好相投为基础形成若干人群,这些群体不受正式组织的行政部门和管理层次等的限制,也没有明确规定的正式结构,但在其内部也会形成一些特定的关系结构。

二、非正式组织形成的原因

非正式组织的存在并非一种偶然的社会现象,它是为了满足正式组织以外的某种心理需要而产生的。非正式组织形成的原因包括共同的利益指向、共同的价值观和兴趣爱好、类似的经历或背景、领导者能力的影响等。

三、非正式组织的作用

非正式组织的作用有积极的作用和消极的作用两个方面。

(一)积极作用

可以增进消息沟通,弥补正式组织的不足;能够为员工提供在正式组织中很难得到的心理需要的满足,创造一种更加和谐融洽的人际关系,提高员工的相互合作精神,最终改变正式组织的工作情况。

(二)消极作用

如果非正式组织的目标与正式组织的目标发生冲突,则可能对正式组织的工作产生极为不利的影响;非正式组织要求成员行为一致性的压力,可能会束缚其成员的个人发展;非正式组织的压力还会影响到正式组织的变革过程,造成组织创新的障碍。

四、对待非正式组织的策略

正确认识和引导非正式组织,是管理者的一项职责。针对非正式组织以上的优缺点,管理者必须认识到非正式组织的存在及其存在的影响。

(一)承认其存在的必然性

非正式组织是因为个人心理需要而建立起来的,是没有明确分工、界限模糊的组织,它不是任何领导者计划设立的,也没有正式的规章制度,因而非正式组织都被视为弊大于利,主张取消它的合法性。但这是不明智的,因为非正式组织的存在是一种自然现象,它是组织成员在工作之余的一种精神依托,组织成员在这里可以流露真情。任何试图消灭非正式组织的做法都是不能奏效的,承认其存在的必然性,争取正确的引导,才是管理人员的正确态度。

(二)正确引导和发挥非正式组织的积极作用

应用非正式组织成员之间情感密切的特点,引导他们互相帮助和学习,提高组织成员的生产效率;应用非正式组织成员之间相互信任和有共同语言的特点,及时了解员工对组织工作的意见和要求,及时改进管理方法;应用非正式组织凝聚力强、能较好满足组织成员的社交需求等特点,可以有意识地把这些组织无力顾及的群众工作交给他们去做,这对于促进组织内部的安定团结有重大作用;恰当使用非正式组织中自然形成的领袖人物,他们号召力强、威信高、影响力大,在条件允许的情况下授予其适当的权力,把非正式组织纳入正式组织目标的管理轨道上来。

(三)注重培育合作的非正式组织

尽管非正式组织不能取消,但可以对其施加影响,使其更多地表现其积极的一面,让其更好地为实现组织目标服务。

1. 消除同质化

非正式组织的根源就在于同质化,如相似的经历、学历和年龄,相似的背景和价值观,来自同一个城市或同一所大学等,这是非正式组织存在和发展的基础。招聘时不能增强现有非正式组织的力量,在同一个区域或同一所学校不能招聘过多的员工,保持员工流动性、多样化和差异化才容易消除同质化。

2. 改善正式沟通渠道

当一个组织缺乏必要的正式沟通或正式沟通的渠道不畅时,非正式沟通便会盛行。因为人们总是对不了解的事情有着强烈的好奇心。所以,要排除非正式沟通的干扰,就必须重视正式沟通,及时在上下级之间、各部门之间进行正式沟通。要尽可能地使决策公开化和透明化,保持沟通渠道的畅通,确保信息准确无误地被传递到信息的接收方。

3. 引导非正式沟通

考虑到非正式沟通对缓解工作压力、增进人际关系的作用,管理者可以适当考虑更多地创造机会,在组织内部正确引导非正式沟通渠道,从而使上下级之间、同级之间有更多的机会相互了解,沟通顺畅,最终使组织能够健康发展。

4. 培养团队协作型文化

非正式组织与正式组织之间的冲突本质上是两种文化之间的冲突,是正式组织文化与非正式组织的亚文化之间的冲突。因而,要培养团队协作型文化,构建高度信任的人际关系,培育共同的理想和价值观念,从而使员工对组织有认同感、归属感,增强组织的凝聚力。

第五节　组织文化

管理情景

法国阿科尔集团

法国的阿科尔集团,从1976年开设单一旅馆的小企业起步,在短短10年间发展成为处于全球领导地位的巨型跨国公司。这个集团腾飞的诀窍是什么?它怎样使分散在72个国家、用32种商业牌号从事各种业务活动的5万名职工保持凝聚力呢?董事长坎普说:我们有7个词的共同道德,即发展、利润、质量、教育、分权、参与和沟通。对这些词每个人都必须有相同的理解。

【思考】什么是组织文化?组织文化包括哪些内容?组织文化有何作用?

一、组织文化的概念

(一)组织文化的含义

无论在中国还是在外国,组织文化事实上早就存在,但作为概念和理论,组织文化则是美国管理学界在研究了东西方成功企业的主要特征,特别是在对美日企业进行对比后,于20世纪80年代初提出来的。

哈罗德·孔茨认为,组织文化指组织成员所共有的行为方式、共同的信仰及价值观。罗宾斯提出,组织文化指组织共有的价值体系。周三多教授认为,组织文化是指组织在长期的实践活动中所形成的并且为组织成员普遍认可并遵循的具有本组织特色的价值观念、团体意识、工作作风、行为规范和思维方式的总和。

(二)组织文化的主要特征

1. 组织文化的核心是组织价值观

组织价值观是指组织评判事物和指导行为的基本信念、总体观点和选择方针,是组织在追求经营成功的过程中,所推崇和信奉的基本行为准则。这种价值观的主要作用在于,它能够引导企业内部的所有成员达成一种共识。

2. 组织文化的中心是以人为主体的人本文化

人是整个组织中最宝贵的资源和财富,也是组织活动的中心和主旋律,因此组织只有充分重视人的价值,最大限度地尊重人、关心人、依靠人、理解人、凝聚人、培养人和造就人,充分调动人的积极性,发挥人的主观能动性,努力提高组织全体成员的社会责任感和使命感,使组织和成员成为真正的命运共同体和利益共同体,才能不断增强组织的内在活力和实现组织的既定目标。

3. 组织文化的管理方式是以柔性管理为主

组织文化通过柔性的文化引导,建立起组织内部合作、友爱和奋进的文化心理环境,协调和谐的人群氛围,自动地调节组织成员的心态和行动,并通过对这种文化氛围的心理认同,逐渐地内化为组织成员的主体文化,使组织的共同目标转化为成员的自觉行动,使群体产生最大的协同力。

4. 组织文化的重要任务是增强群体的凝聚力

组织中的成员来自五湖四海,不同的风俗习惯、文化传统、工作态度、行为方式和目的愿望都会导致成员之间的摩擦、排斥、对立、冲突乃至对抗,这往往不利于组织目标的顺利实现。组织文化通过建立共同的价值观和寻找观念共同点,不断强化组织成员之间的合作、信任和团结,使之产生亲近感、信任感和归属感,实现文化的认同和融合,在达成共识的基础上,使组织具有一种巨大的向心力和凝聚力,这样才有利于组织成员采取共同行动。

二、几种常见的组织文化构成要素理论及其结构

(一)组织文化的构成要素理论

1. 五要素

迪尔和肯尼迪认为,组织文化的构成要素有5种,即环境条件、价值信仰、英雄人物、习俗礼仪和文化网络。

2. 7S架构

美国学者彼得斯和沃特曼认为,组织文化的构成要素有 7 种,其 7S 架构(7-S Framework)如图 4-8 所示。

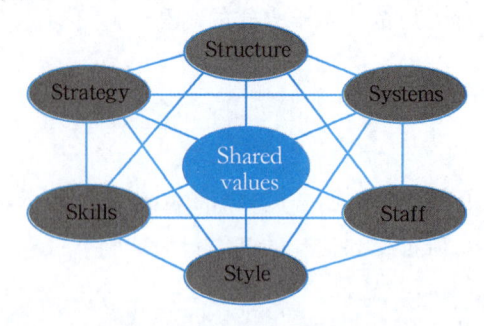

图 4-8　组织文化的 7S 架构

(1)结构(Structure)。一个公司的结构会影响其战略规划及变革能力。例如,一个公司如果决定改变其战略,以更好地关照顾客,就需要采用以顾客为重点的结构,将公司所有的技能用于满足顾客的特殊需要。

(2)战略(Strategy)。战略是指一个公司针对或预期其外部环境、顾客或竞争对手所发生的变化而计划采取的行动。

(3)风格(Style)。听起来像是基础组织模型中的一个新添要素,但这一要素更多与文化相关。文化或风格是长期向整个组织的所有人员所传递的行为、思维、信念和象征的总和。

(4)员工(Staff)。员工实际上指的是人力资源系统,它包括员工的评审、培训、工资以及诸如动机、士气和态度等无形的精神因素。如果员工们斗志昂扬,公司就有能力去应变和竞争。

(5)才能(Skills)。这一要素与员工紧密相连,是一个公司所拥有的独特的能力与才干。有些公司在某些特定领域非常出色。例如,杜邦和 3M 公司以其卓越的研究开发能力而著称,美国国际商用机器公司(IBM)和通用电气公司的强项是为其产品提供出色的服务支持。

(6)系统(Systems)。一个公司运营、收集信息的正式和非正式的方法步骤构成了公司的系统。当一个公司在市场上面临重大挑战时,管理层必须拥有关于其运营、顾客及竞争对手的详细数据以判断形势的严重性。管理会计系统提供有关生产和成本的经营数据,市场研究和销售跟踪系统提供有关顾客的信息,竞争情报系统则提供其他公司动态的消息。

(7)首要目标(Superordinate Goals/Shared Values)。这一要素是任何组织的核心所在,是那些超乎一般公司目标所表述的指导性概念,诸如价值观和理想等。1980 年彼得斯称惠普公司的首要目标是"在组织的各个层次上都有创新人员",3M 的首要目标是生产"新产品",而 IBM 的目标则是"服务顾客"。

3. 国内学者的认识

周三多教授认为,组织文化的基本要素包括组织精神、组织价值观和组织形象。

(1)组织精神。组织精神是指经过精心培养而逐步形成的并为全体组织成员认同的思想境界、价值取向和主导意识。如"IBM就是服务"。

(2)组织价值观。组织价值观是指组织评判事物和指导行为的基本信念、总体观点和选择方针。如可口可乐公司"顺利是最重要的",日本三菱公司"顾客第一"。

(3)组织形象。组织形象是指社会公众和组织成员对组织、组织行为与组织各种活动成果的总体印象和总体评价,反映的是社会公众对组织的承认程度,体现了组织的声誉和知名度。组织形象包括人员素质、组织风格、人文环境、发展战略、文化氛围、服务设施、工作场合和组织外貌等内容。

(二)组织文化的结构

组织文化是一个丰富、系统的体系,这个体系由多个相互联系、相互渗透和相互制约的要素构成。从现代系统论的观点看,组织文化的结构层次有四个:物质层(物质文化)、行为层、制度层(制度文化)和理念层(核心文化/精神文化),如图4-9所示。

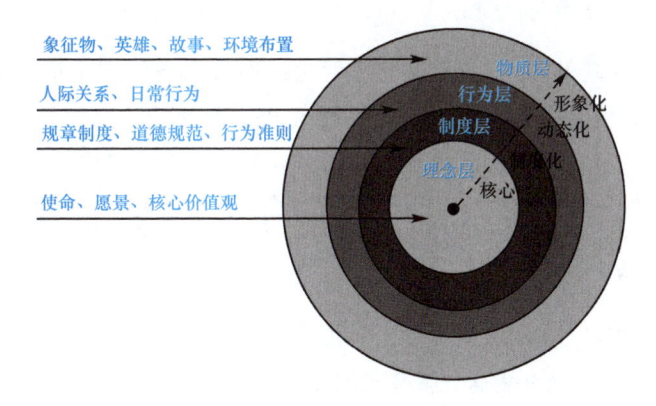

图 4-9 组织文化的结构

1. 物质层

物质层是组织文化的表层部分,是组织创造的器物文化,是精神文化层的载体。它是组织创造的物质文化,是一种以物质形态为主要研究对象的表层组织文化。优秀的组织文化是通过重视产品开发、服务质量、产品信誉和组织生产环境、生活环境、文化设施等物质现象来体现的。

2. 行为层

行为层又称为行为文化,指组织在生产经营、管理服务、学习娱乐、人际关系、教育宣传等活动中产生的文化,包括组织的整体行为、管理者行为、组织模范人物行为和组织员工行为等。

3. 制度层

制度层是指对组织和成员的行为产生规范性和约束性影响的部分,是具有组织特色的各种规章制度、道德规范和员工行为准则的总和。制度层规定了组织成员在共同的生产经营活动中应当遵守的行为准则,主要包括组织领导体制、组织机构和组织管理制度等。

4. 理念层

理念层也叫核心文化层,是组织文化的核心和灵魂,即组织精神文化,它是组织在长期实践中所形成的员工群体心理定式和价值取向,是组织的道德观和价值观,即组织哲学的总和体现和高度概括,反映全体员工的共同追求和共同认识。组织精神文化是组织价值观的核心,是组织优良传统的结晶,是维系组织生存发展的精神支柱,主要是指组织的领导和成员共同信守的基本信念、价值标准、职业道德和精神风貌。

三、组织文化的功能

(一)组织文化的导向功能

组织文化的导向功能,是指组织文化能对组织整体和组织每个成员的价值取向及行为取向起引导作用,使之符合组织所确定的目标,是一种感召力。组织文化只是一种软性的理智约束,通过组织的共同价值观不断地向个人价值观渗透和内化,使组织自动生成一套自我调控机制,以一种适应性文化引导着组织的行为和活动。

(二)组织文化的约束功能

组织文化的约束功能,是指组织文化对每个组织员工的思想、心理和行为具有约束和规范的作用。组织文化的约束不是制度式的硬约束,而是一种软约束,这种软约束是组织中弥漫的组织文化氛围、群体行为准则和道德规范。

(三)组织文化的凝聚功能

当一种价值观、一种文化被组织员工共同认可之后,它就会成为一种黏合剂,从各个方面把其成员团结起来,从而产生一种巨大的向心力和凝聚力,这正是组织获得成功的主要原因。通过沟通,员工对组织的目标、准则和观念有认同感,凝聚成共同的愿景,推动组织不断前进和发展。

(四)组织文化的激励功能

组织文化的激励功能,是指组织文化具有使组织成员从内心产生一种高昂情绪和发奋进取精神的效应,它能够激发员工的积极性和首创精神。组织文化强调以人为中心的管理,对员工的激励是一种内在引导,满足员工实现自身价值的心理需求,使员工产生为组织目标而拼搏献身的精神。

(五)组织文化的辐射功能

组织文化的辐射功能,是指组织文化一旦形成较为固定的模式,它不仅会在组织内发挥作用,对本组织员工产生影响,而且也会通过各种渠道对社会产生影响。一方面,组织文化的传播对树立组织在公众中的形象有帮助;另一方面,组织文化对社会文化的发展有很大的影响。

四、塑造组织文化的途径

周三多教授认为,塑造组织文化有五个途径,即选择价值标准、强化员工认同感、提炼定格、巩固落实、在发展中不断丰富和完善。

(一)选择价值标准

由于组织价值观是组织文化的核心和灵魂,因此选择正确的组织价值观是塑造组织文化的首要战略。选择组织价值观要立足于本组织的具体特点,把握住与组织文化其他要素之间的相互协调,在此基础上,选择正确的组织价值标准要抓住四点:

(1)组织价值观要正确、明晰、科学,具有鲜明特点。

(2)组织价值观和组织文化要体现组织的宗旨、管理战略和发展方向。

(3)要深入调查本组织员工的认可程度和接纳程度,使之与组织员工的基本素质相和谐。

(4)选择组织价值观要坚持群众路线,从群众中来,到群众中去。自上而下和自下而上多次反复,审慎地筛选出既符合本组织特点又反映员工心态的组织价值观和组织文化模式。

(二)强化员工认同感

选择和确立了组织价值观和组织文化模式之后,就应把基本获得认可的方案通过一定的强化灌输使其深入人心。具体做法可以从三个方面进行:

(1)充分利用一切宣传工具和手段,大张旗鼓地宣传组织文化的内容和要求,做到家喻户晓,人人皆知,以创造浓厚的环境氛围。

(2)培养和树立典型。组织成员从英雄人物和典型榜样的精神风貌、价值追求、工作态度和言行表现之中深刻理解组织文化的实质和意义。组织发展的关键时刻,组织成员总是以榜样人物的言行为尺度来决定自己的行为导向。

(3)加强培训教育。有目的的培训与教育,能够使组织成员系统接受和强化认同组织所倡导的组织精神和组织文化。

(三)提炼定格

(1)精心分析。经过初步认同实践后,应当详细分析和剖析,吸收有关专家和员工的合理化建议。

(2)全面归纳。在系统分析的基础上,进行综合整理、归纳总结和反思,采用去粗取精、去伪存真、由此及彼、由表及里的方法,删除不适合的,保留进步的、卓有成效的、为广大员工所接受的内容与形式。

(3)精炼定格。经过科学论证和实践检验的组织精神、组织价值观、组织文化,应予以条理化、完善化、格式化,加以必要的理论加工和文字处理,用精炼的语言表达出来。比如,我国的东风汽车公司经过30年时间才形成"拼搏、创新、竞争、主人翁"的企业精神。

(四)巩固落实

(1)建立必要的制度。建立某种奖优罚劣的规章制度是十分必要的。

(2)领导率先垂范。组织领导者在塑造组织文化的过程中起着决定性作用,领导者本人的模范行为就是一种无声的号召和导向,会对广大员工产生示范效应。

(五)在发展中不断丰富和完善

任何一种组织文化都是特定历史的产物,所以当组织的内外条件发生变化时,需要不失时机地调整、更新、丰富和发展组织文化的内容和形式。

第六节 组织的社会责任

管理情景

长春长生疫苗事件

我国是世界上最大的疫苗生产国,近年来,我国逐步构建起日益严格的疫苗安全标准和生产监管体系,但仍有疫苗安全事件发生,甚至存在故意造假行为,这不仅是企业社会责任的缺失,也对行业监管提出了严峻挑战。

2018年7月15日,国家药品监督管理局发布通告指出,长春长生生物科技有限公司冻干人用狂犬病疫苗生产存在记录造假等行为。经查明,长春长生存在编造生产记录和产品检验记录,随意变更工艺参数和设备的现象。而这是长春长生继2017年10月被发现一批次百白破疫苗效价指标不符合标准规定之后,在不到一年的时间里再次出现严重违规行为。这次疫苗事件是长春长生社会责任的缺失,它触及安全底线,损害群众切身利益,牵动着全国人民的心。

2018年7月22日,李克强总理就疫苗事件做出批示:此次疫苗事件突破人的道德底线,必须给全国人民一个明明白白的交代。李克强总理在批示中要求,国务院要立刻派出调查组,尽快查清事实真相,不论涉及哪些企业、哪些人,都坚决严惩不贷、绝不姑息,尽早还人民群众一个安全、放心、可信任的生活环境。7月23日,习近平总书记强调,确保药品安全是各级党委和政府义不容辞之责,要始终把人民群众的身体健康放在首位,以猛药去疴、刮骨疗毒的决心,完善我国疫苗管理体制,坚决守住安全底线,全力保障群众切身利益和社会安全稳定大局。

(资料来源:人民日报、国家药品监督管理局官网)

【思考】 什么是社会责任?组织有什么社会责任?

一、社会责任的含义

社会责任是指一个组织对社会应负的责任。一个组织应以一种有利于社会的方式进行经营和管理。社会责任通常是指组织承担的高于组织自己目标的社会义务。如果一个企业不仅承担了法律上和经济上的义务,还承担了"追求对社会有利的长期目标"的义务,我们就说该企业是有社会责任的。

社会责任包括企业环境保护、社会道德以及公共利益等方面,由经济责任、持续发展责任、法律责任和道德责任等构成。

(一)经济责任

经济责任指企业生产、盈利、满足消费需求的责任,核心是公司创造利润、实现价值的能力。

尽管企业社会责任并没有一个单一的定义,但从本质上来说,企业需要做三件重要事情:

(1)企业认识到其经营活动对其所处的社会将产生很大影响,而社会发展同样也会影响企业追求成功的能力。

(2)作为响应,企业积极管理其世界范围内的经营活动在经济、社会、环境等方面的影响,不仅使其为企业的业务运作和声誉带来好处,而且还使其造福于企业所在地区的社会团体。

(3)企业通过与其他群体和组织、地方团体、社会和政府部门进行密切合作,来实现经济责任。

(二)持续发展责任

持续发展责任指保证企业与社会持续发展的责任。持续发展是指既满足现代人的需求又不损害后代人满足需求的能力,经济、社会、资源和环境保护协调发展,既要达到发展经济的目的,又要保护好人类赖以生存的大气、淡水、海洋、土地和森林等自然资源和环境,使子孙后代能够永续发展和安居乐业。

(三) 法律责任

法律责任指企业履行法律法规各项义务的责任。该项责任可以从税收责任和雇主责任两个方面进行考察。

(四) 道德责任

道德责任指企业遵守社会准则、规范和价值观，回报社会的责任。该项责任可以从内部道德责任和外部道德责任两个方面进行考察。

二、社会责任与经济绩效的关系

(一) 社会责任与经济绩效关系的理论研究

关于企业要不要承担社会责任以及企业社会责任与经济绩效关系的问题，历来在理论界存在很大争议。在不同的历史时期，由于个人分析问题的立场不同、理论背景和分析方法不同，引发了社会各界对企业社会责任的争论。

企业社会责任的古典观最直率的支持者是诺贝尔经济学奖获得者米尔顿·弗里德曼。他认为职业经理并不拥有他们所经营的企业，他们是雇员，对股东负责，因此他们的主要责任是按照股东的利益来经营业务。弗里德曼认为，股东只关心一件事，即财务收益率。无论是市场上的单个企业，还是整个国家的所有企业，为了自身的发展，都不应该承担较多的社会责任，否则将会使企业的经济绩效降低，即企业的社会责任与经济绩效是负相关的关系，企业唯一的社会责任就是追求利润最大化。

与古典观对立的社会经济观认为，利润最大化是企业的第二位目标，而不是第一位目标，企业的第一位目标是保证自身的生存。时代已经变了，企业的社会预期也在变化，因此企业不再是只对股东负责的独立实体，它还要对建立、维持它们的更大的社会负责。

史蒂芬·P·罗宾斯通过考察了一组社会意识共同证券基金的收益率与平均水平比较数据及其他方面的比较数据，得出结论：没有足够的证据表明，一个企业的社会责任会明显地降低其长期经济绩效，相反，在企业的社会责任和经济绩效间存在一种正相关关系。

虽然"古典观"与"社会经济观"对企业社会责任的看法持相反的意见，但是两种看法之间并不是完全对立的，一方面是因为双方对这一问题的研究选择的时间框架不同，另一方面是因为双方对企业所要承担的社会责任在定量上没有进行明确区分，所以得出两种非此即彼的矛盾结论。现实中，企业承担社会责任是很有必要的，与此同时，企业承担社会责任也要有一个限度，企业社会责任和经济绩效并不总是正相关的关系。

(二) 企业承担社会责任的必要性和意义

企业组织是存在于社会组织当中的，两者之间是互相影响、互相制约的关系，而企业与企业社会责任也正是这样,两者应该是不可分割的。企业的建设和发展与社会环境休戚相关,社会是企业利益的来源,这就要求企业通过对社会履行社会责任,改善社会环境,从而使社会整体环境更适合企业的发展。企业的经济活动需要在社会环境中发生,企业应承担自己的经济活动所造成的社会后果。

总的来说,从企业的角度来看,企业通过承担社会责任,可以赢得声誉和组织认同;同时也可以更好地体现自己的文化取向和价值观念,为企业发展营造更好的社会氛围,使企业得以保持生命力,保持长期可持续发展。从社会角度来看,企业承担社会责任,在社会发生变革时,可以应对社会变革的消极影响,降低或减少由于社会变革而必须付出的改革成本。

企业承担社会责任的意义表现为以下几方面:

(1)满足公众利益。自20世纪60年代以来,社会对企业的期望越来越多,很多人支持企业追求经济和社会的双重目标。公众支持企业追求经济目标,更主张企业追求社会目标,承担社会责任。

(2)增加企业利润。有社会责任的企业可获取企业的长期利润,这在很大程度上归因于责任行为所带来的良好的社会关系和企业形象。

(3)承担道德义务。企业能够具有且应该具有社会意识,企业承担社会责任不仅是道德的要求,而且还符合自身利益。

(4)塑造良好的形象,创造良好的环境。企业通过承担社会责任,无论在企业组织内部还是企业组织外部都会得到认可,可以在社会或个人心目中树立一个良好形象。

(5)符合股东利益。企业是股东投资创办的,投资的目的是为了获取利益,因此,企业需要平衡各方面的利益关系,承担社会责任也要考虑股东的利益需要。

本章小结

组织存在于社会的各个领域,通过管理的组织职能合理地确定组织成员、任务及各项活动之间的关系,对组织的资源进行合理配置,以实现组织的共同目标和任务。

通过创构柔性灵活的组织,动态地反映外在环境变化的要求,并且能够在组织演化成长的过程中,有效积聚新的组织资源要素,同时协调好组织中各部门的人员与任务间的关系,使员工明确自己在组织中应有的权利和应负的责任,有效地保证组织活动的开展,最终保证组织目标的实现。因此,要进行组织设计。组织设计就是对组织的结构和活动进行创构、变革和再设计,是组织工作中最重要、最核心的一个环节。

常见的组织形式主要有:直线制组织结构、职能制组织结构、直线-职能制组织结构、事业部制组织结构、矩阵制组织结构和网络型组织结构等。

从"霍桑试验"中发现企业内的非正式组织以来,对非正式组织的探讨和研究已经受到了中西方学者和企业界人士的广泛关注。非正式组织是员工为满足社会的需要而自发形成的,它内生于企业组织,并对企业组织施加了重要的影响。要全面深入地认识非正式组织,并对非正式组织的积极方面有效地加以应用,而对非正式组织的消极方面予以适当的控制,提高组织的运作效率。

组织文化是指处于一定经济社会文化背景下的组织,在长期的发展过程中逐步形成和发展起来的日趋稳定的独特的价值观,以及以此为核心而形成的行为规范、道德准则、群体意识、风俗习惯等。组织文化有四个层次:物质层、行为层、制度层和理念层(组织精神文化)。

本章习题

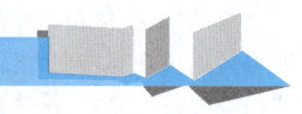

一、单项选择题

1. 定义组织含义的四要素包括:组织有一个共同的目标,组织是实现目标的工具,组织包括不同层次的分工协作和(　　)。

　　A. 组织受外部环境的影响　　　　B. 组织受内部环境的影响
　　C. 组织不受环境影响　　　　　　D. 组织具有共同外部环境

2. "IBM 意味着服务"是(　　)。

　　A. 一种企业战略　　　　　　　　B. 一项重大决策
　　C. 一种企业文化　　　　　　　　D. 一种规章制度

3. 塑造组织文化时,应该注意(　　)。

　　A. 主要考虑社会要求和行业特点,与本组织的具体情况无关
　　B. 组织领导者的模范行为在组织文化的塑造中起到号召和导向作用
　　C. 组织文化主要靠自律,所以不需要建立制度
　　D. 组织文化一旦形成,就无须改变

4. 矩阵制组织结构适合于(　　)。

　　A. 小型企业　　　　　　　　　　B. 跨国公司
　　C. 中型企业　　　　　　　　　　D. 突击性、临时性任务

5. 实行集中领导、分散经营管理原则的组织结构是(　　)。

　　A. 直线制　　　B. 职能制　　　C. 直线—职能制　　　D. 事业部制

6. 在一个集体内,各个成员按其分工各负其责,彼此之间无隶属关系,这属于(　　)。

　　A. 集权　　　　B. 授权　　　　C. 分工　　　　D. 分权

7. 管理幅度和管理层次的关系是(　　)。

　　A. 成反比　　　B. 成正比　　　C. 相关　　　　D. 不相关

8. 企业管理人员涉及组织的管理层次和管理幅度,确定各个管理部门和岗位,规定责任和权利。这些工作被称为(　　)。

　　A. 职能分析　　　　　　　　　　B. 管理规范设计
　　C. 组织结构设计　　　　　　　　D. 协调方式的设计

9. 组织中较低管理层次做出决策的数目或频度越大,则分权程度(　　)。

　　A. 越低　　　　B. 不变　　　　C. 越高　　　　D. 不一定

10. 瓦轴集团公司为了更好地开展业务,制订了重组计划,在全国六大地区设立了地区经销办事处,每个办事处都有电脑直接与中央数据库联网,这意味着公司今后朝(　　)方向发展。

A. 集权化　　　　B. 分权化　　　　C. 部门化　　　　D. 多元化

二、多项选择题

1. 从现代系统论的观点看,组织文化的结构由(　　)构成。
   A. 物质文化　　　B. 制度文化　　　C. 精神文化　　　D. 管理文化
2. 希伯来人的领袖摩西在率领希伯来人摆脱埃及人的奴役而出走的过程中,他的岳父叶忒罗对他处理政务事必躬亲、东奔西忙的做法提出了批评,并向他建议:一要制定法令,昭告民众;二要建立等级、授权委任管理;三要责成专人专责管理,问题尽量处理在下面,只有最重要的政务才提交摩西处理。这其中体现的管理原理有(　　)。
   A. 授权原理　　　　　　　　　B. 量力而行
   C. 管理幅度原理　　　　　　　D. 例外原理
   E. 集中资源原理
3. 组织设计应遵循的原则有(　　)。
   A. 统一指挥原则　　　　　　　B. 控制幅度原则
   C. 权责对等原则　　　　　　　D. 柔性经济原则
   E. 适度授权原则
4. 从路径上讲,组织文化的塑造需要经过(　　)。
   A. 选择合适的组织价值观标准　B. 强化员工的认同感
   C. 提炼定格　　　　　　　　　D. 巩固落实
   E. 在发展中不断丰富和完善
5. 组织的社会责任包括(　　)。
   A. 经济责任　　　　　　　　　B. 持续发展责任
   C. 法律责任　　　　　　　　　D. 道德责任
   E. 服务社会公众

三、判断题

1. 一般的文化都是在非自觉状态下形成的,而组织文化是在组织的自觉努力下形成的。　　　　　　　　　　　　　　　　　　　　　　　　　　　　　　(　　)
2. 组织的工作环境也是组织文化的一种表现。　　　　　　　　　　　　(　　)
3. 企业文化是一定环境下企业生存、发展需要的反映。　　　　　　　　(　　)
4. 企业文化会随着企业最高领导人的变动而随时改变。　　　　　　　　(　　)
5. 企业文化具有某种程度的强制性和改造性。　　　　　　　　　　　　(　　)
6. 一个比较定型的、系统的企业文化,通常是在一定生产经营环境下,为适应企业生存发展需要,首先由少数人倡导和实践,经过较长时间的传播和规范管理而逐步形成的。
   　　　　　　　　　　　　　　　　　　　　　　　　　　　　　　　　(　　)
7. 领导人只需提出企业文化,由公司下属通过组织贯彻执行。　　　　　(　　)
8. 组织结构一经建成便保持不变。　　　　　　　　　　　　　　　　　(　　)
9. 系统的组织结构犹如人体的骨架,在整个管理系统中同样起"框架"作用。(　　)
10. 职能制组织结构在基层是可行的,但在组织规模扩大和业务复杂的机构中,由于

其严重违背了统一指挥的原则而不能普遍执行。（　　）

四、问答题

1. 组织文化的基本特征有哪些？
2. 联系实际谈谈塑造组织文化的途径。
3. 如何正确地对待非正式组织？

五、案例分析

中国的海尔　世界的海尔

互联网、大数据、人工智能的发展冲击着传统企业的营销模式，飞速进步的电子信息技术和网络经济使得传统企业不断进行组织变革。其中，海尔集团在面向市场经营管理的实践摸索中不断建立、更新新的组织结构形式。

海尔集团是在1984年引进德国利勃海尔电冰箱生产技术成立的青岛电冰箱总厂的基础上发展起来的特大型企业。经过多年的发展，海尔集团从一个亏空147万元的集体小厂成长为中国家电第一品牌，企业销售收入以平均每年81.6%的速度持续、稳定增长。2019年，集团工业销售收入750多亿元。

海尔集团的发展经历了六个阶段：名牌战略阶段（1984—1991年），用了7年时间，建立质量保证体系，创建了海尔冰箱国内著名品牌。多元化战略发展阶段（1991—1998年），又用了7年时间，通过企业文化的延伸及"东方不亮西方亮"的理念，成功地实施了多元化的扩张。国际化战略阶段（1998—2005年），以创国际名牌为导向的国际化战略，通过以国际市场作为发展空间的三个1/3的策略正在加快发展，并且为了适应互联网时代的挑战提出"以用户为中心"的理念，促生了"人单合一"模式。全球化品牌战略阶段（2005—2012年），以我国为基地，向全世界辐射。这个阶段解决的主要问题是：提升产品的竞争力和企业运营的竞争力；与分供方、客户、用户都实现双赢；从单一文化转变为多元文化，实现持续发展。网络化战略阶段（2012—2019年），海尔成为面向全社会孵化创客的平台，在战略、组织、员工、用户、薪酬和管理等方面进行了颠覆性探索，打造一个动态循环系统。生态品牌战略阶段（2019年至今），海尔通过改变企业，把企业从原来有围墙的花园改变成热带雨林式的、可以自进化的商业生态系统；改变生活方式，变成物联网时代的生活方式，从原来的以产品为主变成以场景和生态为主。让不同的国家、不同的民族都可以享受到物联网时代的美好生活。

推进企业文化，"无形"盘活"有形"。

海尔集团认为，企业文化是企业管理中最持久的驱动力和约束力，它高度融合了企业理念、经营哲学、价值观和个人人生观，是企业的凝聚剂。海尔通过对统一的企业精神、企业价值观的认同使集团产生强大的凝聚力。在企业兼并中，海尔认识到盘活资产的关键是盘活人，要以"无形资产盘活有形资产"。海尔的企业精神是"敬业报国，追求卓越"。张瑞敏提出，人力资本是生产力中最重要的因素，并且提出了所谓"80/20"原则，其含义有两个方面：一是说，企业中重要的20%人员，领导着其他80%的人员；二是说，企业发生的任何一件过错，管理者要承担80%的责任。

OEC,海尔人独创的管理模式。

OEC是英文Overall Every Control and Clear的缩写,其意义是要求每个职工"日事日毕,日清日高"。今天的工作必须今天完成;今天完成的事情必须比昨天有质的提高;明天的目标必须比今天更高。张瑞敏认为,不能搞运动似地搞企业管理,而要把所有的目标分解到每个人身上,每个人的目标每天都有新的提高,这就可以使整个工作有条不紊地、不断地进行。OEC管理的一个重要内容就是事事、物物都有人管,并且有人监督检查,以保证企业每一个环节的运行不出偏差疏漏。

科技创新和模式变革,多元化经营战略。

海尔人认为,科技创新必须从市场中来,服务于市场,并且要用科技创新的成果去"创造市场,创造用户"。多元化经营是海尔集团成长的重要途径和方式。海尔从一开始的电冰箱,发展到白色家电——制冷家电、洗衣机、微波炉、热水器等,进而发展到黑色家电——彩色电视机、VCD等,目前已进入所谓灰色家电——电脑及智能化家电产品。海尔进入新行业有三种方式:一是内部发展,主要依靠自身资源和开发能力;二是通过合并收购其他企业进入;三是与其他企业建立合资合作形式的战略联盟。进入新行业后,通过扩大产销规模,努力成为全国同行业的前三名。

现阶段,海尔集团仍持续推广发展"小微模式",越来越多的人以"小微"为单位,当自己的CEO。构建小微模式是海尔集团平台化转型的重点举措,该平台对内强调划小分权管理,对外强调构建开放式创新体系。在组织结构层面,未来海尔将只存在三个层级:平台主、小微主以及小微成员。原来的员工,以前要听从上级指挥,现在要为用户创造价值,必须变成创业者、创客。

海尔要成为世界名牌。

20世纪末海尔加快实施国际化战略,提速出海。目前,海尔在全球相继建立了10个信息站、6个设计分部和3.6万个营销网点。为了实现三个1/3的战略(即1/3在国内生产,国内销售;1/3在国内生产,国外销售;1/3在国外生产,国外销售),海尔已经在美国、意大利、印度尼西亚等国投资设厂。张瑞敏表示:"目标一定要远大,要成为一个国际化的公司,成为世界品牌。"

【思考】

1. 通过海尔集团飞速成长与发展的历史,你从中获得的最大启示是什么?海尔取得成功的主要经验有哪些?
2. 引用海尔的经验,说明管理在企业建设和发展中的地位和作用。
3. 海尔集团企业文化建设中的主要特点是什么?
4. 海尔的企业文化在海尔集团的建设发展中发挥了什么样的作用?

延伸阅读

学习型组织

学习型组织是一个能熟练地创造、获取和传递知识的组织,同时也要善于修正自身的行为,以适应新的知识和见解。学习型组织最初的构想源于美国麻省理工学院的佛瑞斯特教授。1965年,他发表了一篇题为《企业的新设计》的论文,运用系统动力学原理,非常具体地构想出未来企业组织的理想形态——层次扁平化、组织信息化和结构开放化,逐渐由从属关系转为工作伙伴关系,不断学习,不断重新调整结构关系。这是关于学习型组织的最初构想。

彼得·圣吉是学习型组织理论的奠基人。他用了近十年的时间对数千家企业进行研究和案例分析,于1990年完成其代表作《第五项修炼——学习型组织的艺术与实务》。他指出,现代企业所欠缺的就是系统思考的能力。它是一种整体动态的搭配能力,因为缺乏它而使得许多组织无法有效学习。之所以会如此,正是因为现代组织分工负责的方式将组织切割,从而使人们的行动与其时空上相距较远。当不需要为自己行动的结果负责时,人们就不会去修正其行为,也就是无法有效地学习。《第五项修炼》提供了一套使传统企业转变成学习型企业的方法,使企业通过学习提升整体运作、群体智力和持续的创新能力,成为不断创造未来的组织。

1. 学习型组织的内涵

(1)学习型组织的基础——团结、协调及和谐。组织学习普遍存在"学习智障",个体自我保护心理必然造成团体成员间相互猜忌,这种所谓的"办公室政治"导致高智商个体的组织群体反而效率低下。从这个意义上说,组织上下协调以及群体环境的民主、和谐是建构学习型组织的基础。

(2)学习型组织的核心——在组织内部建立完善的"自学习机制"。组织成员在工作中学习,在学习中工作,学习成为工作的新形式。

(3)学习型组织的精神——学习、思考和创新。这里所说的学习是团体学习、全员学习,思考是系统的、非线性的思考,创新是观念、制度、方法及管理等多方面的更新。

(4)学习型组织的关键特征——系统思考。只有站在系统的角度认识系统,认识系统的环境,才能避免陷入系统动力的旋涡里去。

(5)组织学习的基础——团队学习。团队是现代组织中学习的基本单位。许多组织不乏对组织现状、前景的热烈辩论,但团队学习依靠的是深度会谈,而不是辩论。深度会谈是一个团队的所有成员,谈出心中的假设,而真正一起思考的能力。深度会谈的目的是一起思考,得出比个人思考更正确、更好的结论;而辩论是每个人都试图用自己的观点说服别人的过程。

2. 如何建立学习型组织

建立学习型组织,需要进行五项修炼,即自我超越、改善心智模式、建立共同愿景、开展团队学习和系统思考。其中系统思考是五项修炼中的核心。

(1)自我超越。这是学习型组织的精神基础。只有能够超越自我的人,才能够不断地实现他们内心深处最想实现的愿望,全身心地投入、不断创造、不断超越,这是一种真正的终身学习。

(2)改善心智模式。心智模式是指根深蒂固于人们心中,影响人们如何认识周围世界,以及如何采取行动的许多假设、成见和印象。人们要学习如何改变自己多年来养成的思维习惯,摒弃陋习,强制和约束自己,并进入新的心智模式,破旧立新。

(3)建立共同愿景。共同愿景是指能鼓舞组织成员共同努力的愿望和远景,或者说是共同的目标和理想。共同愿景主要包括三个要素:共同的目标、价值观与使命感。"愿景"强调的是大家共同愿意去做的远景。因此,组织需要建立共同的理想、共同的文化和共同的使命,能使员工看到组织近期、中期和远期的发展目标和方向。共同愿景深入人心后,每个员工都会受到共同愿景的感召和鼓舞,从而使员工充分发挥聪明才智,使组织形成一种不断进步的合力。

(4)开展团队学习。团队学习就是组织化的学习或交互式的学习。团队学习是适应环境突变的最佳方法。通过团队学习,可以实现高于个人智力总和的团队智力,形成高于个人力量之和的团队力量,达到运作上的默契并形成团队意识。唯有团队成员一起学习、成长、超越和进步,才能让组织持续创造佳绩。

(5)系统思考。系统思考是五项修炼的核心,它要求人们运用系统的观点来看待组织的生存和发展,进而将组织成员的智慧和活动融为一体。系统思考能引导人们由看事件的局部到纵观整体,由看事件的表面到洞察其变化背后的深层原因,由孤立地分析各种因素到认识各种因素之间的互动关系和动态平衡关系。因此,系统思考是要让人与组织形成系统观察、系统思考的能力,并以此来观察世界,从而帮助我们正确地行动。

第五章 领 导

学习目标

1. 认识领导的概念,理解领导的类型,掌握领导影响力的来源。
2. 认识领导理论,理解领导理论在实际工作中的指导作用。
3. 认识激励的概念,理解激励的过程,掌握激励的基本理论。
4. 认识沟通的概念,理解沟通的过程及类型,掌握克服沟通障碍的措施。
5. 认识冲突的概念,认识组织冲突,掌握冲突管理的方法。

能力目标

1. 能用领导理论分析组织的领导行为,有意识提高自己的影响力。
2. 能灵活运用激励理论开展工作。
3. 学会消除沟通障碍,掌握有效沟通的技巧。
4. 掌握冲突处理的艺术。

问题引导

1. 什么是领导?领导与管理、沟通、协调和激励是什么关系?
2. 什么是有效沟通?
3. 什么样的激励是有效的?
4. 组织的冲突应如何管理?
5. 典型的领导理论有哪些?

管理情景

看球赛引起的风波

金工车间是某工厂唯一进行倒班的车间。一个星期六晚上,车间主任去查岗,发现上二班的年轻人几乎都不在岗位。据了解,他们都去看电视现场直播的足球比赛去了。车间主任非常生气,在星期一的车间大会上,他一口气点了十几个人的名字。没想到他的话音刚落,几个被点名的青年不约而同地站起来,他们不服气地异口同声地说:"主任,你调查了没有?我们并没有影响生产任务,而且……"主任没等几个青年把话说完,严厉地警告说:"我不管你们有什么理由,如果下次再发现谁脱岗去看球赛,扣发当月的奖金。"谁知,就在宣布"禁令"的那个周末晚上,车间主任去查岗时又发现,上二班的工人竟有六名不在岗。主任气得直跺脚,质问班长是怎么回事,班长无可奈何地掏出三张病假条和三张调休条,说:"昨天都好好的,今天一上班都送来了。"说着,班长凑到主任身边劝道:"主任,说真的,其实我也是身在曹营心在汉,那球赛太精彩了,您只要灵活一下,看完了电视大家再补上时间,不是两全其美吗?上个星期,二班为了看电视直播,星期五就把活提前干完了,您也不……"车间主任没等班长把话说完,扔掉还燃着的半截香烟,一声不吭地向车间对面还亮着灯的厂长办公室走去……

【思考】

1.车间主任会采取什么举动?
2.你认为二班工人的做法合理吗?
3.在一个组织中如何采取有效措施解决群体需要与组织目标的冲突?

【课堂交流】

如果你是这位车间主任,应如何处理这件事?

如果说组织职能主要是为组织目标的实现设计一个有效的组织结构,那么领导职能主要是为了调动组织成员的工作积极性。在领导工作中,被领导者的情况是影响领导效果的重要因素,但起决定作用的是领导者的素质、领导方式和领导方法。

第一节　领导的含义和领导者的类型

绝大多数组织都被管理过度却领导不足。

——沃伦·本尼斯

管理情景

七个人分粥

有七个人住在一起,每天共喝一桶粥,粥每天都不够。一开始,他们抓阄决定谁来分粥,每天轮一个。于是每周下来,他们只有一天是饱的,就是自己分粥的那一天。后来他们开始推选出一个道德高尚的人来分粥。强权就会产生腐败,大家开始挖空心思去讨好他、贿赂他,搞得整个小团体乌烟瘴气。然后大家开始组成三人的分粥委员会及四人的评选委员会,互相攻击、扯皮之后,粥吃到嘴里全是凉的。最后他们想出来一个方法——轮流分粥,但分粥的人要等其他人都挑完后拿剩下的最后一碗。为了不让自己吃到最少的,每人都尽量分得平均,就算不平均,也只能自己认了。大家快快乐乐、和和气气,日子越过越好。

管理的真谛在"理"不在"管"。管理者的主要职责就是建立一个像"轮流分粥,分者后取"那样合理的游戏规则,让每个员工按照游戏规则自我管理。游戏规则要兼顾公司利益和个人利益,并且要让个人利益与公司整体利益统一起来。责任、权力和利益是管理平台的三根支柱,缺一不可。缺乏责任,公司就会产生腐败,进而衰退;缺乏权力,管理者的命令就会变成废纸;缺乏利益,员工积极性就会下降,消极怠工。管理者只有把"责、权、利"的平台搭建好,员工才能"八仙过海,各显其能"。

【思考】 什么是领导?领导工作的核心是什么?

【课堂交流】 谈谈你对管理与领导的认识。

一、领导的含义

(一)领导的概念

关于领导的概念,历来有不同的解释。领导力大师沃伦·本尼斯认为,领导是做正确的事,领导是"影响、指引方向、过程、行动、提出意见",领导意味着有效的愿景和决断,领导的本质是经营梦想、引领变革。管理学大师彼得·德鲁克认为,领导者的唯一定义就是其后面有追随者。我国管理学家周三多认为,领导就是指挥、带领、引导和鼓励部下为实现目标而努力的过程。

领导的定义,至少包括以下几个要点:

(1)领导是一种权力,是一个运用权力指挥部下的行为过程。

(2)领导的目的是推动组织实现共同目标。

(3)领导者是一种影响力,必须有下属和追随者。

(4)领导包含三个要素,即领导者、被领导者和领导环境。

综上所述,领导就是领导者运用权力、影响他人去实现组织目标的过程。领导者的职责是为所在团队确立目标、制订战略和组织实施目标;领导者的职能是组织、指挥、协调、引导和鼓励部下,使其为实现共同目标奋斗的过程。

在领导工作中,领导的效果除了受被领导者和组织环境影响之外,主要取决于领导者自身的素质、领导方式、领导方法和道德品质。领导者就是有追随者的人,是负责指导、协调群体活动的责任人。

(二)领导的实质

领导是一种对他人的影响力,指领导者对下属及组织行为的影响力,其实质就是下属的追随与服从。领导的本质是处理团体内部的人际关系,形成以领导者为核心的共同团体,实现共同愿景。

二、领导者的类型

(一)按权力的运用方式,分为集权式领导者和民主式领导者

1. 集权式领导者

集权指领导者把权力进行集中的行为和过程,是把管理的制度权力相对牢固地进行控制,对部下而言,受控制的力度较大。这种类型的领导者把权力的获取和利用看成是自我的人生价值。

优点:通过行政命令,提高组织的决策、执行和管理效率,降低交易成本。

缺点:长期将下属视为某种可控制的工具,不利于员工职业生涯的良性发展。

2. 民主式领导者

民主式领导者通过向被领导者授权,鼓励部下参与的积极性,主要依赖其个人专长权和模范权影响下属。这种类型的领导者会对管理权力进行层层分解,通过激励部下去实现组织目标。

优点:通过激励下属,能够充分地积累和进化组织的能力,使员工的能力普遍得到提高。

缺点:决策速度减缓、决策效率低,增加了内部资源配置成本。

(二)按领导工作的侧重点,分为事务型领导者、变革型领导者、战略型领导者和领袖魅力型领导者

1. 事务型领导者

事务型领导者也称为维持型领导者,这种类型的领导者通过明确角色和任务要求而指导或激励下属向着既定的目标奋斗,并且尽量考虑和满足下属的需要,通过协作活动提高下属的生产率水平。这种类型的领导者勤奋、谦和而且公正,他们引以为豪的是可以把事情理顺,让工作有条不紊地进行。这种类型的领导者重视非人格的绩效内容,如计划、日程和预算,对组织有使命感,并且严格遵守组织的规范和价值观。

2. 变革型领导者

变革型领导者鼓励下属为了组织的利益而超越自身利益,并能对下属产生深远而且不同寻常的影响。这种类型的领导者关怀每一个下属的日常生活和发展需要,帮助下属用新观念分析旧问题,进而改变他们,激励、唤醒和鼓舞下属为达到组织目标而付出加倍的努力。

3. 战略型领导者

战略型领导者拥有预见和洞察力,能保持灵活性并向他人授权,善于管理人力资源,善于沟通和表达。这种类型的领导者将领导的权力与全面调动组织的内外资源相结合,实现组织的长远目标,对组织的价值活动进行动态调整,使组织在市场竞争中站稳脚跟的同时,积极竞争未来,抢占未来商机领域的制高点。

4. 领袖魅力型领导者

领袖魅力是指远远超出一般的尊重、影响、钦佩和信任的,对追随者的情感具有震撼力的一种力量和气质。富于领袖魅力的领导者对下属的影响力来自为下属建立一个令人憧憬的愿景,能提炼出员工认同的组织价值体系,信任下属从而赢得下属的尊重和回报。这种类型的领导者善于创造变革的氛围,热衷于提出新奇的、富有洞察力的想法,而且能刺激、激励和推动他人勤奋工作。

小阅读

自然产生的领导者、有效管理者和有效领导者

自然产生的领导者:他们善于表达自己的观点、经常为他人提建议、为群体活动提供指导,自信而果断。

有效管理者:他们是一个好的计划制订人,一个公正、有组织才能的管理者,但却缺少管理者应有的技能。

有效领导者:他们知道如何激发人的热忱、奉献精神、忠诚度,但缺少必要的管理技能来引导激发能量。

第二节 领导理论

管理情景

美国企业家群像

美国企业家平均年龄为 56 岁,为企业服务达 23 年,担任现职 6.9 年,在企业兼要职 3.2 个,每周工作 60 个小时,多数攻读过工商管理专业,大多数都从事过市场研究,绝大多数是凭工作经历提上来的,常利用工作之余到俱乐部活动,生命保险已由公司出钱办妥,财产有专人代为管理,半数人还可获得股票作为奖励,日夜担心的只是一件事——怎样才能把国内外的竞争对手击败。

【思考】 收集资料,描述中国企业家群像。

领导理论丰富多彩,按理论形成的时间顺序,包括领导特质理论、领导行为方式理论、权变领导理论等。

一、领导特质理论

领导特质理论也叫性格理论,该理论着重研究领导者的个人特性对领导有效性的影响,侧重于研究领导者性格、素质和品质等方面的特征,把个人的品质和特点作为区别一个成功的领导者与不成功的领导者的标志。

(一)有关领导特质的理论

1. 巴纳德

巴纳德认为,领导者应具有以下共同特性:①活力和持久力;②决断力;③说服力;④责任感;⑤知识和技能。

2. 厄威克

厄威克认为,领导者应具有以下共同特性:①自信心;②个性;③活力;④潜力;⑤表达力;⑥判断力。

3. 沃伦·本尼斯

领导力大师沃伦·本尼斯在《成为领导者》一书中提出了领导的六个基本要素,即指引性愿景、激情、正直诚实、信任、好奇心和勇气。

4. 宁向东

清华大学宁向东教授将领导特质总结为 16 个字,即自信乐观、诚实正直、自我驱动、勇于担责。

5. 周三多

南京大学周三多教授认为,有效领导者具有以下共同特性:

(1)努力进取,渴望成功。他们具有崇高的抱负和志向,并能为之付出全部精神,进行持之以恒的不懈努力。

(2)强烈的权力欲望。他们具有强烈的领导欲望,遇事勤于思考,常常会提出与众不同的见解,并总想用自己的见解和理论去影响他人。试图赢得他人的信任、尊重和对理想的认同,从而争取到更多的追随者。

(3)正直诚信,言行一致。他们不遗余力地完善自己,尽量向人们展示自己公正直率、诚实可信、言行一致的形象。

(4)充满自信。他们不怕困难、挫折,勇于面对巨大的挑战,对自己追求的事业永远充满自信,并且善于把这种自信传达给别人,使群体产生一种勇往直前的力量。

(5)追求知识和信息。他们对新事物敏感和充满兴趣,尽一切可能坚持不懈地获取有关的知识和有用的信息,努力使自己拥有更多的专长权,在相关领域中使自己拥有更多的发言权,从而获得更多的追随者,或者使追随者更加理性和坚定。

(二)研究意义

领导特质理论系统地分析领导者所具备的特质,对于培养、选拔和考核领导者具有积极的参考意义。

二、领导行为方式理论

领导行为方式理论主要研究领导者的行为方式特点与绩效的关系及其对下属的影响,以期寻求合理的领导方式加以推广,采取最有效的领导行为。

(一)勒温的三种领导方式理论

美国心理学家勒温认为,实践中存在着三种极端的领导工作方式,即专制式领导、民主式领导和放任式领导。

1. 专制式领导

领导者个人决定一切,发号施令,布置下属执行,教条且独断。要求下属绝对服从,并认为决策是自己一个人的事情,凭借奖惩来实施领导。

2. 民主式领导

领导者在拟订行动和决策时能发动下属讨论,共同商量、集思广益,能够以理服人和以身作则,上下关系融洽。

3. 放任式领导

领导者采取放任态度,不参与下属的决策,下属完全自由。他的职责仅仅是为下属提供信息并与企业外部进行联系,以便下属更好地开展工作。

三种领导方式发挥影响作用的流程如图 5-1 所示。

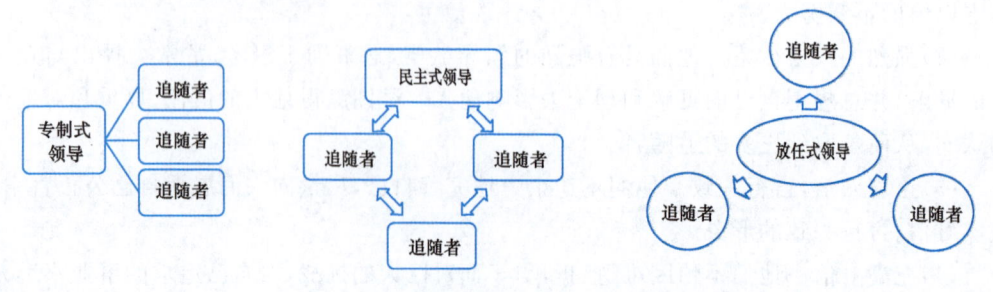

图 5-1 三种领导方式发挥影响作用的流程

采用哪种领导方式要视具体情况而定,需要综合考虑管理者、被管理者和管理环境三个因素来确定。

(二)"工作中心"与"员工中心"理论

美国管理学家利克特及其同事试图比较群体如何随领导者的行为变化而变化,以期实现组织预期的绩效,提出了工作中心领导行为和员工中心领导行为理论。

1. 工作中心领导行为

领导者以工作任务为中心,强调工作任务的完成,强调技术规范,严格监督,主要关心任务的完成,视下属为达到目标的工具,缺乏人情味,主要依靠强制、法定权力去影响被领导者。

2. 员工中心领导行为

领导者以员工为中心,重视人际关系,关心员工的需要、晋级和职业生涯发展,注重调动员工的主观能动性去实现组织目标。重视员工行为反应及问题,倡议员工参与管理。

(三)领导行为四分图理论

领导行为四分图理论的代表人物是拉尔夫·斯托格迪尔和卡罗尔·沙特尔,他们的研究目的是探讨领导行为与绩效的关系。研究方式是通过调查问卷进行统计分析。他们将影响领导方式的因素分为两个维度,即关怀维度(consideration)和定规维度(initiation of structure)。关怀维度代表领导者对下属给予的尊重、信任和相互了解的程度。定规维度代表领导者对下属的地位、角色和工作方式,是否都制定了规章或工作程序。根据两个维度,组合成四种不同的领导类型。如图5-2所示。

一般来说,高关怀和高定规的领导风格,工作效率和领导有效性最好,更能使下属达到高绩效和高满意度;其他三种维度组合的领导行为,普遍与较多的缺勤、事故、抱怨以及离职有关系。

	低 ← 定规 → 高
高 关怀 低	高关怀 低定规 / 高关怀 高定规
	低关怀 低定规 / 低关怀 高定规

图 5-2 领导行为四分图理论示意图

(四)管理方格理论

管理方格理论是由布莱克和穆顿在1964年提出的,他们认为,领导者在对生产(或工作)关心与对人关心之间存在着多种复杂的领导方式,因此,用两维坐标图来加以表示。以横坐标代表领导者对工作的关心,以纵坐标代表领导者对人的关心。分别划分为九个格,反映关心的程度,这样形成81种组合,代表各种各样的领导方式。管理方格理论如图5-3所示。

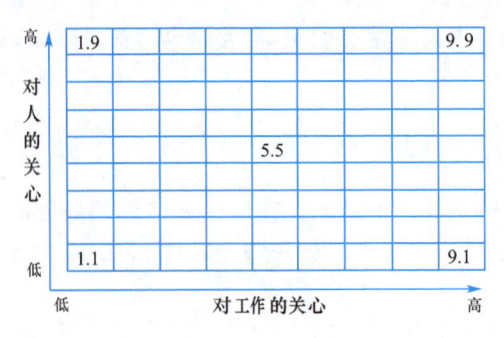

```
         高 ┌─────────────────────┐
            │1.9                9.9│
         对 │                      │
         人 │                      │
         的 │          5.5         │
         关 │                      │
         心 │                      │
            │1.1                9.1│
         低 └─────────────────────┘
              低   对工作的关心   高
```

图 5-3 管理方格理论示意图

1.1：放任式管理。领导者既不关心生产，也不关心人，是一种不称职的领导。

9.1：任务式管理。领导者高度关心生产，而不关心人。这种领导方式有利于短期内生产任务的完成，但容易引起员工的反感，于长期管理不利。

1.9：俱乐部式管理。领导者不关心生产，而只关心人，热衷于融洽的人际关系。这种领导方式不利于生产任务的完成。

9.9：团队式管理。领导者既关心生产，又关心人，是一种最理想的状态。但是，在现实中是很难做到的。

5.5：中间道路式管理。领导者对生产的关心与对人的关心都处于一个中等水平上，处于一种相对平衡的状态。在管理实践中，相当一部分领导者都属于这种领导方式。

一个领导者较为理性的选择是，在不低于 5.5 的水平上，根据生产任务与环境等情况，在一定时期内，在关心生产与关心人之间做适当的倾斜，实行一种动态的平衡，并努力向 9.9 靠拢。作为一个领导者，既要发扬民主，又要善于集中；既要关心工作任务的完成，又要关心职工的正当权益。只有这样，才能使领导工作卓有成效。

三、权变领导理论

所谓权变，就是权宜应变。权变领导理论是 20 世纪 70 年代形成的一种组织行为理论。权变领导理论认为，企业要根据内外条件随机应变地进行管理，没有一成不变的、普遍适用的、最好的领导理论和方法。权变领导理论研究的重点是领导者、被领导者和领导环境三者之间的相互影响。

（一）连续统一理论

美国学者坦南鲍姆和施密特于 1958 年在《哈佛商业评论》上合作发表了《如何选择领导模式》一文，提出了领导行为连续统一理论。该理论假设了两个极端，一个极端是独裁的领导方式，认为权力来自职位；另一个极端是民主的领导方式，认为权力来自群体的授予和承认。

独裁与民主仅是两个极端的情况，这两者中间还存在着许多种领导行为，从一个极端到另一个极端或从独裁到民主,领导方式的民主程度逐渐提高,领导者运用的权力逐渐减少,下属的自由度逐渐加大。领导行为连续统一理论如图 5-4 所示。

以领导为中心的领导方式(独裁)							以下级为中心的领导方式(民主)
领导者运用的职权							
						下级享有的自由度	
领导做决策并宣布决策	领导向下级"销售"自己的决策	领导提出决策,征询下级意见	领导提出待修改的试探性决策	领导提出问题征求意见,做出决策	领导限定问题和要求,要下级做决策	领导授权下属在规定范围内做决策	

图 5-4　领导行为连续统一理论示意图

坦南鲍姆和施密特认为,很难说哪种领导方式是正确的,领导者应该根据具体情况,综合考虑各种因素选择领导方式。这些因素包括领导者的因素(背景、教育、知识、经验、价值观、目标和期望等)、员工的因素(背景、教育、知识、经验、价值观、目标和期望等)和环境的要求(环境的大小、复杂程度、目标、结构、组织氛围、技术、时间压力和工作的本质等)。

(二)费德勒模型

美国管理学家弗雷德·费德勒在大量研究的基础上提出了有效领导的权变模型,认为任何领导形态均可能有效,其有效性完全取决于与所处的环境是否适应。

费德勒将影响领导有效性的环境因素分为三个方面,即领导者与成员的关系、任务结构和职位权力。领导与成员的关系指下属群体成员乐于追随的程度,以群体成员爱戴、信任领导者并心甘情愿地追随领导者为前提。任务结构指任务细分和人员职责划分的清晰程度以及群体成员对这些任务的负责程度。职位权力指领导者所处的职位能使群体成员遵从他们的指挥权力,具有的权威和权力的大小。费德勒模型在应用时,要确定领导者风格、确定情境和领导者与情境的匹配。

费德勒将影响工作的三个方面因素任意组合成八种不同的情景或类型,形成费德勒模型,每个领导都可以从中找到自己的位置。费德勒模型如图 5-5 所示。

上下级关系	好				差			
任务结构	明确		不明确		明确		不明确	
职位权力	强	弱	强	弱	强	弱	强	弱
情境类型	1	2	3	4	5	6	7	8
情境特征	有利			适中			不利	
有效的领导方式	任务型			关系型			任务型	

图 5-5　费德勒模型

费德勒模型的结论:

(1)在对领导者有利和不利的情况下,采用任务导向型领导方式,其效果较好;在对领导者适中有利的情况下,采用关系导向型领导方式,效果较好。

(2)要提高领导的有效性应从两方面着手,先确定某工作环境中哪种领导者工作起来更有效,然后选择具有这种领导风格的管理者担任领导工作;先确定某管理者习惯的领导风格,然后改变他所处的工作环境。

(三)领导生命周期理论

领导生命周期理论由科曼首先提出并由保罗·赫塞和肯尼斯·布兰查德予以发展。领导生命周期理论也称情景领导理论,是一种重视下属的权变理论。赫塞和布兰查德认为,依据下属的成熟度,选择正确的领导风格,就会取得领导的成功。

赫塞和布兰查德把成熟度定义为成熟程度,主要指完成就动机、承担责任的意愿和能力以及与工作有关的学识和经验,个体对自己的直接行为负责任的能力和意愿。它包括工作成熟度(Job Maturity)和心理成熟度(Psychological Maturity)。工作成熟度是指下属完成任务时具有相关技能和技术知识水平。心理成熟度是指下属的自信心和自尊心。高成熟度的下属既有能力又有信心做好某项工作。这里所指的成熟不是指年龄和生理上的成熟,而是指心理和人格上的成熟。它被定义为有成就感的动机,负责任的愿望与能力,以及具有工作与人际关系方面的经验和受过一定程度的教育。随着下属成熟程度的提高,领导者应相应地改变自己的领导方式。

领导生命周期理论提出工作行为和关系行为这两种领导维度,并且将每种维度进行了细化,从而组合成四种具体的领导方式。

1. 命令型(telling)

命令型领导方式体现为高工作低关系,适用于低成熟度的情况。领导者进行角色分类,明确地向下属规定任务和工作流程,告知下属该做什么、怎样做以及何时何地去做。它强调指导性行为,通常采用单向沟通方式。

2. 说服型(selling)

说服型领导方式体现为高工作高关系,适用于较不成熟的情况。下属愿意承担工作,但由于缺乏工作技巧而不能胜任。因此领导者既提供指导性行为,又提供支持性行为,以双向沟通的方式指导下属开展工作。

3. 参与型(participating)

参与型领导方式体现为低工作高关系,适用于比较成熟的情况。下属愿意承担工作,且不希望领导进行过多的指示和约束。因此领导者应积极倾听、提供便利条件、促进工作的进行和双向沟通,支持下属发挥他们的能力。

4. 授权型(delegating)

授权型领导方式体现为低工作低关系,适用于高成熟度的情况。下属有较高信心、能力和愿望承担工作,因此领导者提供较少的指导或支持,通过授权鼓励下属自主做好工作,领导者只起监督作用。

权变领导理论认为,不存在一种普遍适用、唯一正确的领导方式,只有结合具体情景,因时、因地、因事和因人制宜的领导方式,才是有效的领导方式。其基本观点可用下式反映:

$$有效领导 = F(领导者,被领导者,领导环境)$$

即有效的领导是领导者自身、被领导者与领导过程所处环境的函数。

第三节　领导的影响力与责任

管理情景

《财富》评选最有影响力商人，"股神"巴菲特超过盖茨

2003年8月11日，《财富》杂志推出了"影响力专号"，首次出炉"美国25位最有影响力商人排行榜"，其中"股神"沃伦·巴菲特名列榜首，而首富盖茨则屈居第二，沃尔玛CEO李·斯科特名列第三。

《财富》杂志把影响力定义为影响别人行动的能力，范围从一个公司、一个行业、国家经济甚至到全球经济，并把美国第一号权势商人的桂冠送给了投资公司伯克希尔哈撒韦的CEO沃伦·巴菲特。

在《财富》杂志新鲜出炉的这份名单中，收录的大多数都是业界乃至公众耳熟能详的名字，他们往往都是行业领先公司的CEO或真正权力在握的人物。

微软的比尔·盖茨、沃尔玛的李·斯科特、花旗的桑迪·威尔、新闻集团的鲁伯特·默多克分别排名全球最有影响力商业人物第二至五位，其中，只有盖茨不是所属企业CEO。

沃伦·巴菲特通过他一生的投资证明了他是世界上最伟大的投资人，他的净资产达到350亿美元，主要来自美国股市上的投资收益。巴菲特不仅个人获得成功，而且成为全球很多重要公司CEO的投资指导，在过去五年中，有许多CEO去他的居所聆听指导。在同一名单上排名第七的通用电气CEO伊梅尔特就曾表示至少两次向巴菲特请教，并认为他是全世界最睿智的投资大师。

在本期《财富》中，评出了"美国以外的25位最杰出商界领袖"，李嘉诚和张瑞敏榜上有名。

【思考】　巴菲特的影响力超过盖茨，其影响力从何而来？

一、领导的影响力

领导之所以能够组织下属实现组织目标，核心就是影响力。领导权力就是影响他人，共同实现组织目标的能力。

（一）影响力的含义

影响力是指一个人在与他人的交往中，影响和改变他人心理和行为的能力。在管理实践中，这种影响力指排除各种障碍、完成组织目标的能力。

知识讲解

影响力

(二)影响力的来源

根据管理学家弗伦奇和雷文等人的研究,领导影响力有五种来源,即法定性权力、惩罚性权力、奖赏性权力、感召性权力和专长性权力。

我国学者将领导的影响力分为两个来源,一是来自职位的权力,简称职权,这是由管理者在组织中所处的地位赋予的,并由法律和制度明文规定,属正式权力。这种权力直接由职务决定其大小,以及是否在岗,是管理者实施领导行为的基本条件,表现为法定性权力、惩罚性权力和奖赏性权力。二是来自管理者自身的个人魅力,简称个人权力。这种权力主要靠管理者自身素质及行为赢得,来源于管理者的个人品格、才能、知识、资历、背景和情感等。

1. 职位权力影响力

(1)法定性权力。法定性权力是由组织机构正式授予领导者在组织中的职位所引起的,指挥他人并促使他人服从的权力。法定性权力是领导者职权大小的标志,是领导者的地位或在权力阶层中的角色所赋予的,是其他各种权力运用的基础,表现为向下属发布命令和下达指示,或者借助于组织内部的政策、程序和规则来解决管理问题。

(2)惩罚性权力。惩罚性权力又叫强制性权力,是领导者在具有法定性权力的基础上,强行要求下级执行的一种现实的用权行为,是和惩罚相联系的迫使他人服从的力量,表现为给予扣发奖金、批评、降职甚至开除等惩罚性措施。

(3)奖赏性权力。奖赏性权力是建立在良好期望心理之上的权力,在下属完成一定的任务时给予相应的奖励,以调动下属的积极性,表现为提供奖金、加薪、升职、赞扬、理想的工作任务安排和令人愉悦的工作环境等。

2. 非职位权力影响力

(1)专长性权力。专长性权力指领导者具有各种专门的知识和特殊的技能或学识渊博而获得同事及下属的尊重和佩服,从而在各项工作中显示出的在学术上或专长上的一言九鼎的影响力。

(2)个人影响权力。个人影响权力指由于领导者优良的品质、良好的修养和领导作风,而在组织成员中树立的德高望重的影响力。

二、领导责任

领导责任是指领导者对某项工作或某一事件所担负的责任。领导就是责任,其责任包括科学决策、合理用人、统筹协调和统一指挥等。

1. 科学决策

科学决策指为实现组织目标而从若干种方案中选择一个最适当的方案,这是领导的首要责任。

2. 合理用人

合理用人指领导者要独具慧眼,能够发现人才、吸引人才和留住人才。

3. 统筹协调

统筹协调指领导者协调组织内部不同部门和个人之间的关系,以便有效实现组织的宗旨和目标。

4. 统一指挥

统一指挥即下级人员只能接受一个统一的命令。亨利·法约尔认为,无论什么工作,一个下级只能接受一个上级的指挥,如果两个或者两个以上领导人同时对一个下级或一件工作行使权力,就会出现混乱局面。后来人们加以发展,认为一个人只能接受一个统一的命令,若有数名领导,应由领导协商一致后再下达指令。

小阅读

领导的任务

曾担任艾森豪威尔等五任美国总统智囊团的约翰·加德纳,在《论领导力》一书中,提出了领导的11项任务,包括确立目标、创建价值观、重树价值观、激发动机、改善管理能力、寻求统一性、提升信任度、解释(愿景、梦想等)、发挥象征作用、树立榜样和革新。

第四节　激励和激励理论

管理情景

确定不同的激励层次

原联想集团董事长柳传志曾谈到员工激励。他说,我们面临的难题是如何调动三个截然不同的群体的积极性,三个群体分别为经理班子成员、中层管理人员和流水线上的员工。我们对每个群体有不同的期望,他们也各自需要不同的激励方式。

我们的经理班子需要有一种主人翁意识。中国的许多国有企业面临一个特殊的难题:它们无法给高级管理人员分配股份。所以我们采取了一种不同寻常的方式:改革所有权结构,使联想成为一家合资企业,这样就可以给所有的经理班子成员分配股份。另外,高级经理需要得到承认,所以我们为他们提供与媒体对话的机会。一直到今天,我们没有一位高级经理跳槽到别的公司。

中层管理人员希望升职,成为高级经理,所以他们往往会最积极地应对挑战,抓住机会展示自己的才华。我们给中层管理人员确立了很高的标准,并允许他们自己做出决策并予以执行。如果他们工作出色,就会得到非常好的回报。

流水线上的员工需要稳定感。如果他们工作认真勤勉,就可以得到事先确定的奖金。我们还把小组的工作成绩与公司或部门业绩挂钩,把个人的工作成绩与小组业绩挂钩。例如,我们有时会让小组来决定如何分配全组得到的奖金,而公司只提供总的指导方针。

【思考】 柳传志的激励机制有何特点?表现在哪些方面?

一、激励概述

任何社会和组织首先是人的集合体,组织的一切活动都要靠人来进行,组织的各种要素是在主动参与活动的人的利用下才发挥作用的。因此,只有使参与组织活动的人始终保持旺盛的热情、高昂的士气,组织才能实现较好的绩效。管理的激励功能就是要研究如何根据人的行为规律和需求来提高人的积极性。

(一)激励的含义

激励是指管理者运用各种管理手段,刺激被领导者的需要,激发其动机,使其朝着所期望的目标前进的过程。激励是"需要—行为—满意"的一个连锁过程,即确定员工需求,完成预定目标,给予员工满足,且事先员工清楚完成目标就能得到满足。

激励在管理中的核心作用是调动人的积极性、主动性和创造性。

(二)激励的要素

激励过程的关键要素是需求、动机和行为。需求是动机产生的基础,动机是行为的内驱力,动机的目标是为了满足需求。

1. 需求

需求是一种主观体验,是个体由于某种重要的东西的缺乏或被剥夺而产生的内心紧张状态。人的需求主要有三个来源,即生理、心理和外部诱因。需求是激励的出发点,人的需求是人们积极性的源泉。

2. 动机

动机是在需求的基础上产生的,当人的某种需求没有满足时,就会产生满足这种需求的行为动机。动机主要有两个来源,即人体自身(生理和心理)产生的需求和外部诱因产生的需求。动机是推动人从事某种行为的心理动力,激励的核心就是激发动机。

3. 行为

当某种需求没有满足,激发了行为动机后,就会产生相关的行为。行为是需求和动机的外在表现。使被领导者采取有利于组织目标实现的行为,是领导采取激励的目的。

(三)激励的过程

激励的过程是在外界刺激变量(各种管理手段与环境因素)的相互作用下,使内在变量(需求和动机)产生持续不断的兴奋,从而引起被领导者积极的行为反应(实现目标的努力),最终实现目标,使需求得到满足。激励的过程如图 5-6 所示。

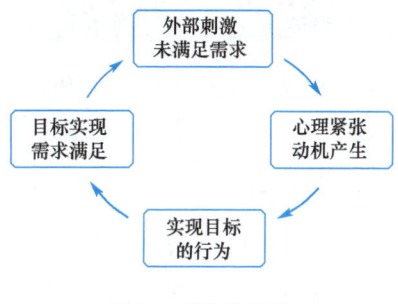

图 5-6　激励的过程

二、激励理论

激励理论主要有马斯洛的需求层次理论、赫兹伯格的双因素理论、弗鲁姆的期望理论、亚当斯的公平理论、斯金纳的强化理论和麦克利兰的三种需求理论等。

(一)需求层次理论

需求层次理论是美国心理学家亚伯拉罕·马斯洛提出的,他于1943年和1954年先后发表了《人类动机理论》与《动机和人》两部著作,阐述了需求层次理论。马斯洛认为,人有各种需求,人的行为过程就是需求满足的过程。马斯洛把人的各种需求归纳为五大类,即生理需求、安全需求、情感和归属需求、尊重需求和自我实现需求,如图 5-7 所示。

1. 人类的五大需求层次

(1)生理需求。生理需求是指维持人类自身生命和繁衍后代所必需的各种物质上的需求,如衣食住行等。

(2)安全需求。安全需求是指人类希望避免人身危险、情感伤害和威胁的各种需求,如防止工伤事故、不受丧失职业和财物的威胁等。

(3)情感和归属需求。情感和归属需求是指人们在爱情、归属、接纳以及友谊方面的需求,包括和家人、朋友、同事、上司等保持良好的关系,希望与别人交往,避免孤独,与同事和睦相处、关系融洽的需求。

(4)尊重需求。尊重需求是指地位和受人尊重的需求,包括自尊心、自信心、能力、知识、成就和名誉地位的需求,能够得到别人的承认和尊重等。

(5)自我实现需求。自我实现需求是指一个人需要做他最适宜做的工作,发挥他最大的潜能,实现自我理想和抱负,并能不断地自我创造和发展。自我实现需求是一种最高层次的需求,是无止境的。

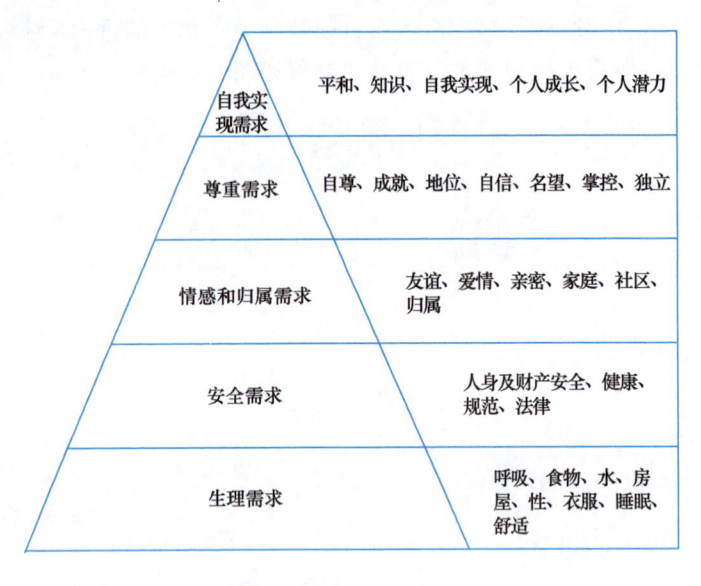

```
         ┌─────────────┐
         │自我实 │ 平和、知识、自我实现、个人成长、个人潜力
         │现需求 │
         ├─────────────┤
         │ 尊重需求 │ 自尊、成就、地位、自信、名望、掌控、独立
         ├─────────────┤
         │情感和归属需求│ 友谊、爱情、亲密、家庭、社区、归属
         ├─────────────┤
         │ 安全需求 │ 人身及财产安全、健康、规范、法律
         ├─────────────┤
         │ 生理需求 │ 呼吸、食物、水、房屋、性、衣服、睡眠、舒适
         └─────────────┘
```

图 5-7　马斯洛的需求层次理论

2. 需求层次的主要思想

(1) 人的需求遵循递进规律，只有低层次需求得到基本满足之后，较高层次需求才发挥对人行为的推动作用（低层次需求并未消失）。

(2) 人的行为主要受优势需求所驱使。

(3) 人的需求存在个体差异性。要激励某个员工，就需要了解他目前处于哪个需求层次，然后重点满足这个层次或该层次之上的需求，有针对性地进行激励。

先发现需求，再满足需求，这就是员工激励。

3. 需求层次及配套管理措施

员工处于不同需求层次所追求的目标和组织应采取的管理制度和措施，见表 5-1。

表 5-1　员工处于不同需求层次所追求的目标以及组织应采取的管理制度和措施

需求层次	追求的目标	管理制度和措施
生理需求	薪水、健康的工作环境、各种福利	身体保健（医疗设备）、工作时间（休息）、住宅设施、福利设备
安全需求	职位的保障、意外的防止	雇佣保证、退休金制度、健康保险制度、意外保险制度
情感和归属需求	友谊（良好的人际关系）、团体的接纳、与组织保持一致	协谈制度、利润分配制度、团体活动制度、互助金制度、娱乐制度、培训制度
尊重需求	地位、名分、权力、责任、与他人薪水相对高低	人事考核制度、晋升制度、表彰制度、奖金制度、选拔进修制度、委员会参与制度
自我实现需求	能发挥个人特长的企业环境、具有挑战性的工作	决策参与制度、提案制度、研究发展计划、劳资会议制度

(二)双因素理论

双因素理论又叫激励保健理论,是美国行为科学家弗雷德里克·赫兹伯格于20世纪50年代后期提出的。赫兹伯格经过访问调查后发现,使职工感到满意的因素与使职工感到不满意的因素是大不相同的。使职工感到满意的因素往往是工作本身或工作内容方面的,使职工感到不满意的因素往往是由外部环境引起的,外部环境包括工作环境或工作关系等。前者叫作激励因素,后者叫作保健因素。双因素理论如图5-8所示。

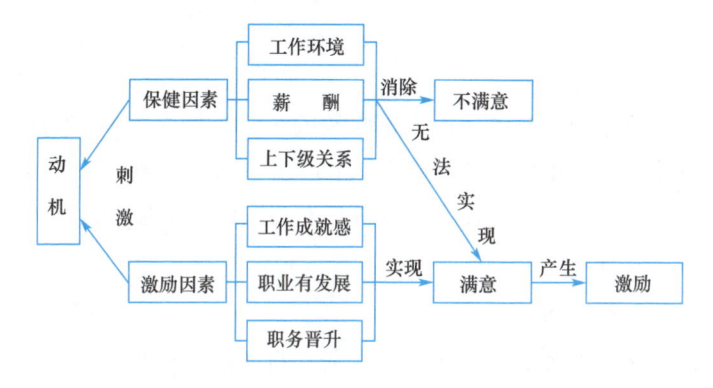

图 5-8 双因素理论示意图

1. 激励因素

激励因素属于和工作本身相关的因素,包括工作成就感、工作挑战性、工作中得到的认可与赞美、工作的发展前景、个人成才与晋升的机会等。当员工在这些方面得到满足时,会对工作产生浓厚的兴趣,产生很高的工作积极性。

2. 保健因素

保健因素属于和工作环境或工作条件相关的因素。当员工在这些方面得到满足时,只是消除了不满,却不会调动人们的工作积极性。

领导者要善于区分领导实践中存在的这两类因素,保健因素的满足可以消除不满,激励因素的满足可以产生满足;在不同国家、不同地区、不同时期、不同阶层、不同组织乃至不同个人,最敏感的激励因素是各不相同的,应灵活地加以运用。

(三)期望理论

期望理论是美国心理学家维克托·弗鲁姆于1964年在他的著作《工作与激励》一书中提出的。这一理论是通过研究人们的努力行为与预期奖酬之间的因果关系来研究激励的过程。

弗鲁姆认为,某一活动对某人的激发力量取决于他所能得到的结果的全部预期价值乘以他认为达成该结果的期望概率。用公式表示为

$$激励力(M) = 期望值(E) \times 效价(V)$$

期望模型实际上提出了在进行激励时要处理好三个方面的关系,即个人努力与个人绩效的关系(A),个人绩效与个人奖励的关系(B)以及组织奖励与个人需要的关系(C)。期望理论强调协调个人目标与组织目标的结合,根据员工的差异化要求设计一个合适的工作环境。期望理论下的三种关系如图5-9所示。

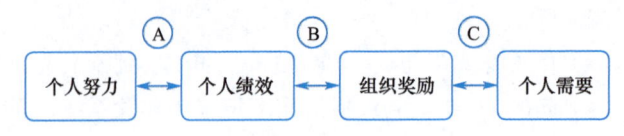

个人努力 (A)↔ 个人绩效 (B)↔ 组织奖励 (C)↔ 个人需要

图5-9 期望理论下的三种关系

(四)公平理论

公平理论是美国心理学家约翰·亚当斯在1965年首先提出来的,该理论侧重于报酬的公平性对人们工作积极性的影响。人们将通过横向和纵向两个方面的比较来判断其所获报酬的公平性,所以公平理论也称为社会比较理论。

1. 基本内容

公平理论认为,人的工作积极性不仅受其所获得的绝对报酬的影响,更重要的是受其所获得的相对报酬的影响。这种相对报酬是指个人付出劳动与所得到的报酬的比较值。

亚当斯提出了"贡献率"这一概念,可以用公式表示为

$$Q_P/I_P = Q_x/I_x$$

式中 　Q_P——自己对自己所获报酬的感觉;

I_P——自己对自己付出的感觉;

Q_x——自己对他人所获报酬的感觉;

I_x——自己对他人付出的感觉。

员工在一个组织中对自己是否受到公平的待遇往往选择以下几个"参照物":"他人"、"制度"和"自我"。"他人"既包括同一组织中同一部门、不同部门、同一层次、不同层次的组织成员,也包括不属于同一组织的其他人,如邻居、朋友、同行甚至自己的配偶。"制度"指组织中的报酬政策、程序及其运作。"自我"指员工自己付出的努力和所得到的报酬比率大小。

在工作中,员工通过交谈、经验、报刊、职业中介机构等渠道获得有关工资标准、报酬等方面的信息,并在此基础上常常自觉或不自觉地把自己在工作中的投入与取得的成果同其他人进行比较,比较的结果影响其以后的行为。对某项工作的投入,包括工作时间、资历、教育、经验、能力、努力程度和负责精神等;通过工作获得的成果,包括工资、奖金、提升、职位、表彰、组织对其承认和尊重的程度、人际关系等。投入和成果之间的关系见表5-2。

表 5-2　　　　投入和成果之间的关系

投入	成果
时间	工资
资历	奖金
教育	提升
经验	职位
能力	表彰
努力强度	组织对自己的承认和尊重的程度
负责精神	人际关系

2. 比较方式

(1)横向比较。横向比较指在同一时间内将"自我"与"他人"相比较来判断自己所获报酬的公平性以及对工作的态度,也可称为社会比较。比较的结果有三种:当 $Q_P/I_P = Q_x/I_x$ 时,进行比较的员工觉得报酬是公平的,他可能会因此而保持工作的积极性和努力程度;当 $Q_P/I_P > Q_x/I_x$ 时,则说明员工得到了过高的报酬或付出的努力较少;当 $Q_P/I_P < Q_x/I_x$ 时,则说明员工对组织的激励措施感到不公平。

(2)纵向比较。纵向比较指将自己不同时期的付出与报酬比较,即将自己目前的状况与过去的状况进行比较,也可称为历史比较。

因此,一方面,管理者制订激励措施时需要考虑相对报酬,尽可能实现分配公平,注意对员工的公平心理进行疏导,提高员工对于分配的公平感。另一方面,管理者可以把报酬分配的决策过程公开化,遵循一致和无偏见的决策程序,以提高员工对于决策程序的公平感。

当员工感觉到不公平时,通常会采取几种做法:①曲解自己或他人的付出或报酬;②采取某种行动使公式相等;③选择另外一个参照对象;④辞职。

(五)强化理论

管理情景

老人与砸玻璃的孩子

有一位老人,孤单地生活在一个小村庄里,没有亲人。一群调皮的孩子总是喜欢骚扰这位老人,没事就喧哗吵闹砸玻璃,怎么也无法让他们安静与老实。于是老人召集了孩子们,告诉他们:明天你们谁砸了我的玻璃,我将给他一美金的奖励。第二天,玻璃被砸完了,老人兑现了他的诺言,并且对孩子们说:明天你们如果谁砸了我的玻璃,我将给他五十美分作为奖励。孩子们抱怨了一通,但隔天当然又来了并且痛快地大砸了一番……老人仍旧召集孩子们,说:明天你们谁继续来,砸了玻璃的,我将给他一美分作为奖励!孩子们嗤之以鼻,散了。从此以后,老人的玻璃再也没有被砸过。

【思考】　什么是强化理论?老人的鼓励措施是正强化、负强化还是自然消退?

美国心理学家伯尔赫斯·弗雷德里克·斯金纳首先提出了强化理论。斯金纳认为,人是没有尊严和自由的,人们做出某种行为或不做出某种行为,只取决于一个影响因素,那就是行为的后果。他提出了一种"操作条件反射"理论,认为人或动物为了达到某种目的,会采取一定的行为作用于环境。若某种行为会获得奖励,那么该行为最有可能会在以后重复出现;若某种行为没有获得奖励或者受到惩罚时,那么该行为就会减弱或消失。人们可以用这种正强化或负强化的办法来影响行为的后果,从而修正其行为。

正强化是奖励那些符合组织目标的行为,以便使这些行为得到进一步加强,从而有利于组织目标的实现。正强化的形式有物质奖励,也包含表扬、提升、改善工作关系等。

负强化是惩罚那些不符合组织目标的行为,以使这些行为削弱甚至消失,从而保证组织目标不受干扰。负强化的形式包括减少奖酬、批评、降级等。

(六)三种需求理论

三种需求理论是美国社会心理学家戴维·麦克利兰等人提出的。该理论认为,主要有三种后天的需求推动人们从事工作。这三种需求包括:(1)成就需求(need for achievement),即达到标准、追求卓越和获得成功的需求;(2)权力需求(need of power),即想要使他人按照自己的指示以某种特定方式行事的需求;(3)归属需求(need for affiliation),即建立友好和亲密的人际关系的愿望。

研究发现,高成就需求者追求的是个人成就感而不是成功之后的荣耀或奖励,他们渴望把事情做得比以前更完美或更高效。他们喜欢能独立发挥其能力的工作,喜欢在中度冒险的环境中工作,设立具有挑战性的目标。最优秀的领导者往往拥有较高的权力需求和较低的归属需求。

三、激励的方法与有效激励

管理情景

铁木真用头盔盛酒奖励哲别

《射雕英雄传》里描写了这样一个小故事。

哲别进帐,谢了赐酒,正要举杯,桑昆叫道:"你这小小的十夫长,怎敢用我的金杯喝酒?"哲别又惊又怒,停杯不饮,望着铁木真。蒙古人习俗,阻止别人饮酒是极大的侮辱,何况在这众目睽睽之下,教人如何忍得?铁木真寻思:"瞧在义父脸上,我便再让桑昆一次。"当下对哲别道:"拿来,我口渴,给我喝了!"铁木真从哲别手里接过金杯,仰脖子一饮而干。哲别向桑昆怒视一眼,大踏步出帐。桑昆喝道:"你回来!"哲别理也不理,昂头走了出去。

……

铁木真在火光下见哲别兀自满脸怒色,便叫道:"拿酒来!"随从呈上了一大壶酒。铁木真提了酒壶,大声说道:"今天咱们把那蛮人杀得大败,大家都辛苦了。"众兵将叫道:"是王罕大汗、铁木真汗、札木合汗带领咱们打的。"铁木真道:"今天我见有一个人特别勇敢,冲进敌人后军,杀进杀出一连三次。射死了数十名敌人,那是谁呀?"众兵叫道:"是十夫长哲别!"铁木真道:"什么十夫长?是百夫长!"众人一愣,随即会意,欢呼叫道:"哲别是勇士,可以当百夫长。"铁木真对者勒米道:"拿我的头盔来!"者勒米双手呈上,铁木真伸手拿过,举在空中,叫道:"这是我戴着杀敌的头盔,现今给勇士当酒杯!"揭开酒壶盖,把一壶酒都倒在头盔里面,自己喝了一大口,递给哲别。

哲别满心感激,一膝半跪,接过来几口喝干了,低声道:"镶满天下最贵重宝石的金杯,也不及大汗的头盔。"铁木真微微一笑,接回头盔,戴在头上。

【思考】 铁木真对哲别的激励,你有何感想?

领导者选择激励方式时,应思考这样几个问题:你的员工把你交给他们的工作当成乐趣或是纯粹当作获得稳定收入来源的手段?你是否了解他们的心理预期?他们需要什么?他们是否充分认识到加薪是对优秀者的奖励?

(一)激励的手段和方法

1. 奖励与处罚

奖励包括物质奖励和精神奖励。物质奖励是指以物质利益为诱因,通过满足员工物质利益需要来调动员工积极性的方式与手段。精神奖励主要指通过各种形式的表扬、给予一定的荣誉等来调动员工的积极性。典型的物质奖励是奖酬激励,奖酬包括奖金、各种形式的津贴及实物奖励等。典型的精神奖励是关心照顾,领导者对员工在生活上给予关心照顾,不但使员工获得物质上的利益和帮助,而且能获得尊重和归属感上的满足,可以产生巨大的激励作用。

处罚是一种负强化手段,属于一种特殊形式的激励。运用这种方式时要注意处罚必须有可靠的事实根据和政策依据,方式与刺激量要适当,同时要与深入的思想工作相结合并注意情绪疏导。

2. 丰富工作内容

按照赫兹伯格的双因素理论,对员工最有效的激励因素来自于工作本身,即满意自己的工作是最大的激励。因此,领导者必须善于调整和调动各种工作因素,科学地进行工作设计,丰富工作内容,使员工满意自己的工作。要增强员工对自己工作的兴趣与满足程度,应注意以下因素的运用:

(1)工作适应性。即工作的性质和特点与从事工作的人员的条件与特长相吻合,引起员工的工作兴趣,使员工高度满意自己的工作。如员工有能力从事相关工作,并有浓厚兴趣等。

(2)工作的意义与工作的挑战性。员工愿意从事重要的工作,并愿意接受有挑战性的工作,这反映了人们追求实现自我价值、渴望获得别人尊重的需求。领导者要帮助员工发现工作的意义。

（3）工作的完整性。员工愿意在实践中承担完整的工作，从而获得一种强烈的成就感。领导者应使每个员工都能承担一份较为完整的工作，为他们创造获得完整工作成果的条件与机会。

（4）工作的自主性。人们出于自尊和自我实现的需求，期望独立自主地完成工作，不愿意在别人的指使或强制下被迫工作。领导者在明确目标与任务之后，应大胆授权，让下级独立进行运作，使其受到巨大激励。

（5）工作扩大化。应开展企业工作设计的研究，克服单调乏味和简单重复的工作，增加工作的丰富性、趣味性，以吸引员工。应注意增加所从事工作的种类，探索实行工作延伸、工作轮换等方法。

（6）工作丰富化。让员工参与一些具有较高技术或管理含量的工作，即提高其工作层次，从而使其获得成就感，令其尊重的需求得到满足。工作丰富化的方式包括：将部分管理工作交给员工，吸收员工参与决策和计划，对员工进行业务培训，让员工承担一些较高技术的工作等。

（7）及时获得工作成果反馈。领导者在工作过程中，应注意及时测量并评定、公布员工的工作成果，尽可能早地使员工得到自己取得的工作成果的反馈，这会有效地激发员工的工作积极性，促使其努力扩大工作成果。

3. 职工参与管理

在不同程度上让职工参加组织决策，参加各级管理工作的研究和讨论，使下级感受到上级主管的信任，从而体验到自己的利益同组织的利益、组织的发展密切相关，进而产生强烈的责任感。

4. 培训激励

培训激励是指给个人提供各种学习、锻炼的机会，是一种有效的激励方式。

5. 榜样激励

榜样激励是指通过满足职工的模仿和学习的需要，引导职工的行为指向组织目标所期望的方向。榜样的力量是无穷的，领导者应注意用先进典型来激发员工的积极性。榜样激励主要包括先进典型的榜样激励和管理者自身的模范作用。

北京大学国家发展研究院管理学教授陈春花在《管理的常识》一书中，介绍了成本最低而且最有效的四种激励措施，包括鼓掌、赞美、鲜花和隆重的仪式，并进一步指出，授权与信任是最大的激励。

（二）有效激励的措施

1. 奖励组织期望的行为

美国著名管理学家米切尔·拉伯福认为，人们会去做受到奖励的事情，组织应特别注意奖励一些行为，如彻底解决问题的行为、承担风险的行为、善于运用创造力的行为、果断的行为、多动脑筋的行为、使事情简化的行为、工作有质量有效率的行为等。

2. 善于发现和利用差距

利用利益差别，可以向组织成员传递组织期望的行为，从而推动竞争。因此，各级主管人员必须坚持物质利益原则和按劳分配原则相结合，处理好国家、组织、个人三者的利益关系，通过考核员工的行为及绩效的差别，奖勤罚懒、奖优罚劣，切忌搞平均主义。

3. 掌握好激励的时间和力度

激励要掌握时机，要及时，同时要注意激励的力度。一般而言，激励越及时，激励的力度越大，激励的效果就会越好。

4. 激励时要因人制宜

人们有不同的需要、不同的思想觉悟、不同的价值观与奋斗目标，因此激励手段的选择要因人而异。为此，主管人员在进行激励时，要定期对员工的需要进行调查，分析不同年龄、性别、职务、地位和受教育程度的员工最迫切的需求，实行弹性报酬制度，对不同的人给予不同的激励方式，才能取得更好的激励效果。

5. 系统设计激励策略体系

激励策略要优化组织，在空间上相辅相成，在时间上相互衔接，形成综合治理的格局及良性循环。主管人员在运用激励手段时，既要抓物质的也要抓精神的，既要抓内激励也要抓外激励，处理好组织内部条件和外部环境的关系。

第五节　沟通与协调

管理情景

沟通时代的来临

在美国举办的玉山科技协会成立13周年的年会上，有一位非常有名的企业家，认为当今的企业比以往任何一个时期更需要沟通，对企业来讲，沟通时代已经来临。

从2001年开始，美国企业进入了泡沫化时代，再加上世界通信和安达信等企业诚信危机的爆发，企业的竞争环境更加恶劣。在硅谷，很多高科技企业面临业绩下降或者人员流失等问题，由此CCO（首席咨询官）应运而生，把原来公司对外发言人的地位，提升为公司总裁，令其担任公司的沟通者。

有两个数字可以很直观地反映沟通对于企业的重要性，即两个70％。

第一个70％，是指企业的管理者实际上70％的时间用在沟通上。开会、谈判、谈话和做报告是最常见的沟通形式，撰写报告实际上是一种书面沟通的方式，对外各种拜访、约见也都是沟通的表现形式，管理者大约有70％的时间花在此类沟通上。

第二个70%,是指企业中70%的问题是由沟通障碍引起的。例如,企业常见的效率低下问题,往往是大家缺乏沟通或沟通不顺畅引起的。此外,企业的执行力差、领导力不强等问题,归根到底,都与沟通能力的欠缺有关。

企业的经营管理,在很大程度上表现为企业与外部的沟通和企业内部沟通两个方面。

1. 企业与外部的沟通

企业与外部的沟通,主要包括与客户、供应商、媒体、业界、银行、政府部门、社区等的沟通。

外部沟通的主要目的是希望与对方达成共识,取得一个双赢的结果。对于供应商和客户来说,最主要的目的是通过沟通建立长期互信的关系。所以沟通的方式,必须考虑如何做到双赢或多赢,通过沟通消除对方疑虑,获取信任。

在企业的外部沟通中,最主要的是与客户的沟通,直接的沟通起到非常重要的作用。在谈判过程中,谈判者扮演着一个很重要的沟通角色,客户不能直接看到你的公司,他看到的只是你这个人。怎样说服客户,让客户对你产生信任,进而信任你所代表的公司,就要依靠沟通来实现。

2. 企业内部沟通

在企业内部,如果员工士气不高、工作不投入、对企业的文化不认可,不觉得在公司工作是一种荣耀,那么公司的管理是失败的。这其中,沟通起到至关重要的作用。

企业内部的冲突也是沟通不良的一个表现。企业中经常发生制造部门、研发部门、市场部门、财务部门之间的冲突,这些冲突并不是不能解决,只是受制于公司资源,包括时间表、经济效益、人力资源、物力资源等。如果先设定一些大家认同的、基本的假设,关注共同的、更高层次的部门或企业目标,然后从各个不同的角度提出方案,促成有效的沟通,内部冲突的可能性就会降低,整个企业的效率就会提升,氛围会更好,业绩也会随之提升。

内部沟通能否产生效果,以下两个方面十分重要:

(1)纵向沟通

一项对企业家的调查,访问了美国企业界的300位成功人士,了解他们成功的因素是什么。统计结果显示,85%的成功人士认为是因为自己的沟通及人际关系的能力超人一等。他们善于沟通,善于说服,善于推动自己的理念,让外界愿意来帮助他们。只有15%的人将成功归功于自己的专业知识和技巧。在具备了所需的基础知识后,沟通能力越强的人,执行力及工作的业绩也会越好。

(2)横向沟通

在企业中,中层管理者的作用非常重要。他们是企业纵向及横向沟通的枢纽,起着承上启下的作用。他们不仅要理解企业的使命、愿景,还要传达给基层员工,并具体领导实施。所以沟通能力是各级管理者的一个很重要的技能。

总之,在这个沟通的时代,沟通无时无处不在。沟通不仅是企业经营管理中的润滑剂,更是企业落实经营管理思想的重要工具,是各级员工有效工作的基础。因此,有人认为,未来的总裁可能会改名,叫作总沟通师或CCO(首席咨询官)。

【思考】 什么是沟通?沟通有何意义?

一、沟通的概念与过程

(一)沟通的概念

1. 沟通的含义

沟通是组织的神经系统。罗宾斯认为,沟通就是意思的传递和理解,要想沟通成功,意思必须被准确地表达和理解。哈罗德·孔茨和海因茨·韦里克认为,沟通是信息从发送者到接收者的传递过程。周三多教授等人认为,沟通是借助一定手段把可理解的信息、思想和情感在两个或两个以上的个人或群体间传递或交换的过程,目的是通过相互间的理解与认同使个人或群体间的认知以及行为相互适应。整个管理工作都与沟通有关,企业与外部的交流,组织者与被组织者的信息传递,领导与下属的感情联络,控制者与控制对象的纠偏工作,都与沟通相联系。

2. 沟通的目的

哈罗德·孔茨和海因茨·韦里克通过研究,总结出沟通有六个目的:

(1)建立并宣传企业的目标;

(2)制订实现目标的计划;

(3)以最有效果和效率的方式配置人力资源和其他资源;

(4)选拔、考评组织成员;

(5)领导、指导和激励他人,并营造一个让人们想要做出贡献的氛围;

(6)控制绩效。

沟通不仅促进了各项管理职能,而且把企业同外部环境联系起来。企业管理人员通过沟通了解客户的需要、供应商的可供能力、股东的要求、政府的法律法规和社区关切的事项等众多信息。

(二)沟通的过程

简单地说,沟通就是传递信息的过程。在这个过程中至少存在着一个发送者和一个接收者,即发出信息一方和接收信息一方。信息在二者之间的传递过程,一般经历七个环节。沟通的过程如图5-10所示。

(1)信息发送者需要向信息接收者提供信息。这里所说的信息是一个广义的概念,包括思想、观点、想法和资料等。

(2)信息发送者将所要发送的信息译成接收者能够理解的一系列符号。为了有效地进行沟通,这些符号必须适应媒体的需要。例如,如果媒体是书面报告,符号的形式应选

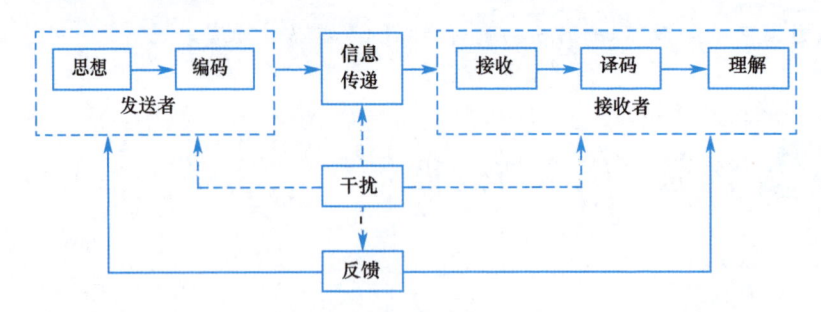

图 5-10　沟通的过程

择文字、图表或照片;如果媒体是讲座,就应选择文字、投影胶片和板书。

(3)将发送的符号传递给接收者。由于选择的符号种类不同,传递的方式也不同。传递的方式可以是书面的(信和邮件等),也可以是口头的(交谈、演讲和电话等),甚至还可以通过形体动作来表示(手势、面部表情、姿态等)。

(4)接收者接收符号。接收者根据发送来的符号的传递方式,选择相应的接收方式。例如,如果发送来的符号是口头传递的,接收者就必须仔细地听,否则,符号就会丢失。

(5)接收者将接收到的符号译成具有特定含义的信息。由于发送者翻译和传递能力的差异,以及接收者接收和翻译水平的不同,信息的内容和含义经常被曲解。

(6)接收者理解被翻译的信息内容。接收者接收到信息后,根据自己的理解能力,将接收到的信息进行翻译和处理。

(7)发送者通过反馈来了解他想传递的信息是否被对方准确地接收。一般来说,由于沟通过程中存在着许多干扰和扭曲信息传递的因素(通常称为噪音),这使得沟通的效果大为降低。因此,发送者了解信息被理解的程度是十分必要的。沟通过程中的反馈,构成了信息的双向沟通。

二、沟通障碍及其克服

在沟通的过程中,由于存在着噪音,如难以辨认的字迹、电话中的静电干扰、接收者的疏忽大意等,信息往往被丢失或曲解,使得信息的传递不能正常进行。因此,组织中存在着沟通障碍。

(一)沟通的障碍

影响沟通效果的因素很多,可以分为个人因素、人际因素、结构因素和技术因素等。

1. 个人因素

个人因素形成的沟通障碍包括有选择地接收和沟通技巧的差异。有选择地接收,指人们拒绝或片面地接收与他们的期望不一致的信息。人们运用沟通的技巧有很大差异,有的人擅长口头表达,有的人擅长文字描述,这些都会影响有效沟通。

2. 人际因素

人际因素形成的沟通障碍主要包括沟通双方的相互信任程度、信息来源的可靠程度和发送者与接收者之间的相似程度。沟通是一个发送与接收的过程,信息的传递是双方面的事情,因此,沟通双方的诚意和相互信任至关重要。信息来源的可靠性由四个因素所决定,即诚实、能力、热情和客观。沟通的准确性则与沟通双方的相似性有着直接的关系。

3. 结构因素

结构因素形成的沟通障碍包括地位差别、信息传递链、团体规模和空间约束等。事实表明,地位悬殊是沟通中的一个重要障碍;信息通过的等级越多,信息失真程度则越大;当工作团队规模较大时,人与人之间的沟通也相应变得较为困难;企业中的工作常常要求员工在某一特定的地点进行操作,两人之间的距离越短,他们交往的频率就越高。

4. 技术因素

技术因素形成的沟通障碍包括语言与非语言暗示、媒介的有效性和信息过量等。大多数沟通的准确性依赖于沟通者赋予字和词的含义。

各种不同的沟通方式,其效率也有所不同。选择何种沟通工具,在很大程度上取决于信息的种类和目的,还与外界环境和沟通双方有关。另外,在沟通中还存在着文化差异。

(二)沟通障碍的克服

克服沟通中的各种障碍,才能做到有效沟通。有效沟通,简单来说就是传递和交流信息的可靠性和准确性高。改善沟通的技巧,有以下几种措施:

1. 得到反馈

许多沟通问题直接来源于误解和信息不准确。管理者设计好沟通系统,能在沟通中获得信息反馈,以判断信息接收和理解的准确性,这样产生沟通问题的可能性就会降低。

2. 明确沟通的目标和沟通的重要性

沟通的目的是为了理解和达成共识,应该像重视计划、组织、领导、控制、创新等职能一样,确立沟通的地位,突显其重要性。

3. 掌握倾听的艺术和要点,做积极的倾听者

事实上,不会听就很难接收到有价值的信息。积极倾听指听取说话者的完整意思而不做出先入为主的判断和解读。积极倾听要求听者全神贯注,主动思考讲话者的意思,努力融入沟通过程,并确认信息理解的准确性。积极倾听者的行为如图 5-11 所示。

4. 选择恰当的沟通渠道与方式

一方面,要加强平行沟通,促进横向交流;正式沟通与非正式沟通配合使用,构建合理的沟通渠道。另一方面,采用恰当的沟通方式。一般而言,书面沟通通常用

图 5-11 积极倾听者的行为

于传递篇幅较长、内容详细的信息,便于阅读、易于远距离传递、易于存储、便于复核,相对而言传递的信息比较准确。口头沟通适合于需要翻译或精心编制才能使拥有不同观念和语言才能的人理解的信息,传递快速、反馈及时,适合于传递敏感或秘密的信息,也适合于传递感情和非语言暗示的信息。利用互联网进行沟通,也是一种快捷而有效的沟通方式。

5. 缩短信息传递链,保证信息传递的准确性和完整性

如减少组织结构的层次和重叠,采用扁平化的组织结构,可以减少信息传递的层次,便于信息的传递。

另外,沟通需要简化语言、控制情绪并注意非语言线索。

延伸阅读

改善沟通的路径

美国医生罗杰斯博士在进行心理治疗的过程中总结出一些原则,运用到沟通之中,进而成为十分有效的沟通原则。它们是:不要事先做出估计;把对方的话听完;要听出说话者的感情和情绪;重复对方的语言或看法;细心询问,设法让对方把话讲下去。

凯斯·大卫和约翰·W·纽斯特罗姆在组织行为研究中指出,遵循以下几条指南可以极大地改进书面沟通:使用简明的词汇和词组;使用短语和人们熟悉的词汇;尽可能使用人称代词;提供图解和实例,使用图表;使用短句和小段落;避免使用赘言等。

《向新闻节目主持人学习》一文中指出,改进口头沟通可以借鉴以下措施:犹如一对一的个人交谈那样与庞大的观众群沟通;讲述一个故事、一段奇闻逸事,并附以实例说明;停顿一下,不要匆忙(对话中,停顿表示在倾听);使用视觉工具,如图表、图例、幻灯片和图解演示;沟通信心和形成信任(通过有力且清晰的声音、优美的姿势和微笑来做到);使用风趣和清晰的语言,并通过你的肢体语言展现你的自信和对局面的控制。

信息技术从根本上改变了沟通的方式。传真、电子邮件和即时通信正在替代传统的沟通渠道,如邮政业务等。在线互联网络、移动互联终端正在深刻影响着我们的生活和沟通方式。

三、组织的冲突管理

(一)冲突的含义

冲突是指由于某种差异而引起的抵触、争执或争斗的对立状态。人与人之间在利益、观点、掌握的信息或对事件的理解上都可能存在差异,有差异就可能引起冲突。人们之间存在差异的原因多种多样,如沟通不良产生的差异、组织结构引起的差异、个体之间的差异造成的合作和沟通困难等。

(二)对组织冲突的认识

对组织冲突的研究,经历了三个阶段。

1. 冲突的传统观念

19 世纪末到 20 世纪 40 年代中期,人们认为组织应该避免冲突,冲突对组织无益,冲突本身说明了组织内部的机能失调。因此,领导者应采取各种办法避免冲突,设法协调各方的利益,寻找共同目标,尽可能减少冲突。

2. 冲突的人际关系观点

20 世纪 40 年代末到 70 年代中期,人们对冲突的认识有了发展,认为冲突是任何组织不可避免的产物,并不一定会导致不幸。寻找解决冲突的方式不仅会引起创新,还会增强群体的凝聚力。因此,领导者应该运用多种手段解决冲突,改进和提高决策质量,增强管理效果。

3. 冲突的相互作用观点

如今的冲突管理观点明确认为,冲突不仅可以成为组织中的积极动力,而且其中有些冲突对于组织或部门的有效运作是绝对必要的。换言之,冲突是组织保持活力的一种有效手段,组织可通过保持适度的冲突,营造批评与自我批评、不断创新、努力进取的风气,形成人心汇聚、奋发向上的局面,保持旺盛的生命力。因而,这种观点鼓励领导者维持一种冲突的最低水平,善于自我批评和不断创新。其中,人际关系的观点是接纳冲突,相互作用的观点是鼓励冲突。

由于冲突具有正面和负面两种效应,因此冲突管理一方面要设法消除冲突产生的负面效应,使其破坏作用降至最低;另一方面则要求领导者激发冲突,利用和扩大冲突对组织产生的正面效应。

(三)冲突管理的一般方法

冲突管理实际上是一种艺术,优秀的领导者一般按下列方式管理冲突。

1. 谨慎地选择想处理的冲突

领导者面临的冲突五花八门,有的冲突非常琐碎,不值得花很多时间去处理;有些冲突虽重要但自己力所不及,不宜插手;有些冲突难度大,处理起来费时费力且未必有好的回报,则不要轻易介入。管理者应选择那些员工关心、影响面大,对推进工作、打开局面、增强凝聚力、建设组织文化有意义、有价值的事件,亲自抓,一抓到底。

2. 仔细研究冲突双方的代表人物,深入了解冲突的根源

对冲突双方卷入的群体,冲突双方的观点和差异,冲突双方问题的焦点,冲突双方代表人物的人格特点、价值观、经历和资源因素进行充分了解,分析冲突的各种根源,为选择处理办法做好深入分析。

3. 妥善地选择处理办法

对于冲突处理的策略,托马斯教授根据合作程度和武断程度提出了五种策略,即回

避、迁就、合作、强制和妥协。如图 5-12 所示。

（1）回避。回避是一种"鸵鸟"心态，既不关心自己的利益，也不在意别人的想法，只是一味退缩而已。当冲突无关紧要时，或当冲突双方情绪极为激动、需要时间恢复平静时，可以采取回避策略。

（2）迁就。迁就是一种牺牲小我成就他人的态度，是一种极其被动甚至顺从的策略。当维持和谐关系十分重要时，可以采取迁就策略。

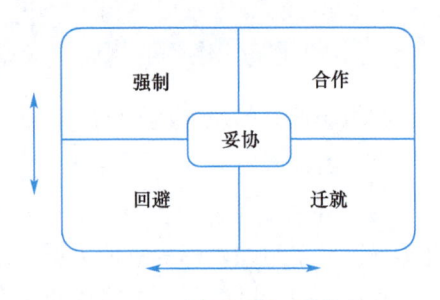

图 5-12 冲突处理的五种策略

（3）合作。合作是一种通过解决问题的方式满足双方利益的策略，也就是设法找出双方的问题所在，并且合力加以解决。当事件十分重大、双方不可能妥协时，经过开诚布公的谈判，选择对双方有利的合作或找出双赢的解决方式。

（4）强制。强制指以牺牲他方为代价来满足自己期望的手段，是一种较具有侵略性或战斗性的方式。当必须对重大事件或紧急事件进行迅速处理时，可采用强制策略，用行政命令方式牺牲某一方的利益处理后，再慢慢做安抚工作。

（5）妥协。妥协是一种各自牺牲一部分利益，以满足双方的部分利益的方法。当冲突双方势均力敌、争执不下，需要采取权宜之计时，只好双方做出一些让步，实现妥协。

本章小结

领导就是领导者运用权力、影响他人去实现组织目标的过程。

按照权力的运用方式，领导者可以分为集权式领导和民主式领导；按照领导工作的侧重点，领导者可以分为事务型领导、变革型领导、战略型领导和魅力型领导。

领导理论有领导特质理论、领导行为方式理论和权变理论等。领导的实质是对他人的影响力，影响力的来源有法定性权力、奖赏性权力、惩罚性权力、感召性权力和个人影响力等。领导的责任体现在科学决策、合理用人、统筹协调和统一指挥等方面。

激励在管理中起着调动员工积极性、主动性和创造性的作用，其要素包括需要、动机、行为等。激励理论包括需要层次理论、双因素理论、期望理论、公平理论、强化理论和三种需求理论等。

激励的方法有奖励与处罚、丰富工作内容、职工参与管理、培训激励、榜样激励等。有效激励的措施包括奖励组织期望的行为、善于发现和利用差距、掌握好激励时间和力度、激励时要因人而异以及系统设计激励策略体系等。

沟通是一个传递信息和达成共识的过程，影响沟通效果的因素包括个人因素、人际因素、结构因素和技术因素等。改善沟通过程的效果包括得到反馈、明确沟通的目的和重要性、掌握倾听的艺术、选择恰当的沟通方式与渠道、缩短信息传递链、简化语言、控制情绪并注意非语言线索等。

冲突是由于某种差异而引起的抵触、争执和争斗的对立状态，对于组织而言，有积极的一面，也有消极的一面。处理冲突，有回避、迁就、合作、强制和妥协等策略。

本章习题

一、单项选择题

1. 以下（　　）不是领导的制度权。
   A. 强制性权力　　B. 奖赏性权力　　C. 专家性权力　　D. 法定性权力

2. 下列各类领导人中具有独裁式、指示型领导风格的是（　　）。
   A. 民主型领导人　　　　　　　　B. 关心型领导人
   C. 以职工为中心的领导人　　　　D. 专制式领导人

3. 管理方格图中，9.1对应的是（　　）领导方式。
   A. 任务型　　B. 乡村俱乐部型　　C. 中庸之道型　　D. 贫乏型

4. 领导的实质是（　　）。
   A. 用权　　B. 影响力　　C. 协调人际关系　　D. 管理职能

5. 领导行为四分图的纵轴与横轴分别代表的是（　　）。
   A. 任务型和职工导向型　　　　B. 主导型和以职工为中心
   C. 关心型和主导型　　　　　　D. 关怀维度和定规维度

6. 根据管理方格图，对生产高度关心而对人很少关心的管理属于（　　）领导风格。
   A. 9.1任务式　　B. 1.9俱乐部式　　C. 9.9团队式　　D. 1.1放任式

7. 菲德勒权变理论中的情景因素包括（　　）。
   A. 任务结构　　B. 职位权力　　C. 上下关系　　D. 以上三项

8. 根据生命周期理论，领导风格随着下属成熟度的不同而不同。对于高度成熟的下属，应采取（　　）的领导风格。
   A. 高工作，高关系　　　　B. 低工作，低关系
   C. 高工作，低关系　　　　D. 低工作，高关系

9. 激励的基本组成因素是需求、（　　）、行为等。
   A. 时间　　B. 金钱　　C. 过程　　D. 动机

10. 在马斯洛的需求层次理论中，处于需求最高层次的是（　　）。
    A. 生理需求　　B. 安全需求　　C. 尊重需求　　D. 自我实现需求

11. 根据双因素理论，下列（　　）不属于激励因素。
    A. 成就　　B. 地位　　C. 责任　　D. 承认

12. 提出期望理论的是（　　）。
    A. 马斯洛　　B. 赫兹伯格　　C. 弗鲁姆　　D. 亚当斯

13. 任务导向型的领导行为最关心的是（　　）。
    A. 下属的意见、感情　　　　B. 职工的满意度
    C. 工作群体的团结　　　　　D. 下属执行情况

二、多项选择题

1. 构成领导影响力的主要因素有（　　）。

A. 法定性权力　　　B. 惩罚性权力　　　C. 奖赏性权力　　　D. 专长性权力
E. 感召性权力

2. 构成非权力性影响力的主要因素有(　　)。

A. 品德因素　　　　B. 才能因素　　　　C. 知识因素　　　　D. 感情因素

3. 下列沟通方式中属于非语言沟通的是(　　)。

A. 表情　　　　　　B. 声调　　　　　　C. 动作　　　　　　D. 讲座

4. 下列属于双因素理论的激励因素的有(　　)。

A. 工作本身　　　　B. 承认　　　　　　C. 晋升　　　　　　D. 同事关系

5. 根据期望理论,激励力的大小取决于(　　)。

A. 效价　　　　　　B. 期望值　　　　　C. 归属　　　　　　D. 成就

三、判断题

1. 拥有权力的人总是对他人具有影响力。　　　　　　　　　　　　　　(　　)
2. 领导和管理实际上是同一概念。　　　　　　　　　　　　　　　　　(　　)
3. 领导既存在于正式组织中,也存在于非正式组织中。　　　　　　　　(　　)
4. 最有效的领导行为总是对人和生产都高度关心。　　　　　　　　　　(　　)
5. 优秀的管理人员一定是优秀的领导者,但优秀的领导者不一定是有成效的管理人员。　　　　　　　　　　　　　　　　　　　　　　　　　　　　　　(　　)
6. 当代领导管理理论的研究表明,理想的有效领导行为是对人和生产都高度关心。
(　　)
7. 根据生命周期理论,低工作、低关系的领导风格不一定是无效的。　　(　　)
8. 情景领导理论的研究目标是要确定主要的情景变量,研究它们是如何相互联系、相互作用的,并由此决定相应的领导行为。　　　　　　　　　　　　　　(　　)
9. 菲德勒认为,领导人的领导风格是固定的,应改变情景使之与领导风格相适应。
(　　)
10. 管理方格理论主张一种最佳的、最有效的领导方式。　　　　　　　(　　)
11. 根据管理方格理论,1.1 型领导者对人和生产都很少关心。　　　　(　　)
12. 冲突往往会引发严重的后果,因而在组织中应该尽量避免冲突。　　(　　)

四、问答题

1. 领导的影响力有哪些来源?
2. 简述公平理论的主要内容。
3. 简述激励的各种手段与技巧。
4. 如何做到有效沟通?
5. 沟通障碍形成的因素有哪些?如何克服这些障碍?
6. 如何进行组织的冲突管理?

五、案例分析

"闲可钓鱼"与"无暇吃鱼"

20 世纪 80 年代初,借鉴西方经济管理理论与经验,在中国理论界初创中国经济管理学的同时,中国企业界进行着艰辛的管理实践探索,以下两个故事,就是那个时代的产物。虽然时过境迁,故事中的主人公已淡出人们的记忆,但是,他们在探索中积累的经验不会因为时空的变化而失去价值。

1. "闲可钓鱼"的王业震

新港船厂是中国船舶工业总公司下属的一家较为大型的企业,1982年11月,46岁的高级工程师王业震出任该厂厂长。当时该厂有职工6 500人,固定资产1.2亿元。在技术和管理上,借鉴日本三井造船、大阪造船等企业的经验,锐意改革。

企业内部管理体制设有两大系统:直线指挥系统和职能系统。日常工作中,上级不可越级指挥,但可越级调查;下级不可越级请示,但可越级投诉。明确每个人只有一个直接上级,而每个上级直接管辖的下属为3～9人。由厂长王业震本人直接领导的只有9人。此外,专设3个"厂长信箱",随时了解职工的意见和建议。一次,某车间工人来信反映某代理工段长不称职,王业震于第二天收阅后批转有关部门查处,经调查属实,随即进行人事调整,前后仅5天时间。

王业震说:"一个厂长不时时想着为工人服务,就没有资格当厂长。"一次,两艘货轮在渤海湾相撞,由该厂承担抢修业务。在夜以继日的抢修过程中,王厂长让后勤部门把馒头、香肠、鸡蛋送到现场。任务提前完成后,盈利80万元。王业震和厂领导班子决定破例发给参加抢修的职工加班费和误餐补助费8 600元。

新领导班子成立后对会议做了改革。全厂必须召开的15个例会,时间、地点、出席人员都通过制度固定下来。一般会议不超过2小时,每人发言不超过15分钟。王业震本人每周只召集2次会议,分别为厂长办公会和总调度会。

王业震基本上按时上下班,很少加班加点。每逢出差外出,他就委托一位副厂长代行职权。厂里曾经委派一位中层管理人员去日本监造主机,出行前又明确授权让他一并购买主机控制台用的配件。该管理人员到日本后,却接连就价格、手续、归期等事项挂国际长途电话向厂里请示。王业震的答复是:"将在外,君命有所不受。你是厂里的全权代表,可以做主,不要遇事请示,那里的事你相机定夺嘛。今后再挂电话来,电话费由你自己付。"

仅仅一年光景,新领导班子和王业震初试锋芒即见成效。1983年,新港船厂造船4艘、修船137艘,工业总产值、利润、全员劳动生产率分别比上年增长25.6%、116%和20%。

2. 无暇吃鱼的步鑫生

原海盐衬衫总厂坐落在浙江省海盐县武原镇。该厂的前身是成立于1956年的红星成衣社,一个仅有30多名职工的合作社性质的小厂。自1976年起,该厂由门市加工为主的综合性服装加工转为专业生产衬衫。此后,陆续开发出了双燕牌男女衬衫、三毛牌儿童衬衫和唐人牌高级衬衫等产品。到1983年,该厂已拥有固定资产净值107万元,600多名职工,当年工业总产值1 028万元,实现利润52.8万元。因此,步鑫生成了远近闻名的人物。

成功容易也艰辛。步鑫生为厂里大大小小的事情操心,可谓殚精竭虑、废寝忘食。他喜欢吃鱼,却忙得连吃鱼也顾不上了。有一次,食堂里没有别的菜,只有鱼。鱼颇鲜美,正合口味,可是他只吃了几口,因为太费时间,张口将未及咀嚼的鱼连肉带刺吐了出来,三口两口扒饭下肚,急匆匆地走了。他每天工作十五六个小时,从不午睡,每次出差,都是利用旅途小憩,到达目的地立即投入工作。

步鑫生常对厂里职工说:"上班要拿出打老虎的劲头。慢吞吞,磨蹭蹭,办不好工厂,干不成事业。"他主持制定的本厂劳动管理制度规定:不准迟到早退,违者重罚。有位副厂长从外地出差回来,第二天上班迟到了3分钟,也被按规定扣发工资。以1983年计,全厂迟到者仅34人次。步鑫生本人开会、办事分秒必争,今天要办的事绝不拖到明天。在他的带动下,全厂上下形成了雷厉风行的作风。只要厂内广播一通知开会,两分钟内,全厂30名中层以上干部凡是在厂的全都能到齐。开会的时间一般不超过15分钟。

进入1984年,中国刮起了"西装热"之风。步鑫生先是不为所动,继而办起了一个领带车间,最后终于做出了兴办西装分厂的决策。在与上级主管部门代表的一次谈话中,前后不过2小时,步鑫生做出了这一重大决策。副厂长小沈闻讯提出异议:"不能这样匆忙决定,得搞出一个可行性研究方案。"然而,这一意见被步厂长否定了。一份年产8万套西装、18万美元的估算和外汇额度的申请报告送到了省主管部门,在那里又加大了倍数,8万套成了30万套,18万美元成了80万美元,层层报批、核准,6 000平方米的西装大楼迅速进入施工,耗资200万元。

无奈好景不长,宏观经济过热急剧降温,银根紧缩,国家开始压缩基建规模。原海盐厂的西装大楼被迫停工。与此同时,市场上一度十分抢手的西装也出现了滞销迹象。步鑫生是靠衬衫起家的,年产120万件的产量和"唐人""三毛""双燕"三大牌号的衬衫令他引以为豪。但代表本厂水平的"唐人"牌高级衬衫在全国同行业产品评比中却落选了。

1985年入秋,步鑫生被选送浙江大学管理专业深造。他不因此而稍有解脱,企业严峻的经营状况令他放心不下。他频频奔波于厂校两地,在厂的日子远多于在校。半年之后,他退学回厂,决心以3年时间挽回企业的颓势。

精明强干的步鑫生,他的助手多数也很能干,只是当他从早到晚忙着处理厂里的大事小事时,他的助手似乎插不上手。步鑫生备尝创业的艰辛,终因企业濒临破产窘境而被免去厂长之职。

"我没有预感到会有这个结局,"步鑫生这样说,他进而补充了一句:"我是全心全意扑在事业上的。"副厂长小刘也不讳言:"到现在为止,我敢说步鑫生仍是厂里工作热情最高的人。"

【思考】 请简要分析两个厂长各自成功和失败的原因。

延伸阅读

有效管理与有效管理者的五项特质

罗伯特·K·伯恩斯博士认为,有效管理涉及五个领域,即管理自我、管理工作、管理人员、管理人际关系和管理具体情景。

彼得·德鲁克认为,一个有效的管理者必须具备以下五项特质:

1. 有效管理者要善于处理和利用自己的时间,把认清自己的时间花在什么地方作为起点。

2. 有效管理者注重贡献,为成果而工作,确定自己的努力方向。

3. 有效管理者善于发现和用人之所长,包括他们自己的长处、他们上级的长处和下级的长处。

4. 有效管理者能分清工作的主次,集中精力于少数主要领域。

5. 有效管理者善于做有效的决策,他们知道一项有效的决策必须是在"议论纷纷"的基础上做出的判断,而不是在"众口一词"的基础上做出判断。

第六章 控 制

学习目标

1. 认识控制的概念,掌握控制的类型。
2. 理解控制的工作过程和要点。
3. 认识控制的方法,掌握有效控制的特征和途径。

能力目标

1. 应用控制理论,为中小企业设计和实施控制职能。
2. 描述组织中的控制系统,能列出关键控制点。

问题引导

1. 什么是控制?
2. 控制的过程是怎样的?
3. 控制有哪些类型?
4. 如何做到有效控制?

第一节 控制的基本理论

尽管计划可以制订出来,组织结构可以调整以便更有效地达到目标,员工的积极性也可以通过有效的领导调动起来,但是这仍然不能保证所有的行动都按计划执行,不能保证管理者追求的目标一定达到。因此控制是重要的,因为它是管理职能环节中最后的一环。

——斯蒂芬·P·罗宾斯

管理情景

王雷的控制管理

王雷任某厂厂长已一年多了,他刚看了工厂今年目标实现情况的统计资料,各项工作进展出乎他的意料,他为此气得说不出一句话来。他记得自己就任厂长后的第一件事就是亲自制订了一系列计划,例如,为了减少浪费、降低成本,他规定在一年内把原材料成本降低10%~15%,把运输费用降低3%。他把这些具体目标都告诉了有关方面的负责人,可年终统计资料表明,原材料浪费更为严重,运输费用也没有降低。他找来有关负责人询问,生产副厂长说:"我曾对下面的人强调过要减少浪费,我原以为下面的人会按我的要求去做的。"而运输方面的负责人则说:"运输费用降不下来很正常,我已经想了很多办法,但汽油费等还在涨,我想,明年的运输费可能要上升3%~4%。"

王雷了解了原因,进行了分析后,又把这两个负责人召集起来布置第二年的目标:生产部门一定要把原材料成本降低10%,即使是运输费用提高,也绝不能超过今年的标准。

【思考】 王雷的管理有什么问题?怎样才能实现他所提出的目标?

一、控制概述

(一)控制的概念

管理大师法约尔先生说:"控制就是核实所发生的每一件事是否符合所规定的计划、所发布的指示以及所确定的原则,其目的就是要指出计划实施过程中的缺点和错误,以便加以纠正和防止重犯。控制对每件事、每个人、每个行动都起作用。"

管理学家斯蒂芬·P·罗宾斯和玛丽·库尔特认为,控制是监控、比较和纠正工作绩效的过程。恰当的控制能够帮助管理者准确发现具体的绩效差距以及需要改进的领域。控制职能的价值体现在三个具体方面:计划、员工授权和保护工作场所。控制作为管理的最后一个环节,其效能的发挥为管理提供了返回到计划的纽带,为了保证绩效按计划实施,就需要加以控制。计划—控制链如图6-1所示。

通过向员工授权,控制系统对员工绩效提供相关信息和反馈,降低发生潜在问题的可能性。全面的控制措施和应急计划则有助于确保不利事件对组织的影响和破坏,保护组织财产安全。

管理的一切活动都是为了实现组织目标,计划职能确定了组织的目标和实现目标的途径,组织职能将计划落实到人员和资源的安排上;要使计划的目标转化为现实,主管人员就必须在管理工作中执行控制职能,以使工作能够按原定的计划进行,或适当调整计划以达到预期的目标。

图6-1 计划-控制链

控制是管理的一项重要职能。管理中的控制职能是指管理者为保证实际工作与计一致,有效实现目标而采取的一切行动。

在广义上,控制与计划相对应,控制是指除计划以外的所有保证计划实现的管理行为,包括组织、领导、监督、测量和调节等一系列环节。

在狭义上,控制是指继计划、组织、领导之后,按照计划标准衡量计划完成情况和纠正偏差,以确保计划目标实现的一系列活动。

(二)控制的基本要素

控制标准、偏差信息和纠偏措施是控制工作的三项基本要素,它们互相关联、相互依存、缺一不可。控制标准是预定的工作标准和计划标准,它是检查和衡量实际工作的依据。偏差信息是实际工作情况或结果与控制标准或计划要求之间产生偏离的信息。纠偏措施是根据偏差信息,做出调整决策,并付诸实践的行为。因此,根据实际情况及需求,或矫正实际工作,或修正计划或标准,是管理控制的关键环节。

二、控制的地位与功能

(一)控制的地位

控制是管理五大职能之一,与计划、组织、领导和创新职能密切配合,共同构成组织的管理循环。控制是贯穿于管理全过程的一项重要职能,是与计划职能孪生的;控制以计划、组织和领导职能为基础,同时又是计划、组织和领导工作有效开展的必要保证。根据内外部环境的变化,企业还需要对计划、组织、领导和控制工作实施创新方法,以适应内外部环境,实现组织目标。计划、标准、控制工作及组织目标的关系如图 6-2 所示,管理五大职能的循环关系如图 6-3 所示。

图 6-2　计划、标准、控制工作和组织目标的关系

图 6-3　管理五大职能的循环关系

(二)控制的功能

任何组织都需要控制。控制为组织适应环境变化、限制偏差累积、处理组织内部复杂局面和降低成本提供了有效的途径,这就是控制的目的所在。

1.适应环境的变化

制订目标之后到目标实现之前,需要一个完成时间。在这段时间内,组织内部和外部的环境会有许多变化,竞争对手可能会推出新产品和新的服务项目,新材料和新技术可能会出现;政府可能会制定新的法规或对原有政策进行修正;组织内部也可能会产生很大的变动等。因此,有效的控制系统可以帮助管理者预测和确定这些变化,并对由此带来的机会和威胁做出迅速反应。

2. 限制偏差的累积

小的差错和失误在所难免,对组织的伤害也有限,然而不能任其累积下去,否则差错和失误就会放大,最终变得非常严重。因此,关键要及时获取偏差信息并采取有效的纠偏措施,化解风险。

3. 处理组织内部的复杂局面

组织内部的复杂局面使得授权成为必要,管理者建立有效的控制系统,由它给管理者提供有关下属的工作绩效信息,管理者应对复杂局面时就会心中有数。

4. 降低成本

从企业内部而言,要获取利润,就要减少浪费、降低成本。成本领先战略也是企业获得竞争优势、扩大市场占有率的一个主要手段,因此要求企业强化成本控制,减少浪费。为了达到这些目标,有必要在管理方面对成本控制予以高度重视,提供有效控制并降低成本,增加产出。

第二节 控制的基本工作过程

管理情景

关于"文件核算制"

据某报报道,每年2月,是机关文印室最繁忙的时期,但K市E区政府文印室今年并不紧张,因为区政府新制定的"文件核算制"削平了往年的"文山"高峰。该区规定,每打印一份文件,8开的纸收费8元,16开的纸收费4元;加印一张双面8开纸收费4元,一张双面16开纸收费2元。文印费由批准打印的部门从该部门业务费中扣除,节约有奖,超支自负。此令一出,各部门反应强烈,"文山"不推自倒。

【思考】 E区政府的做法是否真正有效?

控制是根据计划的要求,设立绩效衡量的标准,然后把实际工作结果与预定标准相比较,以确定组织活动中出现的偏差及其严重程度,并在此基础上,有针对性地采取必要的纠正措施,以确保组织资源的有效利用和组织目标的实现。实施管理控制职能的基本工作过程包括三个步骤,即测量实际绩效、将实际绩效与标准进行比较确定偏差和采取纠偏行动。控制工作的基本过程如图6-4所示。

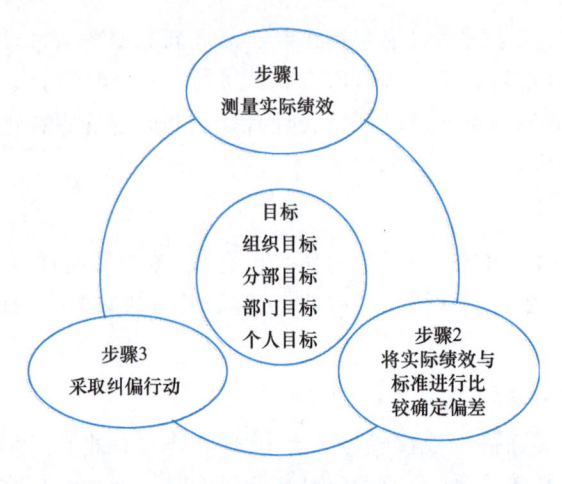

图 6-4　控制工作的基本过程

一、测量实际绩效

为了判断实际绩效,企业必须首先收集关于实际绩效的信息,因此,控制的第一个步骤是测量实际绩效。实际工作中,主要解决两个问题,即如何测量和测量什么。

如何测量?企业可以采用四种方法来测量和报告实际绩效,即个人观察、统计报告、口头汇报和书面报告。实际工作中,可由统计和会计完成业务的核算和报告。

测量什么?测量什么涉及评价什么,往往会引导员工做什么。通常而言,要根据企业绩效考评的指标体系来进行,如成本费用、收入利润、职工满意度、离职率、缺勤率等都是可量化和可监测指标。制订测量指标体系是计划阶段就应该完成的业务,控制只是按计划实施。

二、将实际绩效与标准进行比较确定偏差

测量实际绩效后,下一步就是将实际绩效与标准进行对比,计算出偏差,分析造成偏差的具体原因,确定纠偏措施实施的对象。

产生偏差的原因一般有四种:(1)外部环境的变化,使得组织原定的目标无法实现。对于这类因素,管理者一般无法控制,只能调整组织的目标和计划。(2)组织自身调整了方针和策略。这一类原因应当通过组织变革或计划调整来适应新的方针和策略。(3)原来制订的计划不合理,需要调整计划。(4)管理不佳,如工作人员懈怠等。

只有查明产生偏差的原因,才能对症下药,制订出可行的纠偏措施。

三、采取纠偏行动

管理者在控制工作中可采取的处理措施有两类,即纠偏和调适。对于因工作失误所造成的问题,控制的办法主要是"纠偏",即加强管理和监督,确保工作与目标接近或吻合;

若属于计划目标不切合实际或组织运行的环境出现了重大变化,致使计划失去了客观的依据,那么相应的控制措施就是"调适",即按实际情况修改计划目标、启动备用的计划或制订新的计划。

管理者在采取纠偏行动时可以从以下三种可能的行动方案中进行选择:什么也不做;纠正偏差;修改标准。纠正偏差是整个管理控制中最关键的一个环节。纠正偏差是指根据偏差分析结果和原因进行决策,采取纠正偏差的措施:或维持现状,或矫正偏差,或修改标准。

(一)选择纠正方式

要使实际与标准相一致,纠正偏差可在三种方式中进行选择:(1)调整行动,使行动与计划相符;(2)调整计划,使计划与行动相符;(3)既调整计划又调整行动,使二者重新取得一致。无论采取哪种纠正方式,都要根据计划的可行性和执行者的客观条件等灵活确定。

(二)及时、迅速纠正

纠正不及时,将造成很多不必要的损失,因此,纠偏必须果断、迅速。

第三节 控制的类型和方法

管理情景

扁鹊论医术

扁鹊三兄弟均从医。一天,魏文王问扁鹊说:"你们家兄弟三人,都精于医术,到底哪一位医术最好呢?"扁鹊回答说:"长兄最好,中兄次之,我最差。"听完扁鹊的回答,文王不解,就再问:"那为什么你最出名呢?"扁鹊答道:"我长兄治病,是治于病情发作之前。由于一般人不知道他事先能铲除病因,所以他的名气无法传出去,只有我们家里的人才知道。我中兄治病,是治于病情刚刚发作之时。一般人以为他只能治轻微的小病,所以他只在我们的村子里才小有名气。而我扁鹊治病,是治于病情严重之时。一般人都看到我在经脉上穿针管来放血、在皮肤上敷药等大手术,所以以为我的医术高明,因此我的名气响遍全国。"听了扁鹊的解释,文王连连点头称道:"你说得好极了。"

【思考】 扁鹊三兄弟治病时机的选择体现了什么样的控制类型?

一、控制的类型

控制的类型多种多样,从不同的角度可以对控制做出不同的分类。例如,按业务范围可以分为生产控制、质量控制、成本控制和资金控制等;按照管理者的控制方式,可以分为集中控制、分散控制、分层控制;按照控制发生在一个完整的管理过程中的阶段性,又可分为前馈控制、现场控制和反馈控制等。本书重点介绍前馈控制、现场控制和反馈控制,其分别是指

控制的类型

在管理过程开始之前、进行之中以及结束之后实施的控制。管理过程中不同阶段的控制如图 6-5 所示。

图 6-5 管理过程中不同阶段的控制

(一)前馈控制

前馈控制又称事前控制,发生在实际工作开始之前,属于未来导向的,能预防许多潜在问题,是最理想的控制类型。质量控制、预测、预算和实时的计算机系统都属于前馈控制。前馈控制在企业生产经营活动开始之前进行,是属于"防患于未然"的一种控制。

前馈控制需要及时和准确的信息,进行认真和反复的预测,把计划所要达到的目标同预测相比较,并预先修改计划,以使预测与计划目标相吻合。目前运用的比较先进的前馈控制技术之一是计划评审法,或称时间网络分析法。

在管理的控制活动中,前馈控制的内容包括对人力资源、原材料和资金等方面的控制。比如,利用统计抽样来控制原材料质量,根据抽样不合格率决定接收或退货,根据库存理论控制库存储备量等。

(二)现场控制

现场控制又称同步控制,是指在某项活动或者工作过程中,管理者在现场对正在进行的活动或行为给予必要的指导和监督,以保证其按照规定的程序和要求实施管理活动。具体形式有利用资料控制、自我检查、现场控制等,其中现场控制是一种主要为基层主管人员所采用的控制方法。

现场控制活动的标准来自于计划工作所确定的活动目标、政策、规范和制度。现场控制的重点是正在进行的计划实施过程。现场控制的有效性主要取决于主管人员的个人素质,因此,主管人员的言传身教将发挥很大作用。

最常见的现场控制方式是直接视察法和走动式管理,即管理者在工作现场直接与员工交流和互动,获取相关信息。

(三)反馈控制

反馈控制又称事后控制,是在工作完成之后实施的控制,管理人员分析已完成工作的执行结果,将它与控制标准相比较,确定偏差并找出偏差产生的原因,拟订纠偏措施以防止偏差扩大或继续存在。如企业对不合格产品进行修理,发现产品销路不畅而减产、转产或加强促销;学校对违纪学生进行处理等。反馈控制就好比"亡羊补牢",它最大的弊端是纠偏发生在事后。

在控制系统中,反馈控制是指将系统的输出信息返送到输入端,与输入信息进行比较，并利用二者的偏差进行控制的过程。反馈控制的实质是用过去的情况来指导现在和将来。如果返回的信息的作用是抵消输入信息，则称为负反馈，负反馈可以使系统趋于稳定；若其反馈的信息是增强输入信息，则称为正反馈，正反馈可以使系统得到加强。

上述三种控制方式互为前提、互相补充。实际工作中，很少单一使用，而是综合使用，对各种资源的输入、转换和输出进行全面的、全过程的控制，以提高控制效果。

二、控制的方法

(一)预算控制

预算是最基本的一种控制工具。预算既是计划的一个工具，又是控制的一个工具。当预算作为标定合理使用资源的界限、衡量实际与计划偏差的工具时，它就成为控制的一种形式。

1. 预算与预算控制的含义

预算是根据计划目标和实施方案，具体筹划与确定资源的分配、使用以及相应行动预期结果的数字化形式。

预算控制就是根据预算规定的收入与支出标准来检查和监督各个部门的活动，以保证各种活动或各个部门在完成既定目标、实现利润的过程中对资源的利用，从而使费用支出受到严格有效的约束。

2. 预算的种类

预算的种类多种多样。就企业而言，主要有以下几种：销售预算、生产预算、采购支出预算、收支预算、投资预算、现金预算、预计资产负债表和损益表等。

(二)作业控制

企业在获得原材料到生产产品的经营过程中，为达到企业的预定目标，必须对企业的生产经营活动进行控制。一般情况下包括质量控制、进度控制和库存控制等。

(三)财务比率控制

财务比率控制又称比率分析，就是将组织资产负债表和收益表上的相关项目进行计算，形成比率，从中分析和评价组织的财务状况、经营成果和现金流量。组织活动分析中常用的比率分为财务比率和经营比率两类。

1. 财务比率

常用的财务比率有以下几类：偿债能力比率，如流动比率、速动比率、资产负债率、已获利息倍数等；盈利能力比率，如销售净利率、投资回报率、净资产收益率和每股收益等。

2. 经营比率

常用的经营比率有应收账款周转率、存货周转率、固定资产周转率和总资产周转率等，可以用来分析和评价企业资金的周转速度。

(四) 审计控制

审计是对反映组织资金运动过程及其结果的会计记录及财务报表进行审核和鉴定，以判断其真实性和可靠性，出具审计报告，从而作为控制和决策的依据。审计主要分为三种类型。

1. 外部审计

外部审计是由外部机构选派的审计人员对组织财务报表及其反映的财务状况的真实性、公允性和会计处理的一致性等进行独立的评估。

2. 内部审计

内部审计是由组织内部审计机构和人员对经济活动及其所反映的资料进行的审计，提供了检查现有控制程序和方法能否有效地保证达成既定目标和执行既定政策的手段。

3. 管理审计

管理审计是利用会计记录等信息，从反映组织管理绩效及其影响因素的若干方面将组织与同行业其他组织或其他行业的先进组织进行比较，以判断组织经营与管理的健康程度。

三、有效控制的基本特征

控制的有效性是控制工作的重点，主要体现在以下几个方面。

(一) 信息准确及时

一个有效的控制系统必须是可靠的，并能提供准确的信息；同时，控制系统应该能及时地引起管理层的注意，防止由于纠偏不力而对组织造成严重伤害。

(二) 标准合理可靠

控制的标准必须是合理的且能达到的。如果标准太高或不合理，它将不会起到激励的作用，也不是员工所能达到的。因此，控制标准是一套富有挑战性的、能激励员工奋发向上的标准。

(三) 控制关键环节，注意例外处理

根据 80/20 法则，管理者如果能把注意力集中在举足轻重的主要问题上，则易于掌控全局，做到事半功倍。因此，控制的重点应放在对组织行为有战略性影响、易于出错或一旦出错会造成很大伤害的地方。同时，由于管理层不可能控制所有的活动，因此控制手段应该顾及例外情况的发生。

（四）讲究经济效益，保持灵活有效

控制所付出的代价如果比它得到的好处更大，就失去了意义。有效性要求以相对较小的成本控制技术和方法，还要求控制系统具有足够的灵活性以适应各种不利情境或利用各种新的机会。

（五）适应组织情况，利于纠正行动

控制的目的在于评定现行的工作并采取进一步的管理行动，以确保计划的实现。因而必须知道偏差发生在哪里，原因是什么，如何纠偏，采取纠偏行动的职责属于谁，这都要求组织机构的功能和职责明确而完整。

（六）有利于培养员工的自我控制能力

在生产和业务活动第一线的员工，是各种计划和决策的最终执行者，员工的自我控制能力显得尤为重要，所以，控制标准应有利于加强员工的自我控制意识，使其对产品生产的每个环节严格把关。员工能很好地自我控制，才是提高产品产量的最终保证，提高控制有效性的根本途径。

本章小结

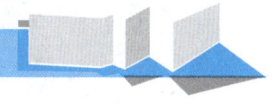

管理中的控制职能是指管理者为保证实际工作与计划相一致，有效实现目标而采取的一切行动。控制标准、偏差信息和纠偏措施是控制工作的三项基本要素。

任何组织都需要控制。控制为组织适应环境变化、限制偏差累积、处理组织内部复杂局面和降低成本提供了有效的途径，这也是控制的目的所在。

实施管理控制职能的基本工作过程包括三个步骤，即测量实际绩效、将实际工作绩效与标准进行比较确定偏差和采取纠偏行动。

纠正偏差是整个管理控制中最关键的一个环节。纠正偏差是指根据偏差分析结果和原因进行决策，采取纠正偏差的措施，或维持现状，或矫正偏差，或修改标准。

按照控制发生在一个完整的管理过程中的阶段性，控制分为前馈控制、现场控制和反馈控制。

控制的有效性是控制工作的重点，主要体现在：信息准确及时；标准合理可靠；控制关键环节，注意例外处理；讲究经济效益，保持灵活有效；适应组织情况，利于纠正行动；有利于培养员工的自我控制能力。

本章习题

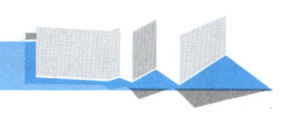

一、单项选择题

1. 用标准去衡量绩效属于控制的第（　　）步。
   A. 一　　　　　　　B. 二　　　　　　　C. 三　　　　　　　D. 四
2. 控制过程的最后一步是（　　）。

A. 制订标准　　　　　　　　　　B. 纠正偏差

C. 用标准衡量成绩　　　　　　　D. 质量控制

3. 部门较大、工作地点分散在不同地区或是按时间进行分班工作的单位,衡量绩效时采用(　　)更有效。

A. 个人观察法　　　　　　　　　B. 口头和书面报告

C. 抽样调查法　　　　　　　　　D. 衡量顾客满意度

4. 现场控制可以被称为(　　)。

A. 反馈控制　　　B. 前馈控制　　　C. 同期控制　　　D. 预防控制

5. 前馈控制发生在实际生产经营活动过程(　　)。

A. 之前　　　　　　　　　　　　B. 之后

C. 之中　　　　　　　　　　　　D. 之前、之中和之后

二、多项选择题

1. 对下属的工作进行现场监督可以(　　)。

A. 使上级有机会当面解释工作的要领和技巧

B. 纠正下属错误的作业方法与过程

C. 保证计划的执行和计划目标的实现

D. 避免已经产生的经营问题对企业不利影响的扩散

2. 控制按其在管理中的不同阶段和发挥的作用不同,分为(　　)。

A. 前馈控制　　　B. 现场控制　　　C. 反馈控制　　　D. 预算控制

3. 控制的基本要素包括(　　)。

A. 控制标准　　　B. 偏差信息　　　C. 纠偏措施　　　D. 奖优罚劣

4. 有效控制的基本特征包括(　　)。

A. 信息准确及时　　　　　　　　B. 标准合理可靠

C. 控制关键环节,注意例外处理　　D. 讲求经济效益,保持灵活有效

三、判断题

1. 衡量绩效是控制活动的最终目的。　　　　　　　　　　　　　　　(　　)

2. 控制在计划完成之前就会发生。　　　　　　　　　　　　　　　　(　　)

3. 管理控制职能的最终目的是确保组织目标和为此而拟订的计划得以实施。(　　)

4. 控制更加积极的方式是防止问题的发生。　　　　　　　　　　　　(　　)

5. 在管理过程中,管理人员可以通过授权来缓解责任,因而建立执行系统就不必非常严格。　　　　　　　　　　　　　　　　　　　　　　　　　　　　(　　)

四、问答题

1. 控制有哪些功能?

2. 控制有哪些基本过程?

3. 对下属的工作进行现场监督有什么作用?

4. 有效控制有哪些特征?

五、案例分析

安全事故发生以后

桂林机务段是隶属于原铁道部柳州铁路局的一个基层单位,有职工1300人,担负着柳州至永州区段的列车牵引任务。该段有两个车间:运用车间和检修车间。运用车间负责76台内燃机车的牵引任务,共有正副司机700多人。检修车间负责全段机车的检修任务,共有职工200多人。

段长张广明毕业于上海交通大学,在该段工作近30年。2004年11月3日,全段实现了安全运输生产8周年,其成绩在全局名列前茅,因此段长召开了庆功大会,并请来了局里的主要领导。可是会开到一半,机务处打电话给局长:桂林机务段司机由于违反运输规章,造成冒进信号的危险性事故。庆功会被迫停开,局长也阴沉着脸离开会场。

其实段长早感觉到存在许多安全隐患,只是由于该段安全天数较高,因此存在着麻痹思想。他连夜打电话通知各部门主任,查找本部门的安全隐患,并要求各主任在第二天召开的全段中层干部会议上发言。

第二天,会议在严肃的气氛中召开。

段长首先发言:"这次发生危险性事故主要责任在我,本人要求免去当月的工资和奖金,其他段级领导每人扣400元,中层干部每人扣200元。另外,我宣布原主管安全的副段长现分管后勤,他的职务暂时由我担任。"

随后,各主任进行发言。

运用车间主任说:"这次事故虽然主要是由于司机严重违反规章操纵所致,但其实车间一直努力制止这种有章不循的现象,不过效果一直不明显。主要问题是:(1)司机一旦出车,将会离开本单位,这样车间对司机的监控能力就会下降,司机能否完全按章操纵,基本上依靠其自觉程度,而司机的素质目前还没有达到这种水平;(2)车间共有管理干部和技术干部二十多名,我们也经常要求干部都到现场,但由于司机人数较多,并且机车的利用率很高,因此对司机的监控具有很大的随意性和盲目性;(3)干部中好人现象严重。干部上车跟乘时,即使发现司机有违章操纵行为,也会替其隐瞒,使司机免于处罚。"

检修车间主任说:"这次事故虽然不是由于机车质量造成的,但是检修车间还是存在很多安全隐患。首先,职工队伍不稳定,业务骨干时有跳槽。因为铁路局是按照机修车间定员160人发工资,而检修车间现员230人左右,超员近70人,这样摊到每人头上的工资就很少了,这是职工频繁跳槽的主要原因。"

检修车间主任继续说:"火车提速后,对机车的质量要求更高,而我段的机车检修水平目前还达不到相应的要求。第一,机车的检修作业标准较为过时,缺乏合理性、实用性、可控性。工人按此标准,劳动效率不高,而且漏检漏修现象时有发生。第二,车间技术人员多是刚毕业的大学生,虽然有理论知识基础,但解决实际技术问题的能力不强。第三,对发生率较高的机车故障难题一直没有解决好。"

教育主任说:"这次事故反映了我段职工素质不高。目前,我段的职工培训工作开展不是很顺利,各车间都以生产任务繁重为由不肯放人脱产学习。因此,每年的职工脱产学习计划很难实现。另外,每年一次的职工业务考试没有起到真正督促职工学习的作用。

考试结束后只是将成绩公布,对职工考试成绩一视同仁。"

人事主任说:"这次事故从某种意义上说是由于司机疲劳所致,因为现在的司机经常请假,造成司机人手不够。因此司机连续工作,休息时间不能得到保证。司机经常请假的原因是由于吃大锅饭造成的,干多干少一个样。"

段长说:"几位主任讲的都很好,将我段管理上存在的一些弊病都找出来了,会后各有关部门要针对这些弊病迅速制订整改措施。我相信,只要我们共同努力,工作的被动局面会很快扭转的。"

【思考】

1. 事故发生后,段长的一系列措施说明了什么?
2. 对几位主任在会议发言中所提到的难题,有什么解决办法?

延伸阅读

企业高精度管理——6σ

一、6σ简介

σ是希腊字母,在统计学中称为标准差,用来表示数据的离散程度。其含义引申后是指一般企业的瑕疵率是3到4个西格玛,如果企业不断追求品质改进,达到6西格玛的程度,绩效就几近于完美地达到顾客要求。

六西格玛(6σ)作为品质管理概念,最早是由摩托罗拉公司的比尔·史密斯于1986年提出的,其目的是在生产过程中降低产品及流程的缺陷次数,防止产品变异,提升品质。随着实践经验的积累,它已经从一个单纯的流程优化概念衍生成为一种管理哲学思想。它不仅仅是一个衡量业务流程能力的标准,而且是一套业务流程不断优化的方法。

二、6σ管理方法

6σ管理法是一种统计评估法,核心是追求零缺陷生产,防范产品责任风险,降低成本,提高生产率和市场占有率,提高顾客满意度和忠诚度。6σ管理既着眼于产品和服务质量,又关注过程的改进。6σ是一个目标,这个质量水平意味着在所有的过程和结果中,99.99966%是无缺陷的。为了达到6σ,首先要制订标准,在管理中随时跟踪考核操作与标准的偏差,不断改进,最终达到6σ。

三、6σ管理的特征

作为持续性的质量改进方法,6σ管理具有如下特征:

1. 对顾客需求的高度关注

6σ管理以更为广泛的视角,关注影响顾客满意的所有方面。6σ管理的绩效评估首先就是从顾客开始的,其改进的程度用对顾客满意度和价值的影响来衡量。6σ质量代表了极高的对顾客要求的符合性和极低的缺陷率。它把顾客的期望作为目标,并且不断超越这种期望。企业从3σ开始,然后是4σ、5σ,最终达到6σ。

2. 高度依赖统计数据

统计数据是实施6σ管理的重要工具,以数字来说明一切,所有的生产表现、执行能力等都量化为具体的数据,成果一目了然。决策者及经理可以从各种统计报表中找出问题根源,真实掌握产品不合格情况和顾客抱怨情况等,而改善的成果,如成本节约、利润增加等,也都以统计资料与财务数据为依据。

3. 重视改善业务流程

传统的质量管理理论和方法往往侧重结果,通过在生产的终端加强检验以及开展售后服务来确保产品质量。然而,生产过程中已产生的废品对企业来说却已经造成损失,售后维修需要花费企业额外的成本支出。更为糟糕的是,由于容许一定比例的废品这一规定已司空见惯,人们逐渐丧失了主动改进的意识。

6σ管理将重点放在产生缺陷的根本原因上,认为质量是靠流程的优化,而不是通过严格的对最终产品的检验来实现的。企业应该把资源放在认识、改善和控制原因上,而不是放在质量检查、售后服务等活动上。质量不是企业内某个部门和某个人的事情,而是每个部门及每个人的工作,追求完美应该成为企业中每一个成员的目标。

4. 积极开展主动改进

掌握了6σ管理方法,就好像找到了一个重新观察企业的放大镜。缺陷犹如灰尘,存在于企业的各个角落,这使管理者和员工感到不安。要变被动为主动,努力为企业做点什么。员工会不断地问自己:现在达到了几个σ?问题出在哪儿?能做到什么程度?通过努力提高了吗?这样,企业就始终处于一种不断改进的过程中,产品将会趋向完美和卓越。

5. 倡导无界限合作、勤于学习的企业文化

6σ管理扩展了合作的机会,当人们确实认识到流程改进对提高产品品质的重要性时,就会意识到在工作流程中各个部门和各个环节的相互依赖性,就会加强部门之间、上下环节之间的合作和配合。6σ管理追求品质的改进是一个永无终止的过程,而这种持续改进必须以员工素质的不断提高为条件,因此,有助于形成勤于学习的企业氛围。事实上,导入6σ管理的过程,本身就是一个不断培训和学习的过程,应组建推行6σ管理的骨干队伍,对全员进行分层次的培训,使大家都了解和掌握6σ管理的要点,充分发挥员工的积极性和创造性,在实践中不断进取。

第二篇

管理实务

☑ 第七章　团队管理
☑ 第八章　个人管理
☑ 第九章　班组管理

第七章 团队管理

学习目标

1. 认识团队的含义,掌握高效团队的特征。
2. 认识团队的类型,掌握团队的构成要素。
3. 认识团队领导力的构成,掌握提升团队执行力的技巧。
4. 认识团队精神,掌握塑造团队精神的技巧。

能力目标

1. 提高有效沟通的技能。
2. 提高团队合作的能力。
3. 运用领导风格和激励,培养团队领导技能。

问题引导

1. 团队由哪些要素构成?
2. 如何融入团队?
3. 有效沟通有哪些方法?
4. 团队领导力包含哪些内容?
5. 如何提升团队执行力?
6. 如何塑造团队精神?

正是一个人对集体的努力奉献,使一个团体运转、一家公司运转、一个社会运转、一种文明运转。

——文斯·隆巴迪

管理情景

团队的作用

20世纪60年代至70年代中期,日本创造了经济腾飞的奇迹,迅速成为世界经济大国,企业国际竞争能力跃居世界首位。以此为契机,以美国为首的西方国家对日本企业展开了深入的研究,并得出结论:日本企业强大竞争能力的根源,不在于其员工个人能力的卓越,而在于其员工整体"团队合力"的强大,起关键作用的是日本企业当中的那种新型组织形式——团队。

【思考】 什么是团队?团队有何作用?

第一节 团队概述

一、团队的定义

斯蒂芬·P·罗宾斯认为,团队是指为了实现某一目标而由相互协作的个体所组成的一种正式群体。简要来说,团队就是一群人走到一起,为一个共同的目标而奋斗。

二、团队的类型

罗宾斯根据团队成员的来源、拥有自主权的大小以及团队存在的目的不同,将团队分为三种类型:一是问题解决型团队,团队成员往往就如何改进工作程序、方法等问题交换不同看法,并就如何提高生产效率、产品质量等问题提供建议,不过它在调动员工参与决策过程的积极性方面略显不足。二是自我管理型团队,这是一种真正独立自主的团队,团队成员不仅探讨解决问题的方法,并且亲自执行解决问题的方案,并对工作承担全部责任。三是跨功能型团队,这种团队由来自同一等级、不同工作领域的员工组成,他们走到一起之后,能够使组织内(甚至组织之间)的员工交流信息、激发新观点、解决面临问题、协调完成复杂项目。

桑德斯特洛姆·戴穆斯根据四种变量,即团队成员与组织内其他成员差别化程度的高低、团队成员与其他成员进行工作时一体化程度的高低、团队工作周期的长短以及团队产出成果的类别,把团队分为四个类型:建议或参与式团队、生产或服务式团队、计划或发展式团队、行动或磋商式团队。

按照团队的基本功能,还可以将团队划分为工作团队、项目团队和管理团队。

(1)工作团队。主要承担企业生产经营等基本工作任务,如产品设计、制造、储运和销售等。

（2）项目团队。主要承担某个工作项目或解决特殊问题等专题性任务，如特别任务小组、流程改善小组、特定问题解决小组等。

（3）管理团队。主要负责对下属的一些部门或人员进行指导与协调，如高管团队等。

三、团队的构成要素

在团队建设中，搞清楚团队的构成要素至关重要。团队的构成要素可以用5P来表示。

1.目标（Purpose）

团队应该有一个既定的目标，为团队成员导航，让团队成员知道要向何处奋斗，没有目标这个团队就没有存在的价值。

我们所在的组织可以说是一个大团队，因为我们有共同的使命、愿景与目标。同时，组织内部又可以划分为若干小团队，包括常设团队（如职能部门）和临时团队（如项目部、攻关小组）。组织的大目标分解成小目标，由各个小团队来承担，各个小团队的目标必须跟组织的目标一致，小团队目标还可以具体分解到各个团队成员身上，大家合力实现这个共同的目标。

小阅读

自然界中有一种昆虫很喜欢吃白车轴草（也叫三叶草），这种昆虫在吃食物的时候都是成群结队的，第一只趴在第二只的身上，第二只趴在第三只的身上，由一只昆虫带队去寻找食物，这些昆虫连接起来就像一节一节的火车车厢。管理学家做了一个实验，把这些像火车车厢一样的昆虫连在一起，组成一个圆圈，然后在圆圈中放了它们喜欢吃的三叶草，结果它们爬得精疲力竭也吃不到这些草。

这个例子说明在团队失去目标后，团队成员就不知道往何处去，最后的结果可能是饿死，这个团队存在的价值可能就要打折扣。

2.人（People）

人是构成团队最核心的力量，三个及三个以上的人就构成了团队。

目标是通过人员具体实现的，所以人员的选择是团队非常重要的一个部分。在一个团队中需要有人制订计划，有人提出方案，有人实施，有人协调，还要有人去监督评价工作进展与业绩表现。不同的人通过分工来共同完成团队的目标，所以在人员选择方面要考虑团队的需要、人员的能力结构、技能互补、人员的经验和性格搭配和谐等因素。

我们常说："兵熊熊一个，将熊熊一窝。"组建团队时，选择团队领导是重中之重。电视剧《亮剑》中的李云龙，硬是把一支杂牌军打造成能征善战的精锐之师。古代纸上谈兵的赵括，长平之战葬送军队40万，使赵国一蹶不振，直到灭亡。人的因素，始终是生产力中最活跃的因素。

3. 团队的定位(Place)

团队的定位包含两层意思：

(1)团队的定位，即团队在企业中处于什么位置，由谁选择和决定团队的成员，团队最终应对谁负责，团队采取什么方式激励团队成员。

(2)个体的定位，即作为成员在团队中扮演什么角色，是制订计划还是具体实施或是评估，每个成员在团队中都要发挥作用。

4. 权限(Power)

团队当中领导者的权力大小跟团队的发展阶段有关，一般来说，团队越成熟，领导者所拥有的权力相应越小，在团队发展的初期阶段领导权相对比较集中。

团队权限关系取决于两个方面：

(1)整个团队在组织中拥有什么样的决定权。例如，财务决定权、人事决定权、信息决定权等。

(2)组织的基本特征。例如，组织的规模多大、团队的数量是否足够多、组织对于团队的授权有多大、它的业务是什么类型。

5. 计划(Plan)

计划有两层含义：

(1)目标最终的实现，需要一系列具体的行动方案，可以把计划理解成目标的具体工作程序。

(2)提前按计划进行可以保证团队的进度顺利。按计划操作确保团队一步一步接近目标，从而最终实现团队目标。

四、团队的作用

(一)充分利用资源

当企业面临复杂多变的环境时，团队比传统部门更灵活，可以大大提高组织资源的利用率。提高效率，就可以实现组织预期的目标。

(二)强化组织氛围

团队成员为了共同的目标而奋斗，相互间的合作促进和谐，同时也提高了总体的组织氛围。

(三)完善组织结构，改善组织决策

团队组织沟通情况较好，团队成员加强交流，从而增强了组织的灵活性和应变能力，使组织能够更好地生存和持续发展。

(四)强烈的动机激励，增强凝聚力

团队拥有相对独立的决策权，享有宽松、自由和民主的环境，能够有效激励团队成员

的积极性、主动性和创造性。团队管理以人为本,可以鼓励员工将个人目标融入团队目标,增强组织的凝聚力。

第二节　团队管理的技巧

团队管理是使团队达到共同目标的过程,团队管理者要以团队成员的平等身份,支持团队共同决策,实现团队精诚合作;通过融入团队、进行有效的团队沟通、培养团队领导力、提升团队执行力、塑造团队精神和有效的团队激励等途径,建立高效的团队。

一、融入团队

(一)熟悉工作环境,认识团队成员

对环境、制度、工作和对同事的陌生等,会让团队新成员感到紧张和焦虑。因此,团队新成员要尽快地熟悉工作环境、公司的规章制度、工作的职责权限和工作流程,了解上司和同事的特点和做事风格,主动适应并弥补自己的不足。

(二)虚心请教,勤勉工作

团队新成员要消除任职新岗位的紧张和焦虑,抓住一切机会,尽可能熟悉团队的各种情况,理解公司的各项规定,掌握工作技能和方法,虚心向老员工请教;努力适应和做好自己的本职工作,并在力所能及的情况下主动关心和协助他人完成工作任务。

(三)诚信而坦诚

言而有信、待人诚恳不仅是一种良好的品质,也是需要培养的能力。工作中要实事求是、避免吹嘘、避免不懂装懂,做错事要勇于承担责任、不找借口不抱怨,努力提高工作能力并避免同样的错误一再发生。只要坦诚面对,就会得到上司和同事的宽容和谅解。诚实、敢于担当、对组织有贡献、热爱工作并全心全意地付出,是融入团队的保障。

二、进行有效的团队沟通

有效的沟通,是通过听、说、读、写等载体,通过演讲、会见、对话、讨论和信件等方式,将思维、想法或情感等准确、恰当地表达出来,以促使对方接受。有效的沟通一方面取决于信息的有效性,另一方面有赖于全面认识团队沟通的障碍和掌握团队沟通的技巧。

团队沟通中有各种障碍,可以分为社会因素障碍、个人因素障碍、心理

障碍及客观因素障碍等。在团队沟通中只要做到条理分明、善于倾听、善于表达并合理应用身体语言,就可以克服沟通障碍,实现沟通目的,达成团队共识。

(一)条理分明

语言沟通应围绕一个主题,遵循信息条理化的要素,即目的、原因、时间、地点、事件和人物,按照事物的发展顺序或事物之间的逻辑关系进行表达。尽量做到语言简洁清晰,使他人能清楚地理解你的需求并及时给予相关的信息和帮助。

(二)善于倾听

会说会写是一种能力,会听则是一种修养。倾听是团队沟通中最重要的因素,只有善于倾听,才能获取完整、正确的信息,才能据此做出准确的判断和决策。

1. 有选择地听

我们选择去倾听,可能因为该信息重要,或是符合自己的兴趣,或是过去听过类似信息,也可能喜欢或尊敬说话的人。倾听中倾听者通过耳朵、眼睛、内心、头脑和直觉这五个渠道来理解说话者非语言的提示,加上说话者的语调,印证或否认语言信息。倾听需要你排除干扰,全神贯注。

2. 全面评估信息

好的倾听者在形成自己的观点以前,要确保自己获得所需要的关键信息,在权衡和分析所有的证据之后,才做出最后的决定,或者做出书面或口头判断。倾听需要你有耐心,先把对方的话听完。

3. 积极回应

回应对于沟通的成功是非常关键的,我们可以通过提问、询问、复述和做记录等方式,表示出兴趣和关心,从而达到有效沟通的目的。

要使沟通有效,需要在沟通中处理好四个问题,即明确沟通目的,知道说什么;掌握好沟通时间和时机,知道什么时候说合适;明确沟通对象,知道对谁说,掌握好语态、语气和氛围;掌握好沟通方法,知道怎么说有效果。

(三)善于表达

1. 慎重使用专业术语

在沟通中,专业术语的使用要因人而异。弄清楚你的沟通对象是否和你是同行,或者对你要表达的内容是否能无障碍地理解,再决定自己在表达时是否采用专业术语及使用到什么程度。切忌与非专业人士沟通时使用专业术语。

2. 多用积极语言

用积极语言含蓄地表达你的意见和批评意思,可以有效化解尴尬和对方的抵触情绪。沟通中应尽量避免说"你的错误/问题/毛病/缺陷,当然……,我跟你说……,你肯定错了……,我叫你马上……,但为什么不……,你应该……,你得……,你必须……,你不得不……"等引人不快的说法;因为批评只会招来更严厉的批评,抱怨只会得到更严厉的抱怨。你可以尝试说:"你的反馈/对此问题的关切……,也许……比较合适,也许我可以建议……;也许,你可能有些误会……允许我澄清一下;我明天下午会找你一下,……;这里面的原因恐怕是……"。避免主观臆断,随意下结论。

3. 避免个人意见权威化

事实上,在一个团队里面,合作、互惠、统一才是最根本的需求,个人意见只能做参考,要尽量避免将个人意见权威化。任何领导都不能保证自己的想法总是正确的,所以,在沟通中要多听取对方的意见,多征询他人的看法和意见,这将有助于你找到最合适、最有效的解决问题的方法和途径。领导最终要发动群众解决难题,尊重大多数人的意见也是决策顺利执行的保障。

4. 和沟通对象尽量保持一致

当和我们相似的人在一起时,我们会感觉最为舒适和惬意。在沟通中,你可以关照沟通对象的情绪和动作,把自己调整到和沟通对象尽量保持一致。你的调整要自然和真诚,要表现出希望建立默契的态度,避免刻意模仿,否则画虎不成反类犬,会被误认为戏弄,也就弄巧成拙了。

(四)合理应用身体语言

1. 保持微笑并适时点头

自信亲切的微笑会让你在沟通中更具魅力和感染力,从而更容易打动对方。适当地点头则能吸引别人和你讲下去,因为点头意味着听懂和赞同对方的观点或说法。

2. 身体适度前倾

身体微微前倾,往往给人以真诚和谦逊的感觉,有诚恳请教的意思。因此,沟通中应注意将身体前倾,传达你的虚心与诚恳,赢得对方的接受和认可,使对方乐意给你更多的指点和帮助。

3. 保持真诚有效的目光交流

在沟通中,适当和对方目光接触并进行交流,能拉近双方心灵上的距离,使沟通更融洽。沟通中应避免一直盯着其他地方,这会让人感觉自己被忽视,传达出不屑、轻慢与冷漠孤傲的意思,导致沟通陷入窘境。

与个人沟通时,正常的目光交流5~15秒较为适当;与群体沟通时,4~5秒较为合适。

4. 避免双手抱在胸前

双手抱在胸前会给人以傲慢和受排斥的感觉。因此,在沟通中要避免双手抱在胸前,让沟通在坦诚和友好的氛围中进行。

三、培养团队领导力

团队领导在一定环境下向团队成员施加影响,意味着指挥团队、管理团队、激励团队和真心关心团队成员,因此,团队领导应具有多方面的能力,选择适当的领导方式,掌握团队领导的艺术。

一般而言,团队领导力包括分析、综合、综观全局的能力,决策能力,组织能力,才智与应变能力,激励与协调团队关系的能力。

一个优秀的领导者应具备许多领导技能,这里重点介绍决策技能、激励技能、授权技能和团队领导技能。

(一)决策技能

决策是组织的核心活动,没有正确的决策就没有正确的领导,因此,决策技能是一个团队领导应当具备的重要技能。决策技能的提升可以从以下几方面着手:

1. 开放的心态与包容能力

要做出令人满意的决策,需要群策群力,因此团队领导要具备开放与包容的心态。避免固执己见,更不能以自我为中心,这样才能领导团队成员,建立高效团队。华为的文化里,让听到炮火的人做决策,是很好的一种策略。在做决策前,要研究宏观战略,综观全局;同时,也要注重细节,在一些决定性的关键环节给予重点关注。正确的决策来源于正确的判断,正确的判断来源于对实际情况的全面掌握,因此,要做好决策,首先需要做好调查研究。

2. 认清目标与判断轻重缓急的能力

在做决策之前要掌握最终想要的结果,掌握决策要素之间的关系。因此,做好决策要统揽全局,抓住枢纽。统揽全局,才能知道哪些东西是最重要的,哪些东西是次要的,哪些东西是你要亲自抓的,哪些可以授权;抓住枢纽,在质量、成本、速度、时间等需要间分清主次和轻重缓急,这样才能做出令人满意的决策。

3. 科学决策的能力

建立一套科学的决策方法,遵循决策科学化和民主化的原则,每个步骤都经过团队成员共同参与和制订,得出的结论就容易被团队成员接受和认同,就容易达成共识,成为团队的共同目标,促进团结并减少内部阻力,从而增强组织的竞争力。

4. 系统思考的能力

决策前要做到系统思考,包括组建团队时明确的授权、选择合适的团队成员、选择合适的领导方式、解决团队冲突和维护团队健康成长等。

5. 预计困难的能力

团队领导要有雄心壮志,但在热情的背后,需要更多的冷静思考。优秀的决策者会仔细评估采取行动所需的资源与可能遇到的障碍,在有较大把握时才出击。决策是面向未来的,要对未来进行预测,要求领导具有预见能力。预见与预测,就是要对客观事实和环境发展变化的趋势做出概括和前瞻的行动,要对未来做出正确的判断。

(二)激励技能

有效激励团队成员,打造高效团队,是团队领导工作的需要。团队领导能否应用好激励方法,能否做到有效激励,将直接关系到团队能否健康发展。

1. 目标激励

所谓目标激励,就是把团队规划的大、中、小和远、中、近目标相结合,使团队成员在工作中把自己的行为与团队目标紧紧联系起来,使团队目标与个人目标趋同。目标激励包括制订目标、实施目标和检查纠偏三个阶段。在制订目标时,要根据团队的实际业务情况来制订可行的目标。团队领导可以对团队或个人制订并下达年度、半年度、季度、月、日的业务目标任务,并定期检查,使其朝着各自的目标去努力、去拼搏。

2. 数据激励

运用数据显示成绩,能更有说服力地激励团队成员的进取心。对团队定量考核,并公布考核结果,这样可以使团队成员明确差距,有紧迫感,迎头赶上。考核结束后,公布团队或个人业绩进展情况,让绩优成员畅谈经验、共享成果,可以鼓舞团队成员的士气。

3. 领导行为激励

好的领导行为能给团队成员带来信心和力量,激励团队成员奋勇争先,使团队成员心甘情愿地向着目标前进。团队领导需要加强品德修养,严于律己,表里如一;团队领导需要学会推销并推动团队目标;团队领导也需要掌握沟通、赞美及为人处世的方法和技巧,营造和谐的团队氛围。

4. 奖励激励

奖励就是对人们的某种行为给予肯定和奖赏,使这种行为得以巩固和发展。在制订奖励办法时,应遵循物质奖励和精神奖励相结合的原则。同时,奖励方式要不断创新。通过奖励鼓励先进,鞭策后进,调动全体成员的积极性,实现共同提升。

5. 典型激励

树立团队中的典型人物和事例,经常表彰好人好事,营造典型示范效应,使全体成员向榜样看齐,让团队成员明白团队提倡什么思想和行为,鼓励成员学习先进、帮助后进、积极进取、团结向上。作为团队领导,要及时发现典型,塑造典型,宣传典型,用好典型。

6. 关怀激励

了解是关怀的前提,作为领导,对团队成员要做到"九个了解",即了解团队成员的姓名、生日、籍贯、出身、家庭、经历、特长、个性、表现;"九个有数",即对团队成员的工作状况、住房条件、身体情况、学习情况、思想品德、经济状况、家庭成员、兴趣爱好、社会交往心里有数。团队领导要关心人、尊重人,与团队成员吃在一起、干在一起、想在一起,充分交流思想感情,增进了解和信任,真诚地帮助每一位成员。

7. 集体荣誉激励

团队领导通过给予集体荣誉,培养集体意识,使团队成员为自己能在这样优秀的团队工作而光荣,从而形成一种自觉维护集体荣誉的群体力量。

8. 支持激励

团队领导要善于支持团队成员的创造性建议,充分挖掘成员的聪明才智,使大家想干事、都干事、能干事,使团队成员愿意创新、创造和贡献。支持激励包括:尊重员工人格、尊严和创造精神;爱护团队成员的积极性;信任团队成员,放手让成员大胆工作等。

(三)授权技能

在团队中,作为团队的领导,不可能亲自去实施每一项计划。因此,在执行计划的过程中,需要把职责权限分配给团队成员,这就是授权。授权是一门科学,也是一门艺术。授权得当与否体现了一个团队领导者的管理才能高低。

1. 有权有据,"权""事"相当

授权要有根据,即领导者应以载明双方权利义务的授权书、委托书、备忘录等书面形式授权;授权需适度,做到"权""事"相当,即授予的权力以完成工作所需为限;授权要坚持责、权、利一致的原则,保证团队成员在其位、谋其政、行其权、尽其责、得其利、罚其过、获其荣。

2. 用人不疑,疑人不用

作为团队领导,如果你将某一项任务交给你的团队成员去办,那么就要充分信任他们能够办好。"经营之神"松下幸之助说:"最成功的统御管理是让人乐于拼命而无怨无悔,实现这一切靠的是信任。"这就要求团队领导在授权后,一不要包办代替,过多干预;二不要疑心太重,"既授权则安之";三不要大惊小怪,要包容失误。

3. 授权适当,监督适当

授权要能授能收,授权还需指导、反馈、评价和监督。没有监督的权力必然滋生腐败,所以授权的同时要建立有效的监督机制。为了使授权更有效,必须坚持指导与监督协调的原则。指导与监督协调主要包括制订团队战略、工作规划和工作程序等;同团队成员一起分析工作中可能遇到的问题与障碍,提出应急预案;及时了解下属的工作进程,判断"权""事"是否得当,并给予必要的协调、引导与协助,必要时对授权进行调整。监督一要有效追踪,亲自考察考核,下属定期或不定期汇报;二要及时沟通,及时反馈,给予指导和督促;三要适度控制,既要监督又不干涉,既要提出意见又不影响信任,既要该奖则奖又要该罚则罚。

4. 完善制度,考核奖励

在实施授权管理之前,必须考虑企业的经营管理和作业是否做到了制度化和规范化。在完善制度中,对被授权者的考核激励是重要的一环,考核本身也是对被授权者的一种有效监控。

(四)团队领导技能

拜尔姆和迪克逊认为,团队领导都要承担一些共同的职责,这些职责包括辅导、推动、处理纪律问题、评估团队个人的绩效、团队培训和沟通。斯特克勒和方达认为,团队领导者应重点关注两大类优先事项,即对团队外部事务的管理和对团队进程的推动。这些优先事项需要团队领导者扮演四种具体的领导角色,如图7-1所示。

图7-1 团队领导者的角色

四、提升团队执行力

保罗·托马斯和大卫·伯恩合写的《执行力》一书中有这么一段话:"满街的咖啡店,唯有星巴克一枝独秀;同是做PC,唯有戴尔独占鳌头;都是做超市,唯有沃尔玛雄居零售业的榜首。而造成这些不同的原因则是各个企业的执行力的差异。那些在激烈的竞争中能够胜出的企业,无疑都是具有很强执行力的企业。"美国企业家格瑞斯特也说过,"杰出的策略必须加上杰出的执行力才能奏效"。由此可见执行力对于组织的重要性。

拉里·博西迪、拉姆·查兰和查尔斯·伯克在《执行:如何完成任务的学问》一书中指出,执行是目标和结果之间的桥梁,执行的三大基石是领导者的七项行为、企业文化的变革框架和知人善任。领导者的七项行为包括:全面深入了解企业和员工;实事求是;设定明确的目标并排出优先顺序;持续跟进,直至达成目标;赏罚分明,重奖业绩优秀人员;通过教练辅导提高下属能力;了解自己,展现出勇敢、决断、务实的性格。企业文化的变革框架包括:行动导向文化、奖励与业绩挂钩、良好的互动沟通机制,积极、开放、坦诚的对话;领导者以身作则,率先垂范。领导者的关键任务是做到知人善任。执行的三个核心流程是人员选育流程、战略制订流程和运营实施流程。因此,执行不是简单的战术,而是一套通过提出问题、分析问题、采取行动的方式来实现目标的系统流程;执行是一门将战略与实际、人员与流程相结合,以实现目标的学问。

执行力指的是执行的一种能力,是不同组织各个管理层次、各个岗位的员工贯彻执行决策者制订的战略、方针、方案的能力。

提升执行力可以从以下几方面做起:

(一)做事不贪大,执行不计小

现代社会进入了一个相对平稳的发展时期,执行力不一定是在某一个重大事情上才能体现出来,而是由每一点滴的细节所积累起来的。求快、求发展、求好是每个人、每个组织的心愿,但不论做事、做管理,都应当从大处着眼,从执行做起。一个人的很多能力,实际上与学历不完全相关,而是要在实践中去锻炼,执行力的培养也要从小事做起。

(二)战略上举重若轻,战术上举轻若重

我们要在战略上藐视敌人,战术上重视敌人。就是说,我们不要去害怕敌人,但我们在具体的战略实施过程中,一定要重视细节,抓好细节落实。战略制订好之后,要落实到战术执行上,在战术执行的每一个环节要举轻若重。只有每一个环节都认真对待,才能做到举重若轻。

(三)执行力也是一种文化

每个执行者的执行能力汇集起来会成为团队的执行力,因此,执行实际是团队的文化内涵。换句话说,当一个组织打造了很好的执行氛围的时候,新的参与者会被组织内部的这种氛围所熏陶,因而他们的行为就会符合这个团队的惯例,于是团队的这种执行文化就形成了。所以执行文化应该融入企业的文化中去塑造。

执行力蕴含于团队文化,也反作用于团队文化,成为文化的一个部分,它是一个系统,落入企业的每一个角落。所以,我们要把执行力作为文化的一部分,逐渐地融入你所在的团队当中,让大家都来感受这种执行的氛围。

(四)执行意味着行动

肯德基公司曾经一度在美国的一些地方销售额有所下降,总公司就将一些地区经理的办公室座椅的靠背给去掉了。这意味着老板不鼓励这些经理天天坐在办公室里,而是鼓励他们深入门店,去了解、去执行公司的战略。所以,执行力意味着行动。

(五)建立执行组织体系和执行力管理体系

团队要建立一个合理的组织体系,让战略计划能够实现。把战略计划合理分解,把权力合适地分配下去,制订适当的奖罚体系和明确的责任机制,必须把责任落实到每一个执行者身上。

从执行力的管理体系来看,可以分解成若干模块,这些模块是计划预算系统、岗位职责系统、业绩跟踪系统、绩效评估系统和行政管理系统等。对若干个模块进行相关主题的培训,提高各个模块的执行能力,若干个模块合起来就是一个执行力的管理体系。

五、塑造团队精神

团队精神是团队体现出来的集体意识,是团队成员认可的大局意识、协作意识和服务精神的综合体现。团队精神的基础是尊重个人的兴趣和成就,核心是协同合作,最高境界是全体成员的向心力、凝聚力,反映的是个体利益和整体利益的趋同,并进而保证组织的高效率运转。

(一)团队精神的表现

1. 具有共同的目标,成员对团队具有归属感

团队愿景是团队成员共同的行为准则、执行目标和成功尺度,制订目标要遵循黄金原则——SMART原则,即目标具有明确性(Specific)、可测量性(Measurable)、可实现性(Attainable)、相关性(Relevant)和时限性(Time)。归属感是指个体在对某个群体高度认同后,产生的自己就是其中一员的意识。通过增强团队的凝聚力等因素,可使成员产生对团队的归属感,引起成员对团队的忠诚。

共同的目标是团队存在的主要原因。当人们为了一个共同的目标奋斗时,就会有一种志同道合的感受,对彼此的优势予以认可,能够包容对方的缺点,这正是团队凝聚力的源泉所在。由于个人目标与团队命运休戚相关、荣辱与共,成员就会产生归属感。

2. 良好的沟通协调,成员间相互信任

良好的沟通是团队精神的一个重要表现,团队成员由于知识结构、价值观念、个人信仰甚至文化和语言上的差异,冲突是在所难免的。但是,并非所有的冲突都是不利的,有时冲突会激发新的创意、新的观念,而且矛盾的解决过程也是成员相互了解、相互信任的过程。协调就是正确处理组织内外各种横向协作关系,横向组织之间没有上下级关系,凡事只能商量着办,这为组织正常运转创造了良好的氛围,促进了团队间的协同,有利于团队目标的实现。

小阅读

信任的五大要素

(1)Reliability,可靠。包括言行一致、如期兑现承诺。

(2)Openness,坦率。包括坦诚地发表或接受意见,无保留地陈述事情,合理、公正地看待一件事情,哪怕事情本身有令人不愉快之处。

(3)Acceptance,宽容。包括不轻易对别人下结论,不随意批评别人,不让别人感到自卑,不贬低别人。

(4)Congruence,忠诚。包括表里如一,正直而诚实。

(5)Ability,能力。能力是完成目标或任务所体现出来的综合素养,是匹配岗位的关键因素,是信任的关键要素。

3. 全员高度参与,有较高的工作效率

团队中每一个人都是工作中必不可少的"零件",在工作中互相依存。团队中每个人的任务相对明确,工作趋于标准化,减少了内耗和不协调,能产生较高的工作效率。

4. 成员独立创造,激发个人潜能

传统的"金字塔"形的管理模式,领导和权威掌握着决策和资源分配的权力,成员处于被动的地位,因而很难激发成员的积极性和创造性。而团队则不同,无论领导还是普通成

员，在团队中都是必不可少的部分，都是实现目标的合作伙伴，团队成员可以依据个人的知识、经验对不合理因素提出整改意见，为提高效率提出具有创造性的设想。团队成员更加关注自己对团队的贡献，团队尊重成员的主体地位和首创精神，更利于激发个人潜能，促进人的全面发展。

（二）团队精神的精髓

1. 团队的协作精神

互惠是现代生活的基础，发扬团队精神，协作是核心。团队是一个大系统，每个成员互相衔接，互相渗透，互相依存，共同构成一个动态的有机整体。因此，每个成员需要端正心态，学会包容，互相欣赏，互相尊重。互相欣赏、互相悦纳能在思想上产生共鸣，在行动上取得一致，实现预期目标。团队成员之间会产生摩擦、冲突，这属于正常情况，在不违反原则的情况下，大家应从维护团队利益出发，求同存异，坦诚相见，多一些忍让和宽容，多一些尊重和信任，多一些支持和谅解，在合作共事中加深了解，在相互尊重中增进团结。

2. 团队的学习精神

任何一项任务，在完成的过程中，总会遇到这样那样的问题，要解决这些难题，就需要团队成员不断地学习。团队只有具有集体学习的精神，才能不断克服前进途中的困难，从而走向胜利。那么，怎样激发团队的学习精神呢？首先，可以营造一个良好的学习氛围，让成员意识到学习是工作中必不可少的组成部分，形成互相关心、互相帮助、相互启发、相互促进的人际环境。通过长期坚持，让学习成为一种惯例，成为团队的一种习惯。其次，要激发个体学习的热情，激励个体主动学习，解决团队遇到的问题，并对成绩显著者予以一定的奖励。最后，团队学习是一种集体学习，要注重整体效能的提升，因为解决团队问题需要团队成员的共同努力和付出。

3. 团队的创新精神

在完成任务的过程中，解决问题和困难的过程本身就是不断创新的过程。因此，为了团队的利益，要有不怕牺牲个人利益、不怕担责任、不怕落埋怨的精神。干事业，就要敢为人先，大胆实践；干事业，就要敢于面对困难，敢于触及矛盾，在实践中、在创造中蹚路子。这样，一个团队才有希望，才有出路，才能长久存在和发展下去。

（三）培育团队精神

团队需要协同合作的核心价值观，而协同合作来源于团队的凝聚力和团队全体成员的向心力，因此，要从提升团队凝聚力、培养团队协同精神、树立团队信心、鼓舞团队士气、建立团队价值观的标准等方面进行系统的培育。

1. 提升团队凝聚力

团队凝聚力体现为团队成员有集体荣誉感。在组建团队时，团队领导要明确个人参与的重要性，将个人利益与团队目标联系起来，使团队目标更有吸引力和号召力，团队成员之间的合作性更强。当团队遇到外部障碍和阻挠时，团队领导要鼓励团队成员团结一致，共同对抗外界障碍和阻挠时，能增强团队的凝聚力。当团队表现出色时，要强调集体奖励,使成员意识到个人利益和荣誉感与团队的紧密性,培养团队的集体荣誉感,增强团队成员的凝聚力。团队领导适宜采取积极民主的领导方式,让团队成员能自愿地表达自己的意见,建立团队成员参与团队决策的机制,这样能有效地促进团队的积极性,提升团队的凝聚力。

2. 培养团队协同精神

作为团队领导,要倡导团队相互合作,鼓励团队成员之间相互支持、相互依存,消除不必要的工作界限;同时要制定一个普遍认同的合作规范,确保团队分工明确与工作量均衡。通过创建持续长久的互动机会,让团队融合为一体,如团队成员一起培训和座谈等。通过团队内定期岗位轮换,增进互相理解和支持,提升团队系统思维能力。

3. 树立团队信心

作为团队领导,要与成员分享团队愿景,对既定目标展示坚定的信心。要让团队成员清楚地知道领导支持团队的决策和已经达成一致的决议,并让成员相信一定会实现目标。同时,要为失败做好准备,当失败时,领导首先要检讨自己的工作方法,寻求成功之道,避免让团队成员认为这完全是他们的错误,从而产生消极情绪,或者认为是不可抗力的因素,从而放弃继续努力。

4. 提升团队士气

团队士气指的是对某一群体或组织感到满意,乐意成为该群体的一员并协助实现群体目标的一种态度。团队领导要确保团队成员的目标与团队一致,使他们的要求和意愿在团队目标中有所体现,以提升团队士气。在提升团队士气时,团队领导自身必须积极、主动、乐观。即使事情进行得不顺利,也不要对团队成员隐瞒,但不要传播悲观的情绪或消沉的意志。团队领导要使团队成员认可和赞同团队目标,使每个团队成员的工作任务和经济利益高度相关,在确定利益分配时,只有公平、合理、同工同酬、论功行赏,团队成员的积极性才会得到提升。

5. 确立团队价值观的标准

团队价值观标准的确立,可以从询问每一个成员开始,罗列出来后大家一起讨论,选出能被多数团队成员接受和采纳的观点。对照团队成员大多数人的价值观与公司的价值观,找出个人、团队、组织三种价值观标准中相一致的核心部分,从而确定团队价值观,帮助员工接受并最终赞同。最后对既定的团队、公司价值观进行宣传,将价值观标准贯彻到团队每一天的工作中去,成为员工的一种行为习惯。

(四)打造团队文化

团队文化是组织文化的一个重要组成部分,是团队在建设、发展过程中形成的,为团队成员所共有的工作态度、价值观念和行为规范,它是一种具有团队个性的信念和行为方式。打造团队文化的主要因素包括尊重和理解、协作、创新、速度、学习、融合等。

1. 尊重和理解

沃伦·本尼斯说过:"最激动人心的团队、震撼世界的团队,是有能力的领导与非凡人群相互尊重的团队。"团队是一个交流学习的空间,发挥创造力的空间,同时也是一个减少竞争带来的紧张气氛的缓冲空间,它使人们相互尊重、相互理解、相互依存,它使工作充满乐趣和更有效率。

2. 协作

团队的基本特征之一就是协作。作为团队的基础文化,协作要落实到工作流程、操作分工、管理制度等方面,也要反映在团队整体和团队成员的绩效考核方面,而且要在组织和团队领导的资源配置和日常工作中给予足够的关注和支持。

3. 创新

创新文化是要让每一位团队成员都深刻理解,在激烈的市场竞争中存在"人无我有,人有我优"的理念,培育核心竞争力和塑造产品或服务的差异化,这需要团队创造性地工作,找准自己的定位并不断完善。团队成员拥有创意、敢于冒险、勇于尝试,会让团队在面对外部环境变化时迅速做出反应和应对。

4. 速度

现代信息技术尤其是网络的快速发展,使得各个企业之间的竞争越来越激烈,这主要表现在人才、技术和时间上的竞争。新产品研发和更新换代的周期越来越短,顾客不但需要产品或服务具有良好的性价比,还期望得到"零交货期"或瞬时服务。团队贯彻速度这一团队文化,非常有利于以较快的速度进行反应,适应市场。

5. 学习

统计数据显示,世界 500 强企业的平均寿命是 40~50 年,美国新生的企业存活达 10 年的仅有 4%,日本企业存活达 10 年的比例也不过 18.3%。因此,如果一个企业没有学习意识和行为,不注重员工的培训和知识技能更新,就不可能拥有持久的生命力。团队本身就与学习型组织有一定的契合,在团队层面,学习往往是自觉的、迅速的、实用的和有效的。

6. 融合

团队是由不同技能和文化背景的人组成的,团队文化的特征也就表现为多元性、共享性,从而实现资源互补。团队领导要注意发挥团队成员个体的优势,并尽量使他们互相接纳,努力达到成员们的"双赢"或"多赢"。在当今社会,企业要以顾客为中心,要满足世界不同市场的需要甚至从事跨国经营业务,这就要求建立具有多元文化的团队,促进职工间不同文化的互鉴和融合。此外,塑造团队精神还要注意营造相互信任的组织氛围、慎用处罚机制和建立有效的沟通机制。

六、有效的团队激励

纽约巴鲁克学院经济学和金融学教授弗朗西斯说过:"你可以买到一个人的时间,你可以雇一个人到固定的工作岗位,你可以买到按时或按日计算的技术操作,但你买不到热情,买不到创造性,买不到全身心的投入,你不得不设法去争取这些。"人的本性之一,就是具有一种满足自己需要的欲望。一旦需要有了明确的目标,就会转化为动机,从而激发人们去行动。所以,需要是人的行为之源,是人的积极性的基础和原动力,也是激励的依据。

团队激励,可以起到吸引优秀人才加入团队、发掘员工的潜能、留住优秀人才和营造良好的竞争环境等作用。团队激励的方法很多,本书第五章第四节中的激励理论部分已做了系统阐述,这里重点介绍竞争激励、个体薪酬激励、团队薪酬激励、事业激励和愿景激励等。

(一)竞争激励

一般来说,在竞争的氛围中,团队的表现可能越来越出色。因为竞争可以强烈地刺激每位成员的进取心,使他们向上向善,发挥出最大的潜能。竞争激励有以下几种表现:

(1)优秀员工榜。按月度、季度、年度来评分,展示优秀员工榜,是竞争激励的一种形式。

(2)竞赛。竞赛的方式比较多,如设立团队业绩排行榜,对第一名给予奖励。但要注意了解员工目前关注的是什么。激励内容与员工的需求相关,才能起到激励作用。

(3)职位竞选。职位竞选是团队内部实行的激励方式之一,可以通过让成员提供职位方案,或进行职位演讲,让所有成员对心目中的人选进行投票。

(4)创造仪式感。在公开场合给予优秀员工持续的掌声和鲜花,也是一种激励方式,还是最省钱的激励方式。

(二)个体薪酬激励

个体薪酬激励的形式包括加薪、分配公司的股份与期权、休假与旅游、发放津贴和福利等。

(三)团队薪酬激励

(1)团队薪酬的支付方式。在团队薪酬激励中,员工薪酬一般包括基本薪资、激励工资和非货币报酬等。其中,基本薪资包括基本工资和绩效工资,也可采用技能工资等;激励工资则包括以个人业绩为基础的奖励部分和以团队业绩为基础的奖励部分,后者主要指团队目标奖励计划和利润分享计划或收益分配计划等;非货币报酬主要指团队成员享受的各种福利。

(2)支付高绩效团队的薪酬。支付高绩效团队的薪酬是为了促进企业可持续发展、强化企业的核心价值观念、支持企业战略的实施、有利于培养和增强企业的核心竞争力、使员工产生工作的激情和兴趣。

(四)事业激励

(1)工作激励。用工作本身来激励团队成员是很有意义的一种激励方式,如果能让成员从事他喜欢的工作,就能使其产生工作激情和兴趣。

(2)荣誉激励。"我们做得好"是团队追求的基本心理目标,不管成为明星个人还是明星团队,都是非常令人振奋和鼓舞的,也能大大提高团队的士气。

(3)晋升与增加责任。晋升指对团队成员的级别晋升和在更大团队中任职。增加责任的方法主要有领导任务小组、参与重大决策、给予特殊任务等。

(五)愿景激励

在团队管理中,对成员个人的愿景激励往往是最好的激励方式。

(1)职业发展。每个团队成员都关注自己的职业发展,薪资在高成就需要的成员心目中往往是次要的,更重要的是个人未来发展前景和对其本人价值的认可。

(2)培训与学习机会。对团队中的优秀成员提供培训或学习机会,可以作为对其杰出工作的奖励。

第三节　实现团队合作的方法

管理情景

大雁的启示

我们经常会看到天空中的大雁排成"V"字形自由地飞行,你知道为什么雁群要如此飞行吗?让我们共同分享"大雁的启示"。

(1)大雁在飞行时扇动翅膀会产生一股上升的气流,可以帮助它的同伴向上向前飞行,大雁排成"V"字形飞行的时候,比一只大雁单独飞行的距离要长71%。

启示:有着共同目标的人们会更快更简单地实现目标,因为他们可以沿着别人的脚印迅速前进。

(2)当一只大雁掉队时,它立刻就会感到单独飞行的困难和阻力,因此它会迅速赶上雁群,再次获得集体飞行的优势。

启示:如果我们能够体会到大雁的感受,我们就会留在团队中,到我们要去的地方。我们将会乐于接受别人的帮助并且慷慨地帮助别人。

(3)当领头雁感到疲惫的时候,它将会退到队伍的后面,而其他大雁会接替领头雁的位置。

启示:轮流从事比较艰苦的工作和轮流担任领导职位,都是较有成效的做法,与大雁类似,人们彼此依赖于他人的技能技术以及独特的天赋与资源。

(4)大雁组队一边鸣叫一边飞行,可以鼓励前面的大雁保持速度。

启示:彼此之间的鼓励是非常重要的,成员之间保持彼此鼓励的团队,绩效会高于其他类型的团队,这就是我们追求的"雁鸣增长"。

(5)当一只大雁生病、受伤的时候,就会有两只大雁离开队伍去帮助和保护它,直到它死去或者重新开始飞翔才会离开,或加入其他雁群或赶上原来的队伍。我国著名文学家元好问的词"问世间情为何物,直教人生死相许",歌颂的就是大雁的生死之情。

启示:如果我们能够体会到大雁的感受,那么我们无论患难与顺利都会留在团队中。

21世纪企业间的竞争是知识、资本、技术力量的综合竞争,更是团队力量的竞争。在团队竞争中,加强员工的归属感、凝聚力与主动性,是未来团队的生存需要。缺乏共同目标与凝聚力,再优秀的人才也不能有效发挥对企业的作用。

一、树立团队合作的观念

在团队中,有些事流程管不了,制度管不了,文化也管不了,实际上是管不了人心。流程、制度和文化能约束人的行动,却管不了人心。所以对人心的修炼,别人管不了,要靠自身训练。

一个人要给自己树立正确的团队合作观念。合作就是借助别人的力量使自己成长,合作是一种智慧。如果一个人还没有借助别人的力量,这可能就意味着他合作得还不够。清华大学宁向东教授认为,管理是破局而出的智慧,可以凭效率破局、借势破局等,合作就是借势破局的智慧。

二、紧盯目标不动摇

大雁100%地去实现目标,到秋天就飞走,到春天就飞回来,这已经形成了一种习惯。冰川时代已经过去,大雁不到南方去过冬,它也能生存,但是它没有动摇。因环境的变化而丧失对目标的追求可能导致团队士气减弱,丧失了追求目标的动力和勇气,所以在团队工作中,一旦确立了目标,就要坚持不懈,排除一切艰难险阻,向着目标前进。

德鲁克的目标管理的第一个步骤就是建立目标。对于任何目标,要想提高其实现概率,除了自身的努力外,还要借助别人的力量。目标要切合实际,符合组织的整体利益。目标一旦确定,要坚决执行目标、毫不动摇。

三、实现团队合作的具体措施

(一)协作

协作是实现目标过程中的一个手段,团队中的成员应相互关心和辅助,使别人获益,也使自己受益。

(二)合作

大雁群飞时会比一只大雁单独飞行增加71%的飞行动力,所以当大雁掉队时,会感到孤独和迟缓，它会尽早归队。同理，紧跟前面领跑的人，拥有共同的目标和团队精神，可以更快更轻易地完成工作。因此，要加入有人领跑的团队，借助团队的集体力量，使自己快速成长。

（三）奉献

雁千百为群，有一雁不眠，它在做哨兵。在白天，当别的大雁休息或进食时，站岗的大雁则不吃不喝。值班放哨的大雁这样做，是为了保障群雁的安全。

为团队付出时间、精力、热情和智慧，是一种默默的付出。如果没有奉献的观念，就很难做到。要想团队有效率，每个人都需要对组织有贡献。

（四）改变

大雁随季节的改变而迁徙，春分后飞回北方繁殖，秋分后飞往南方过冬。同理，团队中的每个人都应该在变革中调整和改变，并对固有的观念和习惯等进行修正，以适应环境的变化，跟上团队发展的需要。

在企业创业初期，门槛是最低的，能够很轻易地进入企业。当企业处于上升阶段时，人才需求会发生较大变化，企业会想方设法吸收更优秀的人才加入企业。这时一部分人的心态就变得复杂，不愿意让真正有能力的、能够超过自己的人进入企业；甚至给新人设置障碍或不配合，让新人很难融入团队。

但是，一个人真正的成长，是要向前走，要与高手对比，才能实现真正意义上的快速成长，而这个环境是企业创造的。当比自己优秀的人进入企业时，需要迅速调整自己，与他展开合作。当有优秀人才加入时，越快进行改变，越能更好地适应新环境的变化，自己才可能快速成长。否则，在给新人设置障碍的同时，也阻碍了自己的进步。

（五）爱与被爱

两情相悦的大雁在飞行过程中彼此照顾，共同承担哺育子女的责任。在企业中，理解爱与被爱，就是能为团队着想，有利他之心，多为团队做贡献。

（六）忠诚

一只大雁被猎人打死，另一只大雁通常会在不胜其悲的情形下，从高空直冲而下，一头撞在旁边的大石头上，气绝身亡。这是一个现实情形，因为大雁是终身配偶，所以其忠诚能够达到牺牲的程度。

那么，作为个体的人如何忠诚于团队，如何忠诚于企业呢？这就是要能明白自己的优劣和适合的岗位，能坚守工作岗位，不胡乱频繁调动工作，远离诱惑。

一个人在企业中，尤其是发展到一定程度，成为一个真正意义上的人才时，就会有很多企业想要聘用，这时就要做到远离诱惑。当远离诱惑的时候，可能会得到更多的机会。

（七）坚韧

在漫长的迁徙过程中，总有一只大雁带头搏击茫茫苍穹，领头雁始终保持明确的方向。团队也一样,每个人都应该努力承担责任,竭尽全力。工作中有没有坚韧的性格,将直接影响到做一件事情的坚持程度。

(八)沟通

飞行中的大雁会通过叫声,鼓励飞行在前面的同伴,提升战胜困难的勇气和信心。同样,在团队中,也需要正面积极的沟通,不要说消极的话。

在团队当中,沟通的前提是不要让团队的成员抵触自己。要想让自己说的话不受团队其他成员的抵触,就要有同理心,会换位思考。

(九)学习

年幼的大雁在迁徙的漫漫征程中受到互相协助、团队合作、坚韧、忠诚等大雁精神的熏陶,从而逐渐成长、成熟,大雁的精神也得以一代一代地传承下去。同理,在团队中,学习是一种能力,会使得团队成员进步,并得以成长和成熟。把握好学习时机,还要懂得分享。企业有一个分享的环境,就会营造一个团队学习的氛围。

本章小结

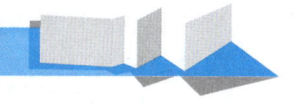

团队的构成要素包括目标、人、团队的定位、权限和计划等。

团队管理的技巧包括融入团队、有效的团队沟通、培养团队领导力、提升团队执行力、塑造团队精神和有效的团队激励。

要融入团队,就要尽快熟悉环境、制度、工作,认识团队成员;虚心请教,勤勉工作;诚信而坦诚。

有效沟通的方法包括条理分明、善于倾听、善于表达、合理应用身体语言等。

善于表达要做到慎用专业术语、多用积极语言、避免个人意见权威化,和沟通对象尽量保持一致。

善于倾听包括有选择地听、全面评估信息和积极回应等。

团队领导的技能包括决策技能、激励技能和授权技能等。

团队精神的精髓体现在协作精神、学习精神和创新精神等方面。培育团队精神则要提升团队凝聚力、培养团队的相互协同精神、树立团队信心、提升团队士气以及确立团队价值观的标准。

实现团队合作的方法有树立合作的观念、紧盯目标不动摇,实现团队合作的措施包括协作、合作、奉献、改变、爱与被爱、忠诚、坚韧、沟通和学习等。

本章习题

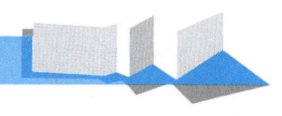

一、单项选择题

1.斯蒂芬·罗宾斯根据团队成员的来源、拥有的自主权的大小和团队存在的不同,划分的团队类型中不包括(   )。

A. 问题解决型团队 　　　　　　　　B. 管理型团队
C. 自我管理型团队 　　　　　　　　D. 跨功能型团队

2. 积极回应沟通对象的方式中,不包括( )。
   A. 提问 　　　　B. 复述 　　　　C. 做记录 　　　　D. 身体适度前倾

3. 授权的要求不包括( )。
   A. 有权有据,"权""事"相当 　　　　B. 用人不疑,疑人不用
   C. 授权适当,监督适当 　　　　　　D. 建立合理的组织和管理体系

4. 信任的五大要素不包括( )。
   A. 可靠 　　　　B. 合作 　　　　C. 宽容 　　　　D. 忠诚

二、多项选择题

1. 团队的构成要素包括( )。
   A. 目标 　　　　B. 人 　　　　C. 团队的定位 　　　　D. 权限
   E. 计划

2. 融入团队的方法有( )。
   A. 尽快熟悉环境、制度和工作 　　　　B. 认识团队成员
   C. 虚心请教,勤勉工作 　　　　　　　　D. 诚信而坦诚

3. 有效沟通的方法有( )。
   A. 条理分明 　　　　　　　　　　　　B. 善于表达
   C. 善于倾听 　　　　　　　　　　　　D. 合理应用身体语言

4. 善于倾听表现为( )。
   A. 保持经常接触 　　B. 有选择地听 　　C. 全面评估信息 　　D. 积极回应

5. 善于表达要做到( )。
   A. 慎用专业术语 　　　　　　　　　　B. 多用积极语言
   C. 避免个人意见权威化 　　　　　　　D. 和沟通对象尽量保持一致

6. 团队的领导技能包括( )。
   A. 决策技能 　　　　B. 激励技能 　　　　C. 授权技能 　　　　D. 沟通技能

7. 团队精神的精髓体现在团队的( )。
   A. 协作精神 　　　　B. 学习精神 　　　　C. 创新精神 　　　　D. 奉献精神

三、判断题

1. 相互间的信任指每个人对团队中其他成员的品行和能力都确信不疑。 　　( )
2. 归属感是由个体对某个群体高度认同后而产生的认为自己本身就是其中一员的意识。 　　( )
3. 加薪属于团队薪酬激励的形式。 　　( )

四、问答题

1. 高效团队具有哪些特征?
2. 团队管理有哪些技巧?
3. 如何培育团队精神?

五、案例分析

星巴克

星巴克是全球最有影响力的五大品牌之一（Brandchannel评选），于1971年成立,是全球最大的咖啡连锁店,其总部坐落于美国华盛顿州西雅图市。产品主要有卡布奇诺（Cappuccino）和拿铁（Latte）,除咖啡外,星巴克还有茶、馅皮饼及蛋糕等商品。星巴克在全球范围内已经有12 000多家分店,遍布北美洲、南美洲、欧洲、中东及太平洋地区。2007年美国拍摄了与星巴克同名的电影。

星巴克品牌关键词:第三生活空间、合作伙伴和六条品牌法则。

第三生活空间:在星巴克,身体找到了空间的归属,被目光抚慰,嗅觉、听觉、视觉各得其所,在浮华的城市中间,人得以片刻诗意地栖居。长期以来,星巴克一直致力于向顾客提供最优质的咖啡和服务,营造独特的"星巴克体验",让全球各地的星巴克店成为人们除了工作场所和生活居所之外温馨舒适的"第三生活空间"。

合作伙伴:在星巴克,员工不被称为员工,而是被称为合作伙伴。合作伙伴的薪资维持在世界前25%的水平,他们在上岗之初被加以严格的训练,例如,在客人不小心打翻杯碟时,合作伙伴应该首先好言相慰,告诉客人自己也有类似遭遇,让客人大可不必介意,然后再收拾残局。

与星巴克有关的六条品牌法则:

(1)从你的员工做起,他们是与消费者联系的真正纽带。

(2)明确品牌的价值理念,一切决定都需围绕该理念。

(3)确保品牌活动不会偏离品牌的价值理念,调整行为以适应品牌理念,而不是相反。

(4)通过不断创新永葆新鲜活力,但不能因为创新而损害品牌的核心价值。

(5)真正地融入社区,使员工全身心地感受社区的脉搏。

(6)牢记:细节决定成败。

【思考】 星巴克的经营体现了团队管理的哪些特征?

[资料来源:(英)约翰·西蒙斯.乔晓芳译.情迷星巴克.北京:中信出版社,2005.6]

延伸阅读

激活组织

在一个以互联和数字为特征的时代,企业的价值不是由企业创造的,而是由许多人一起创造的,包括员工、顾客、股东,以及相关产业链与价值共同体中的所有人。所以,企业领导者应该聚合企业内外部所有的资源、能力,聚合大家一起来创造价值。这就需要从管理运行的逻辑、分工法则、协作体系、柔性化程度等方面做出根本性改变,其核心是组织从管理走向赋能,为组织和个人赋能。为组织赋能需要激活组织,激活组织需要做七方面的工作:

(1)打破内部平衡。从分工转向协同,从固化角色转向模糊边界,从控制成本转向协同效率,以使个体得到更加自主创造的空间。打破平衡需要做三件事:消除结构障碍、划小单元全员参与、无固定领导权威(去权威化)。

(2)基于契约的信任。对事负责,承担责任。

(3)设立新激励。实施"合伙人制",如股份合伙、事业合伙、业务合伙,让员工利益与企业利益关联。陈春花和宋一晓对腾讯和星巴克这两家多年获得"最佳雇主"称号的公司进行研究后发现,其企业文化涵盖公开公正的用人原则、有社会责任感、尊重个性等;工作环境不仅包括了物理环境,也包括了组织氛围、和谐的人际关系等;员工生活着重强调工作与生活平衡等。

(4)授权各级员工。华为高级顾问田涛分享,华为制度的核心是"分好钱,分好权,共享成就感"。授权各级员工,需要做出两个方面的努力,即鼓励试错行为和打造自组织。鼓励试错行为可以从授权决策和建立试错机制方向努力。自组织是指特定的组织、企业、个人,以特定的目的、兴趣、利益等自发聚集形成团体、组织的现象。自组织是建立在因情感、认同、共同事业、共同兴趣而产生的信任关系上。自组织具有扁平化、无边界的结构特征,去中心化的流程特征,去KPI化和利益分配透明的奖惩特征,识别并招募能力匹配和认同企业价值观的人。

(5)创造可见的绩效。企业领导者聚焦于机会,坚持结果导向,寻找可能的机会以获得绩效,让普通人取得成效。

(6)合作主体共生系统。供应商、制造商、终端零售商、中间商、客户、员工、股东是公司的核心构成要素,是一个"价值共同体"。打造合作主体共生系统,需要从开放平台、构建价值共同体及建立生态逻辑三个方面去努力。日本的7-Eleven既是共享顾客的平台,也是共享信息、共享物流、共享采购和共享金融的平台。价值共同体是涵盖企业自身、客户、市场对手、联盟伙伴等多重经济关系的网络体系,它包括以客户为核心的价值创造网络、以生产企业为核心的合作关系网络、以网络主体间关系为核心的竞争关系网络。阿里巴巴提供了一个共享价值的商业平台,供应商、中小商户、顾客在平台上共同生长,共同创造价值,共同缔造了"双11"的商业神话,这是一套生态逻辑。企业与微信支付的融合,也是一个极具生长性的生态战略。

(7)领导者的新角色。面对不确定的经营环境,企业领导者需要打破思维、打破常规、破除利益阻碍、破除组织刚性,实现自我超越。领导者需要以全新的角色出现:布道者、设计者、伙伴。领导者"布道"就是向员工传递组织所面临的紧迫性、必要性,同时培养员工自我超越的理念,激发员工自我改变的积极性和主动性。作为"设计者"的领导者,需要有战略洞察力,理解消费者与人性需求,而且能够将其转化为商业模式、产品以及组织制度。今天的管理是一种基于共享价值的新范式,需要管理者与管理者、管理者与员工、员工与员工之间建立和保持一种可信任、可亲近、可包容、坦率而不伤及员工内心的工作关系,彼此成为伙伴式甚至好友式的同事关系。

(资料来源:陈春花.激活组织:从个体到集合智慧.北京:机械工业出版社,P107-184,2017.12)

第八章 个人管理

学习目标

1. 了解自我认知和自我评估,掌握自我评估的方法。
2. 认识职业价值观及其对个人决策的重要性。
3. 掌握个人目标制订与管理的方法。
4. 掌握时间管理的基本工具和方法。

能力目标

1. 能够客观地进行自我认知和评估,全面而客观地认识自己。
2. 不断增强个人的决策能力与水平。
3. 养成制订目标和计划管理的行为习惯。
4. 能够有效地掌控和利用时间。

问题引导

1. 何为情商?
2. 什么是360度评估?
3. 什么是时间管理?
4. 时间管理矩阵图有何作用?

耐心是在原本要大发雷霆时却保持心平气和的本领,忍耐是才能。

——鲍勃·利维

第一节　自我认知与自我评估

管理者必须善于了解和理解别人。然而,作为管理的一个出发点,最迫切的还是先认识你自己,不了解自己就很难了解别人,更难理解别人,而不了解别人,管理就无从下手。

因此，全面而客观地了解自己、理解别人的需求是管理工作的前提。在"团队管理"一章中，我们学习了对别人的"九个了解"，而对于了解自己，除了掌握基本的方法之外，还需要一点自我解剖的勇气。因此，孔子说"好学近乎知，力行近乎仁，知耻近乎勇"。

一、自我认知

（一）自我认知的概念

自我认知也称自我意识或称为自我，是个体对自己存在的觉察，包括对自己的行为和心理状态的认知。

自我认知是对自己的洞察和理解，包括自我观察和自我评价。自我观察是指对自己的感知、思维和意向等方面的觉察。自我评价是指对自己的想法、期望、行为及人格特征的判断与评估。

如果一个人不能正确地认识自我，看不到自己的优点，觉得自己处处不如别人，就会产生自卑心理、丧失信心，做事畏缩不前；相反，如果一个人过高地估计自己，也会骄傲自大、盲目乐观，导致工作的失误。因此，恰当地认识自我，实事求是地评价自己，是自我调节和人格完善的重要前提。

客观地认识和评价自己，是有相当难度的。我们在实际学习和生活中，很可能会高估自己，这种现象叫达克效应。达克效应由邓宁和克鲁格(Dunning-Kruger)两人发明，是一种认知偏差现象，指的是能力欠缺的人在自己欠考虑的基础上得出错误结论，但是无法正确认识自身不足、辨别错误行为。通俗地讲，就是我们通常说的"自我感觉良好""无知者无畏""自视甚高"。能力越低的人，越容易产生对自己过高的评价，至少会把自己的能力评价在平均水平以上。这会影响正确判断和决策。我们讲"德才兼备"，"德"就是做人，决定着你在别人心目中的印象。因此，了解自己的重要性不亚于业绩报告。

小阅读

情商（EQ）

丹尼尔·戈尔曼对全世界121家公司与组织的181个职位的胜任特征模型进行分析后发现，67%的胜任特征与情绪智力相关。在他1995年出版的《情绪智力》一书中，戈尔曼阐述了他的研究结果。他认为，人类的自我意识（了解自己）、自我约束（控制情绪）、毅力和全情投入等能力对一个人一生的影响在大多数时间内都要比智商更为重要。情绪智力主要体现在以下五个方面：

1. 认识自身情绪的能力

认识自身情绪，就是能认识自己的感觉、情绪、情感、动机、性格、欲望和基本的价值取向等，并以此作为行动的依据。

2. 妥善管理自身情绪的能力

妥善管理自身情绪，是指对自己的快乐、愤怒、恐惧、爱、惊讶、厌恶、悲伤、焦虑等体验能够自我认识、自我调节。如自我安慰,主动摆脱焦虑和不安情绪。

3. 自我激励

自我激励,指面对自己想要实现的目标,随时进行自我鞭策、自我说服,始终保持高度热忱、专注和自制,使自己有较高的办事效率。

4. 认识他人的情绪

认识他人的情绪,指对他人的各种感受,能设身处地、快速地进行直觉判断。了解他人的情绪、性情、动机、欲望等,并能做出适度的反应。在人际交往过程中,常从对方的语言、语调、语气、表情、手势和姿势中做出判断。真正透露情绪情感的往往就是这些表达方式。因此,捕捉人的真实的情绪情感的常是这些关键信息,而不仅仅是对方说了什么。

5. 人际关系的管理

人际关系的管理是一门管理他人情绪的艺术。一个人的人缘、人际和谐程度都和人际关系有关。深谙人际关系的人,容易认识人而且善解人意,善于从他人的表情来判读其内心感受,善于体察其动机想法。这种能力的具备,易使其与任何人相处都愉悦自在,这种人能出任集体感情的代言人,引导群体走向共同目标。

(二)自我认知的构成要素

英国心理学家威廉·詹姆斯认为经验中的自我有三种:

(1)物质自我,也称为生理自我,源于对躯体的觉知,包括与自己有关的衣着、家庭、财物等。

(2)社会自我,反映个体对两方面的看法,一是个体认为其他人是如何看待自己的十分重要;二是社会的规范和价值观。

(3)精神自我,指个体对自己心理活动的认知,并且能够通过这种认知来调节个体心理活动的过程、状态及特征,控制自己的某种行为,修正自己的经验和观念。

自我认知的构成要素见表8-1。

表 8-1　　自我认知的构成要素

自我要素	自我认知与评价	自我追求行为
物质自我	对自己身体、衣着、仪表、家庭等的认知与评价	追求身体外表、欲望的满足,如装饰、打扮、爱护家庭
社会自我	对自己社会地位、名誉、财产及与他人关系的认知与评价	引人注目、讨好别人、追求名誉、爱与归属感等
精神自我	对自己的智慧、能力、道德水准及自卑与优越感的认知与评价	追求智慧、宗教、道德与良心

正确的自我认知,可以激发人们的自尊心、自信心、事业心和荣誉感,从而推动人们学习、工作、事业和生活的成功,有助于人们自觉地适应社会、革新自己、增强自我控制和调节能力。

(三)自我认知的主要内容

1. 明确自身的价值观和兴趣爱好

价值观是我们工作和生活的基本驱动力,是我们的思考习惯和行为方式的基础。它影响我们如何看待世界、社会、人生,如何学习、工作和生活,甚至影响到我们出于何种目的去学习、工作和生活。价值观可以表现在很多方面,如职业价值观、生活价值观、恋爱价值观、交友价值观等。一个人违心地选择一个自己并不喜欢的职业将是件痛苦的事情。因此,首先你要了解你自己,选择自己真正喜欢和适合的工作,价值观也是如此。

2. 了解自身的知识结构

知识结构,是指一个人所掌握的知识类别、各类知识相互影响而形成的知识框架及各类知识的比重。如自然科学知识和社会科学知识的比重,普通知识和特殊知识的比重,基础知识和专业知识的比重,传统知识和现代知识的比重等。知识结构的分析至少对自身有两方面的作用,一是根据自己的知识结构,选择适合的职业;二是针对拟任职位所需的知识结构,尽快弥补短板,使自己的现有知识结构得到改善以适应职业和社会发展的需要。

3. 了解自己的能力结构

一个人所具备的能力类型及各类能力的有机组合就是他的能力结构。能力的类型多种多样,如记忆能力、理解能力、分析能力、综合能力、口语表达能力、推理能力、环境适应能力、反应能力与应变能力、人际关系能力、组织管理能力、创新能力、判断能力等。要不断学习和更新,努力做到能力与岗位匹配。

4. 把握自身个性心理特征

个性是决定每个人心理和行为的普遍性和差异性的那些特征和倾向的较稳定的有机组合。个性心理特征主要包括气质和性格两个方面。人的气质存在着相当大的差异,判断自己的气质类型对每个人都是十分必要的。性格是个人对现实的稳定态度和习惯性的行为方式。与气质相比,人们的性格差异更是多样而复杂的。古希腊医师希波克拉底划分了四种经典气质类型,见表8-2。性格的类型见表8-3。

表 8-2　　　　　　　　　希波克拉底的四种经典气质

气质类型	外在表现	职业倾向
多血质	外向,活泼好动,善于交际;思维敏捷;容易接受新鲜事物;情绪情感容易产生也容易变化和消失,容易外露;体验不深刻等	适合竞争激烈、冒险性和风险性强的职业,如运动员、改革者、探险者、导游、推销员等
黏液质	情绪稳定,有耐心,自信心强等	适合抛头露面、交际方面的职业,如记者、律师、公关人员、秘书、艺术工作者、演员、侦探等
抑郁质	内向,言行缓慢,优柔寡断等	适合专长多,能力强,精于调整、调和各类关系的职业,如医务人员、图书管理员、情报翻译员、出纳员、会计、营业员、播音员、话务员、调解员等
胆汁质	反应迅速,情绪有时激烈、冲动,很外向等	适合从事理论研究工作,如校对、检查员、化验员、雕刻工作者、保管员、机要秘书等

表 8-3　　　　　　　　　　　　　　性格的类型

划分依据	性格类型	外在表现
根据知、情、意三者在性格中何者占优势来划分	理智型	理智型的人,通常以理智来评价、支配和控制自己的行动
	情绪型	情绪型的人,往往不善于思考,其言行举止易受情绪左右
	意志型	意志型的人,一般表现为行动目标明确,主动积极
根据个体独立性程度划分	独立型	独立型的人,善于独立思考,不易受外来因素的干扰,能够独立地发现问题和解决问题
	顺从型	顺从型的人,易受外来因素的干扰,常不加分析地接受他人意见,应变能力较差

二、自我评估

(一)自我评估的含义和重要性

自我评估就是对自身的认识,从最根本的层面发现自身的能力与需求。自我评估的重要性在于,这是自我对未来进行职业规划的基础。在自我评估中,要全面客观、实事求是,对个人的肯定和不高估个人能力同样重要,他人对自己的评价也起着重要参考作用。

(二)求职自我评估的内容

在求职前的自我评估中,在发掘自身的潜质与了解企业用人原则的基础上,可以从以下两方面进行相关的评估:

1. 自身特质能力

价值观:决定了你未来在职业生涯整体发展中看待问题的方式与行动方法。

兴趣爱好:发掘自身潜在的能力,其对选择就业目标具有重要作用。

人格特征:通过性格分析,确定自身性格与所申请的岗位是否匹配。

内在动力:职业发展的源驱动力,在综合考虑外在因素(地域、薪资等)时具有重要指向性作用。

2. 雇主所关注的能力

人际交流:关于了解、考虑及回应他人的行为能力。

团队协作:与他人配合完成任务的能力,这是企业竞争的核心所在。

解决问题能力:获得成功的核心能力。

计划组织能力:按时完成任务的基础能力。

商业意识:简要地说就是以最优惠的价格购买产品或以最具竞争力的价格卖出产品的能力。

一份自我评估可能揭示你的特质、兴趣、价值观和技能,这会定义你的强项与弱项。当你完成了自我评估过程的第一步,你可以继续思考:我能做什么?我擅长什么?还有什么其他的选择?我喜欢做什么?什么驱动我?什么激励我?然后做出对你而言最合适的选择。

(三)自我评估的方法

1. SWOT 分析法

自我评估可以借助一些工具和方法。SWOT 分析法是一种能够客观而准确地分析和研究一个单位现实情况的方法,也叫态势分析法,也可以用于自我评估。SWOT 中的 S(Strength)代表优势,W(Weakness)代表劣势,O(Opportunity)代表机会,T(Threat)代表威胁。从整体上看,SW 主要用来分析内部条件,OT 主要用来分析外部条件。SWOT 分析法是一种自我诊断方法,是一种能够较客观而准确地分析和研究一个人、一个团队、一个组织现实情况的方法。利用这种方法可以找出对自己有利的、值得发扬的因素,以及对自己不利的、需要避开的因素。发现存在的问题,找出解决办法,并明确以后的发展方向。

【思考】 用 SWOT 分析法剖析优劣势和内外部环境因素,做出你的职业规划。

2. 360 度评估法

360 度评估法又称为多渠道评估法或全方位评估法,是指通过收集与受评者有密切关系的、来自不同层面人员的评估信息,全方位地评估受评者的个人素质、能力、精神和行为等方面。

通过评估反馈,可以获得来自多层面人员对受评者素质、能力等方面的评估意见,比较全面、客观地了解有关受评者个人特质、优缺点等信息,作为受评者进行职业生涯规划及能力发展的参考。比如,通过老师、领导、父母、家人、朋友、同学等周围的人对本人进行客观的评估,以达到自我认知的目的。360 度评估法的实例见表 8-4。

表 8-4 360 度评估法

评估实体	优 点	缺 点
自我评估	积极、认真、勤奋、友善、集体荣誉感强,严格要求自己、上进,适应能力和分析能力强,有一定的组织能力,注重交际,勇于挑战自我,处事成熟、理智	过于追求完美,执着,不太注意作息,过分注重结果,不善于表达自己,写作能力弱,不够果断,思路有时比较混乱,过于敏感
教师、领导评估	目标明确,个性较强,工作尽责,集体观念强,学习认真刻苦,喜欢钻研,能充分发挥自己的带头作用,有很强的组织管理能力,待人有礼,人际关系好	自信心不足,不善于表达,工作计划性和前瞻性不强,做事效率低
父母家人评估	行为大方得体,比较成熟,独立,有热情,乐于助人,懂得为别人着想,有毅力,有同情心与责任心,有主见,谦虚谨慎,勇于承认并改正错误,勇敢面对挫折,有凝聚力,有家庭观念,明白事理	不善于表达自己,不善于交谈,自信心不足,不太注意作息时间,脾气有时候很倔强,做事效率低
朋友同学评估	学习刻苦,工作上任劳任怨,认真负责,办事的目的性强,效率高,善于交往,关心集体,思想积极上进,能出色地完成工作,责任心和正义感强,创造力较强,喜欢冒险	过分追求完美,不够相信同伴,作息时间没有分配好,遇事欠冷静,看问题欠全面考虑,顾虑太多,多愁善感,生活上做事效率低
其他社会关系评估	独立思考能力强,上进,对学习与工作热情,乐于助人,谦虚谨慎,有独立的处事能力,有强烈的团队精神,与人相融洽,应变能力和组织能力强,处事得当,待人有礼,关心长辈	有时候对事情过分执着,自信心不足,不能勇于表达自己,不太注重作息时间

3. 职业心理测评法

所谓心理测评法,是指运用现代心理学、测量学、管理学、社会学、统计学、行为科学及计算机技术于一体的综合方法。它通过人机测评、结构化面试、情景模拟、评价中心等技术,对人才的知识水平、能力及其倾向、工作技能、内在动机、个性特征和发展潜能进行测评,并根据工作岗位要求及组织特性进行评价,从而实现对人才全面、准确、深入的了解,将最合适的人才安排到最合适的工作岗位上,以实现最佳工作绩效。

人是极为复杂的,某一个维度的单项测评并不能全面反映一个人的特质。为了解决这一问题,可以借助测试工具,比较详细、客观地对你的职业兴趣、职业能力、职业价值观和行为风格进行测评和描述,根据测评结果提出针对性的建议。

4. 自我认知的方法

(1) 通过与别人比较认识自己。社会心理学家费斯廷格的社会比较理论认为,人有一种评估自己的内驱力,在缺乏客观的、非社会标准的情况下,人们将通过与他人的比较来评估自己。自己跑步的速度是通过与别人赛跑比较出来的,个子的高矮也是通过比较测量来确定的,自我认知和评估自己的品质、能力等都是如此。我们总是通过和自己地位、条件相类似的人的对比来评估自己以及自己和周围的关系。我们平常说的"别人家的孩子",就是通过比较来认识自己的孩子并做出判断的典型案例。

(2) "约哈里窗",利用反馈,客观认识自己。第一步,请5～10个非常了解你的朋友列出你的优缺点。再请那些你最不喜欢的人列出你的优缺点,也就是请别人做你的镜子,帮助你认识自己、评估自己。第二步,你自己也列出自己的优缺点,然后与别人列出的一一比较,便可能产生四种情况,橱窗分析见表8-5。

表 8-5　　　　　　　　　　橱窗分析表

项　目	自己知道	自己不知道
别人知道	自己和他人都知道的部分(开放区域)	自己不知道而他人知道的部分(盲目区域)
别人不知道	自己了解而他人不知道的部分(隐藏区域)	自己和他人都不知道的部分(未知区域)

根据"约哈里窗"的原理,你也许会发现自己有许多优点,别人并不知道,也可能出现别人认为你具有的优点,而你自己反而不觉得,这样综合起来你就可以全面地了解自己。同样,你的缺点也可能有类似的情形。用"约哈里窗"认识和评估自己,要比从自我观察的材料中分析、评估自己更客观、准确、可靠。

(3) 通过和自己比较认识自己。一方面将目前的"自我"与过去的或将来的"自我"作比较,另一方面是将自己的期望与实际获得的成就做比较。个体的自尊、自信、自大、自卑等自我感觉主要取决于个体内在状态与自我期望等主观因素,且往往是这些因素决定着个体对自己感情、态度的判断和评估。

(4) 通过内省来观察和认识自己。《论语》中记载,曾子曰:"吾日三省吾身:为人谋而不忠乎?与朋友交而不信乎?传不习乎?"讲的就是内省的重要性。古希腊哲学家苏格拉底说"未经检审的人生是不值得过的",也是说内省的重要性。我们不仅可以依据他人的态度来观察和认识自己,更重要的是通过内省来观察和认识自己。个体关于自己的情感定式和信念的信息,主要来源于感知自己的内心状态,观察自己的外显行为,观察与这些行为相关的环境。要处理这些信息,就需要内省。

第二节　个人价值观与个人决策

人的一生会面临很多选择，每一次选择实质上都是一次决策，我们常用"鱼和熊掌不可兼得"来说明决策的困难。其实当你知道你自己想要什么，有明确的价值观，再掌握决策的方法，进行个人决策也就水到渠成。

一、个人价值观与职业价值观

（一）个人价值观

价值观是指一个人对周围的客观事物（人、事、物）的意义、重要性的总体评价和看法。对这些事物的看法和评价在心目中的主次、轻重的排列顺序，就是价值观体系。价值观和价值观体系是决定人的行为的心理基础。

价值观对人们自身行为的定向和调节起着非常重要的作用。价值观决定人的自我认识，它直接影响和决定一个人的理想、信念、生活目标和追求方向。

价值观是人们关于什么是价值、怎样评判价值、如何创造价值等问题的根本观点。2017年10月18日，习近平总书记在十九大报告中指出，要培育和践行社会主义核心价值观。社会主义核心价值观可分为三个层面，即国家层面倡导富强、民主、文明、和谐，社会层面倡导自由、平等、公正、法治，个人层面倡导爱国、敬业、诚信、友善。

（二）职业价值观

1. 职业价值观的含义

职业价值观是指人生目标和人生态度在职业选择方面的具体表现，是一个人对职业的认识和态度以及他对职业目标的追求和向往。理想、信念、世界观对于职业的影响，集中体现在职业价值观上。人们在选择职业时，存在众多的价值取向，优先考虑哪些价值，往往影响你的职业选择。

2. 职业价值观的分类

人们对职业价值观的种类有以下几种划分方式：

（1）职业专家的分类

职业专家通过大量的调查，从人们的理想、信念和世界观角度把职业分为九大类：

①自由型（非工资工作者型），特点是不受别人指使，凭自己的能力拥有自己的小"城堡"，不愿受人干涉，想充分施展本领。相应职业类型：室内装饰专家、图书管理专家、摄影师、音乐教师、作家、演员、记者、诗人、作曲家、编剧、雕刻家和漫画家等。

②经济型（经理型），特点是他们认为世界上的各种关系都建立在金钱的基础上，包括人与人之间的关系。这种类型的人确信，金钱可以买到世界上所有的幸福。相应职业类

型:各种职业中都有这种类型的人。

③支配型(独断专行型),特点是想掌握一定的权力,飞扬跋扈,无视他人的想法,为所欲为,且视此为快乐的源泉。相应职业类型:进货员、商品批发员、酒店经理、饭店经理、广告宣传员、调度员、律师、政治家和零售商等。

④小康型,特点是追求虚荣,优越感很强。渴望拥有社会地位和名誉,希望常常受到他人尊重。欲望得不到满足时,由于过于强烈的自我意识,有时反而很自卑。相应职业类型:记账员、会计、银行出纳、法庭速记员、税务员、核算员、打字员、办公室职员、统计员和计算机操作员等。

⑤自我实现型,特点是不关心平常的幸福,一心一意想发挥个性,追求真理。不考虑收入、地位及他人对自己的看法,尽力挖掘自己的潜力,施展自己的本领,并视此为有意义的生活。相应职业类型:气象学家、生物学家、天文学家、药剂师、动物学家、化学家、科学报刊编辑、地质学家、植物学家、物理学家、数学家、实验员和科研人员等。

⑥志愿型,特点是富于同理心,把他人的痛苦视为自己的痛苦,不愿做哗众取宠的工作,把默默地帮助不幸的人视为快乐的源泉。相应职业类型:社会学家、导游、福利机构工作者、咨询人员、社会工作者、社会科学教师和护士等。

⑦技术型,特点是性格沉稳,做事组织严密,井井有条,并且对未来保持平常心态。相应职业类型:木匠、农民、工程师、飞机机械师、野生动物专家、自动化技师、机械工、电工、火车司机、公共汽车司机和机械制图师等。

⑧合作型,特点是人际关系较好,认为朋友是最大的财富。相应职业类型:公关人员、推销人员和秘书等。

⑨享受型,特点是喜欢安逸的生活,不愿从事任何挑战性的工作,无固定职业类型。

(2)洛特克的分类

美国心理学家洛特克在其所著的《人类价值观的本质》一书中,提出十三种价值观:①成就感;②审美追求;③挑战;④健康;⑤收入与财富;⑥独立性;⑦爱;⑧家庭与人际关系;⑨道德感;⑩欢乐;⑪权利;⑫安全感;⑬自我成长和社会交往。

(3)阚雅玲的分类

我国学者阚雅玲将职业价值观分为十二类:①收入与财富;②兴趣特长;③权力地位;④自由独立;⑤自我成长;⑥自我实现;⑦人际关系;⑧身心健康;⑨环境舒适;⑩工作稳定;⑪社会需要;⑫追求新意。

良好价值观的建立有助于大家找到自己前进的动力,让生命的活水源源不断,让人生变得充盈、欢畅、意趣无穷。

二、个人决策

决策是为了实现一定的目标,在两个以上的备选方案中,选择一个令人满意的方案的分析判断过程。对于个人而言,有什么样的决策,可能就会采取相应的行动,就会产生相应的结果,因此,个人决策决定了我们的人生。

(一)个人决策的含义和特点

1. 个人决策的含义

个人决策是指决策机构的主要领导成员通过个人决定的方式,按照个人的判断力、知识、经验和意志所做出的决策。个人决策一般用于日常工作中程序化的决策和管理者职责范围内的常规事项决策。

2. 个人决策的特点

个人决策具有合理性,它具有简便、迅速、责任明确的特点。科学意义上的个人决策,是领导者在集中多数人的正确意见的基础上,经过反复思考后做出的,它并不意味着不负责任的独断专行。

人的命运在于决策,决策的核心是价值观。不同的决策把人们导向不同的路途和方向,使各自的人生呈现出不同的色彩和价值,最终收获不同的果实。

决策必然涉及决策的判断标准,就是依据什么做出选择。经济学认为,人是理性经济人,要选择最优化的行动方案,付出最少,收益最高。诺贝尔经济学奖获得者赫伯特·西蒙在《管理行为》一书中则提出"有限理性"假设,认为人的理性是有限的,我们的决策选择的是满意而非利益最大化。

(二)进退两难的决策

面对进退两难的决策,英国哲学家边沁列出了七个标准,对我们的决策有一定的参考价值。

1. 强度

强度即比较两个选项中哪一个的价值最有助于满足选择者的强烈需求。

2. 确定性

确定性即优先选择必须是能够较确定地带来预期后果而不是可能性较小的。

3. 持久性

持久性即优先选择带来的预期后果是持久的而不是短暂的。

4. 远近性

远近性即优先选择能较快产生预期后果的选项。

5. 纯洁度

纯洁度即优先选择那些副作用较小的选项。

6. 繁殖性

繁殖性即优先选择那些有助于其他价值实现的选项。

7. 广延性

广延性即优先选择那些预期结果对较大范围的情景适用的选项。

(三)放弃也是一种决策

每一种决策其实都有一定的合理性,决定做什么并非决策的唯一结果,不选择任何方案也是一种决策;每一种决策也不是完全正确的,正确性只是相对于其他选择来说,其实还会有更多、更好的选择在等着我们。关键就在于,你所要做出的决策是不是你想要的,是否适合你自己。

决策的另一面就是放弃,所以决策也意味着放弃。孟子曰:"鱼,我所欲也;熊掌,亦我所欲,二者不可得兼,舍鱼而取熊掌也。"所以,当我们面临决策时,我们必须学会放弃。放弃并不意味着失败,而是为了更好地获得。很多时候,我们难以取舍时,实质上需要的就是放弃的勇气,所谓"有所为有所不为"。

第三节 目标在个人管理中的应用

一、目标的含义和作用

(一)目标的含义

彼得·德鲁克认为,目标并非命运而是方向,目标并非命令而是承诺;目标并不决定未来,而是动员企业的资源与能源以便塑造未来的手段。概括来说,目标是个人、部门或整个组织所期望达到的成果。

(二)目标的作用

目标的作用可以体现在以下三个方面:

(1)目标就是计划。给自己的人生确定一个你希望达到的场景、界定好完成时间,就是人生的目标。

(2)目标由价值观决定。人生目标是追求吃喝玩乐,还是追求精神享受,都由价值观决定。

(3)目标具有导向性。目标的实现是有其难易程度的,设立一个远大的目标对人生发展有重要的意义,那个你觉得最想达到的目标,就是你人生的终极目标。

二、制订目标

(一)目标分解

当你想要执行某项行动时,制订目标就是第一步。目标就是动力,目标就是方向,制订目标应该成为我们生活的一种习惯。

在大目标下分出层次,分步实现大目标。将一个大目标科学地分解为若干个小目标,落实到具体的每周每天的任务上,是实现目标的最好方法。

目标又分成许多不同种类,如人生终极目标、长期目标、中期目标、短期目标、小目标,这么多的目标并非处于同一个位置上,它们的关系就像一座金字塔,如图 8-1 所示。如果你一步一步地实现各层目标,取得成功就容易一些;反之,你若想一步登天,那就相当困难。

人生终极目标是统帅、是灵魂,它贯穿于你生活的每一个目标中,每一个目标也都体现了人生的终极目标,它是你的长远目标。只有实现每一个小目标,才能积累实现短期目标;只有实现第一个短期目标,才能积累实现中期目标;只有中期目标实现了、积累够了,长期目标才能实现。这就好像连环套,大目标统率小目标,小目标牵制大目标,大目标是实现小目标的动力和催化剂,而小目标是实现大目标的阶梯。在目标管理体系中,大目标与小目标之间就是这样彼此制约,相互影响,相互依存,相互成就。

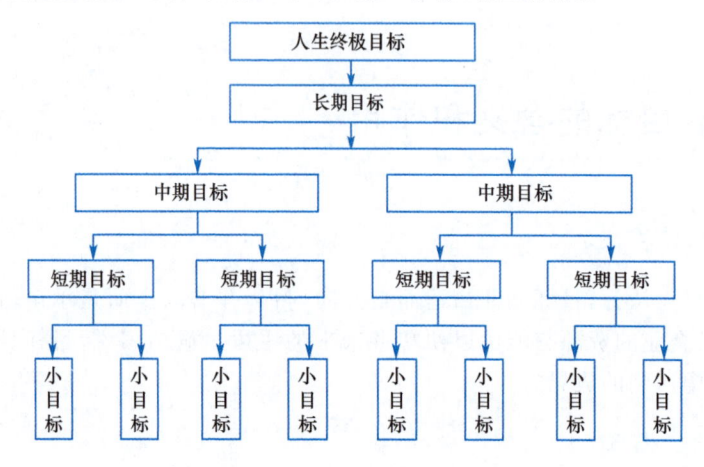

图 8-1　目标关系金字塔

(二)确定人生目标和制订达到目标的计划

确定目标是一件需要花很多时间仔细考虑的事情,以下几个方面可以帮助我们完成这件事。

写出一个人生目标的清单。可以尝试回答以下问题:真正想要的是什么？真正想去完成的是什么事情？把每个问题的答案写下来就形成了多个目标。如果其中任何目标只是达到另外一个目标的关键步骤,那就把它从清单中去掉,因为它不是人生目标。

对于每一个目标,需要设定一个合适的时间框架来完成它们。例如,十年目标计划,五年目标计划,还有年度目标计划。

描绘达到每一个人生目标的详细旅程,对于每一个人生目标,都按照下面的步骤来处理：

第一步,把每个人生目标单独写在一张白纸的顶端。

第二步,在每个目标下面写上要完成这个目标所需要但是目前又没有的资源和时间框架。这些资源可能是某种教育、职业生涯的改变、财务、新的技能等。任何一个在第一步里面去掉的关键步骤,都可以在这一步中补上。如果任何一个目标下面还有子目标,都可以补充上,以保证每一步都有精确的行动相对应。

第三步,在第二步所列出的每项中,写下要完成每一步所需要采取的行动,形成完成目标的所有确切的步骤。

第四步,检查在第二步里面所写的时间框架,在每一张目标表上写下所要完成目标的年限。为所需要完成的每一小步,写下所需要完成的时间。

第五步,检查整个人生目标,然后定一个每周、每个月和年度的时间进度表,以便可以按照预定的路线去完成目标。

把所有的目标完成时间点写在进度表上,这样要完成的事情就有了确定的时间。一年结尾的时候,回顾一年里面所做的事情,划掉完成的目标,规划下一年所要完成的目标。

在制订计划时,至少要把握三个方面。首先,要写明做什么,即工作任务是什么,根据制订计划的SMART原则,所要达到的目标应具有明确性、可测量性、可实现性、相关性和时限性的特点。其次,写明怎样做,写明实现总目标的具体方法并进行细化,如学历提升、考证、兼职、自学、参加培训班和与他人讨论等。最后,安排出实现任务目标的工作程序、划分阶段和时间分配,并且扼要提出各时段的期限、任务及完成任务的具体措施等。

第四节 时间管理

时间是每个组织、每个人的重要而宝贵的资源。浪费时间就是增加成本、降低效益,正所谓"时间就是金钱"。

一、时间管理概述

(一)时间管理的含义

时间管理就是用技巧、技术和工具帮助人们完成工作和实现目标的方法。时间管理并不是要把所有事情做完,而是更有效地运用时间。时间管理的目的除了要决定你该做些什么事情之外,另一个很重要的目的就是决定什么事情不应该做;时间管理不是完全的掌控,而是降低环境变动和不确定性带来的风险。时间管理最重要的功能是通过事先的规划,变成一种日常提醒与指引。

(二)时间管理理论

时间管理的研究已有相当长的历史,犹如人类社会从农业革命演进到工业革命,再到信息革命,时间管理理论也可分为四代。

第一代时间管理着重利用便条与备忘录,在忙碌中调配时间与精力,目的是分配时间。此阶段人们将所有需要做的事情都记录下来,每完成一件就去掉一件。

第二代时间管理强调履行安排项目与日程表,时间管理已注意到规划未来的重要性。强调时间的重要性,目的是规划未来。此阶段人们在每件需要完成的事情之前都分配、安排一个预定的时间段,将每个时间段内需要完成的工作都列成一个时间表,按照时间表实施行动。

第三代时间管理排列优先顺序以追求效率。此阶段强调优先级观念,依据轻重缓急设定短、中、长期目标,再逐日制订实现目标的计划,将有限的时间和精力加以分配,争取实现最高的效率。

第四代时间管理讲究以价值性和重要性为导向,目的是实现双效(效率与效能)。一切以价值性和重要性为评判标准,创造生产力和价值越多的工作优先去做,创造生产力和价值少的工作则要尽量少做甚至不做。

与以往截然不同之处在于,它根本否定了"时间管理"这个名词,主张关键不在于时间管理,而在于个人管理。与其着重于时间与事务的安排,不如把重心放在维持产出与产能的平衡上。

二、时间管理的基本工具

(一)时间管理概念——GTD

GTD 是 Getting Things Done 的缩写,来自戴维·艾伦的一本畅销书《Getting Things Done》,国内翻译为《尽管去做:无压工作的艺术》。GTD 实质上是给大脑外接一个"移动硬盘",把所有待处理事项,全部从大脑中清除出去,让大脑用来思考,而不是用来记事。

GTD 的具体做法可以分成收集、整理、组织、回顾与行动五个步骤。

1. 收集

收集就是将你能够想到的所有的未尽事宜(GTD 中称为 stuff)统统罗列出来,放入 Inbox 中,这个 Inbox 既可以是用来放置各种实物的实际的文件夹或者篮子,也可以是用来记录各种事项的纸张或 PDA(掌上电脑)。收集的关键在于把一切赶出你的大脑,记录到 Inbox 中。

2. 整理

将 Stuff 放入 Inbox 之后,就需要定期或不定期地进行整理,清空 Inbox。将这些 Stuff 按是否可以付诸行动进行区分整理,对于不能付诸行动的内容,可以进一步分为参考资料、日后可能需要处理的资料以及垃圾这几类;而对于可行动的内容,再考虑是否可以在两分钟内完成,如果可以则立即行动完成它,如果不能则对下一步行动进行组织。

3. 组织

组织是 GTD 中最核心的步骤,主要分成对参考资料的组织和对下一步行动的组织。对参考资料的组织主要就是一个文档管理系统,对下一步行动的组织则一般可分为等待清单、未来清单、行动清单、文件夹。

等待清单主要是记录那些委派他人去做的工作。未来清单则是记录延迟处理且没有具体的完成日期的未来计划等。行动清单则是具体的下一步工作,而且如果一个项目涉及多步骤的工作,那么需要将其细化成具体的工作(电子邮件、打电话、购物、询问)。文件夹记录已完成的任务。

GTD 对下一步行动清单的处理与一般的 To－Do list 最大的不同在于,它作了进一步的细化,例如,按照地点(电脑旁、办公室、电话旁、家里、超市)分别记录只有在这些地方才可以执行的事情,而当你到这些地点后也就能够一目了然地知道应该做哪些事情。

4. 回顾

回顾是 GTD 中的一个重要步骤,一般需要每周进行回顾与检查,通过回顾及检查你的所有清单并进行更新,可以确保 GTD 系统的运作,而且在回顾的同时可能还需要进行未来一周的计划工作。回顾就是从分类中提取需要完成的事情,然后去完成它。

5. 行动

现在你可以按照每份清单开始行动了,在具体行动中可能会需要根据所处的环境、时间、精力情况以及重要性来选择清单以及清单上的事项来行动。

(二)时间管理优先矩阵图

时间管理优先矩阵图由著名管理学家科维提出,也称四象限法则,是把工作按照重要和紧急两个不同的维度进行了划分,可以分为四个象限,即既紧急又重要、重要但不紧急、紧急但不重要、既不紧急也不重要。时间管理优先矩阵图如图 8-2 所示。

	紧急	不紧急
重要	既紧急又重要 优先等级 A 策略:马上执行,立即做 时间安排:20%～25%	重要但不紧急 优先等级 B 策略:制订工作计划,稍后做 时间安排:60%～80%
不重要	紧急但不重要 优先等级 C 策略:交由下属解决,授权 时间安排:15%	既不紧急也不重要 优先等级 D 策略:对它说不,不做 时间安排:<1%

图 8-2 时间管理优先矩阵图

根据这一原则,我们应当对要做的事情分清轻重缓急,进行如下的排序:

第一象限,优先等级 A,既紧急又重要的事情,如救火、抢险、重大项目的谈判、重要的工作等,是必须立刻做的事情。

第二象限,优先等级 B,重要但不紧急的事情,是指那些应该做的事情,做到未雨绸缪,如准备事项、预防措施、规划和审议、团队建设、团队和员工的发展、学习、培训等。只有在优先考虑了重要的事情后,再来考虑紧急的事情。人们常犯的毛病是把"紧急"当成优先原则。其实,许多看似很紧急的事,放缓进度也不会影响大局。

第三象限,优先等级 C,紧急但不重要的事情,是指那些量力而为的事情,如突如其来的访客、无所谓的电话、附和别人期望的事、与人谈心、体检、不需要发言的会议等。只要没有其他重要事件的压力,应该当成紧急事件去处理,而不是拖延。

第四象限,优先等级 D,既不紧急也不重要的事情,是指可以委托别人去做的事情或应该删除的工作,如发呆、上网、闲聊、闲逛、娱乐和消遣等。

时间管理事务分类表,见表 8-6。

表 8-6　　　　　　　　　时间管理事务分类表

	紧急	不紧急
重要	1.危机 2.紧急的问题 3.有期限的任务、会议 4.准备事项	1.准备事项 2.预防工作 3.价值观的澄清 4.计划、规划长期目标 5.建立人际关系 6.真正的休闲充电
不重要	1.无所谓的电话 2.一些信件、报告 3.不速之客的打扰 4.许多紧急的事件 5.许多凑热闹的活动	1.烦琐、忙碌的工作 2.无关紧要的信件 3.可有可无的电话 4.浪费时间的事 5.某些有趣的活动 6.看太多的电视

(三)6 点优先工作制

6 点优先工作制是美国效率大师艾维·李在向美国一家钢铁公司提供咨询时提出的,这种方法使该公司用了五年的时间,从濒临破产一跃成为当时全美最大的私营钢铁企业,艾维·李因此获得了 2.5 万美元的咨询费,故管理界将该方法喻为"价值 2.5 万美元的时间管理方法"。

6 点优先工作制也称为"10 分钟 6 件事效率法",这一方法要求把每天所要做的事情按重要性排序,分别从"1"到"6"标出 6 件最重要的事情。每天一开始,先全力以赴做好标号为"1"的事情(最重要的),直到它被完成或被完全准备好,然后再全力以赴地做标号为"2"的事情(次要事件),以此类推。这样就可以保证每小时、每一分、每一秒都在做最重要、最有价值的工作,体现了要事优先的原则。

艾维·李认为,一般情况下,如果一个人每天都能全力以赴地完成 6 件最重要的大事,那么,他一定是一位高效率人士。

艾维·李的效率法可以总结为以下三个步骤:

第一步,列出明天(下周、下月)要做的 6 件重要事情。

第二步,把这 6 件事情按重要程序排序。

第三步,开始先做"1"号事情,完成之后做"2"号,再做"3"号,以此类推。

试一试:请按照 6 点优先工作制,将下个月要做的 6 件事情列出来,并按重要程度排序,填写在表 8-7 中。

表 8-7	重要事务排序表
重要程度	下月需要完成的重要事务
1	
2	
3	
4	
5	
6	

(四)办公室美学

保持办公室的均匀、对称、平衡、整齐、简洁和条理,是一种办公室美学。我们应当养成如下良好习惯:

(1)物以类聚,东西用毕物归原处;

(2)不乱放东西;

(3)把整理好的东西编上号,贴上标签,做好登记;

(4)好记性不如烂笔头,要勤于记录。

处理文件的 3 个环节:

(1)迅速回复;

(2)迅速归档,以免文件弄乱或弄丢;

(3)及时销毁,没用的文件要及时处理掉,以免继续浪费空间和时间。

(五)80/20 法则

80/20 法则,是指按事情的重要程度编排行事优先次序的准则,是建立在"重要的少数与琐碎的多数"原理基础上的。这个原理是在 19 世纪末期到 20 世纪初期由意大利经济学家兼社会学家维弗雷多·帕累托提出的。它的大意是:在任何特定群体中,重要的因子通常只占少数,而不重要的因子则占多数,因此只要能控制具有重要性的少数因子即能控制全局。该法则又称为帕累托效应、最省力法则、不平衡原则、二八定律、重点法则等。

经过多年的演化,该原理已变成当今管理学界所熟知的 80/20 法则,即百分之八十的价值来自百分之二十的因子,其余百分之二十的价值则来自百分之八十的因子。该法则最初只限定于经济学领域,后来也被推广到社会生活的各个领域,且深为人们所认同。80/20 法则是指在任何大系统中,约 80%的结果是由该系统中约 20%的变量产生的。例如,在企业中,通常 80%的利润来自于 20%的项目或重要客户。再例如,经济学家认为,20%的人掌握着 80%的财富;心理学家认为,20%的人身上集中了 80%的智慧等。具体到时间管理领域是指大约 20%的重要项目能带来整个工作成果的 80%,并且在很多情况下,工作的前 20%时间会带来所有效益的 80%。

80/20 法则对我们的启示是:大智有所不虑,大巧有所不为。你应该将时间花在重要的少数问题上,因为掌握了这些重要的少数问题,你只花 20%的时间,即可取得 80%的成效。

本章小结

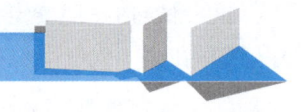

自我认知也叫自我意识,是个体对自己存在的觉察,包括对自己的行为和心理状态的认知,具体分为自我观察和自我评价。自我认知的主要内容有:明确自身的价值观和兴趣爱好,了解自身的知识结构,明确自己的能力结构,把握自身个性心理特征。

英国心理学家威廉·詹姆斯认为,经验中的自我有三种,即物质自我、社会自我和精神自我。

人类的自我意识(了解自己)、自我约束(控制情绪)、毅力和全情投入等能力对一个人一生的影响在大多数时间内都要比智商更为重要。情绪智力主要体现在以下五个方面:①认识自身情绪的能力。②妥善管理自身情绪的能力。③自我激励。④认识他人的情绪。⑤人际关系的管理。

个性心理特征主要包括气质和性格两个方面。希波克拉特的四种经典气质包括多血质、黏液质、抑郁质和胆汁质。根据知、情、意三者在性格中何者占优势来划分,可将性格类型划分为三种,即理智型、情绪型和意志型。

自我评估的方法有SWOT法、360度评估、职业心理测评法、通过与别人比较认识自己、"约哈里窗"——利用反馈客观认识自己、通过和自己比较认识自己、通过内省来观察和认识自己等。

职业价值观是一个人对职业的认识和态度以及他对职业目标的追求和向往。我国学者阚雅玲将职业价值观分为12类:收入与财富,兴趣特长,权力地位,自由独立,自我成长,自我实现,人际关系,身心健康,环境舒适,工作稳定,社会需要和追求新意。

个人决策是按照个人的判断力、知识、经验和意志所做出的决策。

时间管理是用技巧、技术和工具帮助人们完成工作,实现目标。时间管理并不是要把所有事情做完,而是更有效地运用时间。

GTD的具体做法可以分成收集、整理、组织、回顾与行动五个步骤。

时间管理优先矩阵图把工作按照重要和紧急两个不同的维度进行了划分,基本上可以分为四个象限,即既紧急又重要、重要但不紧急、紧急但不重要、既不紧急也不重要。针对这四种情形,分别采取立即做、稍后做、授权和不做的策略。

本章习题

一、单项选择题

1.自我认知也称(   ),是个体对自己存在的觉察,包括对自己的行为和心理状态的认知,具体分为自我观察和自我评价。

A.自我管理　　　　B.自我意识　　　　C.自我感觉　　　　D.自我认识

2.个人管理,也称为(   ),它描述了个人完成独立、自主的历程。

A.自我规划　　　　B.自我设想　　　　C.个人计划　　　　D.自我管理

3. 人在情绪、情感、意志、耐受挫折等方面的品质称为( )。
   A. 智商　　　　　B. 情商　　　　　C. 挫商　　　　　D. 自我认知
4. 区分工作优先级的方法称作( )。
   A. 时间管理优先矩阵图　　　　　　B. 二象限
   C. 四象限　　　　　　　　　　　　D. 六象限
5. 高效团队领导或个人会将大部分精力投入( )的工作中去。
   A. 优先级为A　　B. 优先级为B　　C. 优先级为C　　D. 优先级为D
6. 第四代时间管理的目的是( )。
   A. 追求效率　　　B. 追求效能　　　C. 追求自我提高　D. A和B
7. "江山易改,本性难移"通常指的是( )。
   A. 性格　　　　　B. 价值观　　　　C. 气质　　　　　D. 人格

二、多项选择题

1. 自我认知的主要内容包括( )等。
   A. 明确自身的价值观和爱好　　　　B. 了解自身的知识结构
   C. 明确自己的能力结构　　　　　　D. 把握自身个性心理特征
2. 个人管理的目的在于( )。
   A. 帮助个人提升工作效率　　　　　B. 建设团队
   C. 整合自己的信息资源　　　　　　D. 提高个人竞争力
3. 情商的内容包括( )。
   A. 个人意识　　　B. 自我认知　　　C. 社会认知　　　D. 控制自己
   E. 处理关系
4. 职业价值观是一个人对职业的认识和态度以及他对职业目标的追求和向往。具体包括( )、自由独立、身心健康、环境舒适、工作稳定、自我成长、社会需要和追求新意等。
   A. 收入与财富　　B. 兴趣特长　　　C. 权力地位　　　D. 自我实现
   E. 人际关系
5. 将任务按照重要性和紧急性可以分为( )。
   A. 优先级A,重要且紧急　　　　　　B. 优先级B,重要但不紧急
   C. 优先级C,紧急但不重要　　　　　D. 优先级D,既不重要也不紧急
   E. 优先级E,团队建设
6. 下列事项中,( )属于重要且紧急的任务。
   A. 危机　　　　　　　　　　　　　B. 有期限的任务
   C. 有期限的会议　　　　　　　　　D. 制订长期计划
   E. 人际关系的建立
7. 自我评估的方法有( )等。
   A. SWOT法　　　　　　　　　　　B. 360度评估
   C. 职业心理测评法　　　　　　　　D. 通过与别人比较认识自己
   E. 通过内省来观察和认识自己

三、判断题

1. 只要有知识,就一定能成功地做人做事。（   ）
2. 对于成功的作用,一定意义上来说,情商比智商更重要。（   ）
3. 时间管理就是要把所有的事情做完,并取得效率。（   ）
4. 良好的习惯会在很大程度上助人成功。（   ）
5. 人类的自我意识(了解自己)、自我约束(控制情绪)、毅力和全情投入等能力对一个人一生的影响在大多数时间内都要比智商更为重要。（   ）

四、问答题

1. 自我认知有哪些常用方法?
2. 360度评估法的主要内容有哪些?
3. 时间管理优先矩阵图的主要内容有哪些?
4. 时间管理的基本工具和方法有哪些?

五、案例分析

我从来没有做工作记录的习惯。工作上的事情总是一件完了又接着一件,整日里忙忙碌碌。我们的经理也要求我们只要一直在忙工作就行,从来没有人思考过如何提高工作效率的问题。这样的状况持续了很久,直到不久之前新来的老总提出提高工作效率的问题。他要求大家都把自己在工作中做的所有事情记录下来,记录在一个被他称作"活动跟踪表"的表格中。

在做完这样的一个记录之后,我重新阅读了一遍活动跟踪表,结果我有一个很吃惊的发现。活动跟踪表见表8-8。

表8-8　　　　　　　　　　活动跟踪表

序号	时间	活动	工作分析（有效/无效）	工作优先级别（A/B/C/D）	工作侧重点（团队/员工/任务）
1	8:00~8:10	收拾卫生		C	
2	8:10~8:20	上网浏览		D	
3	8:20~8:30	一天工作计划	有效	A	
4	8:30~8:40	给客户发邮件	有效	A	
5	8:40~8:50	召开部门临时会议		A	
6	8:50~9:00	接朋友来电		D	
7	9:00~9:15	继续给客户发邮件	有效	A	
8	9:15~9:20	喝水、上厕所		D	
9	9:20~10:00	分析客户投诉意见	有效	C	
10	10:00~10:20	和同事聊天		D	
11	10:20~10:50	与客户电话沟通	有效	B	
12	10:50~11:10	帮助同事准备会议材料		A	
13	11:10~11:30	与客户电话沟通	有效	B	
14	11:30~11:50	准备临时会议材料	有效	A	
15	11:50~12:00	打电话处理私事		C	

分析了一天的"活动跟踪表"之后,我发现自己做最有意义事情的时间很少,许多时间被无谓地浪费,在实际工作中做了许多无效的工作。这使我认识到,应该采用新的管理方式来提高自己利用时间的效率。

【思考】 结合案例,按重要程度确定优先等级,应用时间管理优先矩阵图,制作出活动跟踪表。

延伸阅读

自我管理是一切管理的根本

一、自我心态管理能力

在我们不断塑造自我的过程中,影响最大的莫过于选择积极的态度还是消极的态度。自我心态管理是个人为达到实现自我人生目标、最大化优化自我的目的而进行心态调整的一种行为。能够成功的人善于进行自我心态管理,随时调整自我心态,持续地保持积极的心态。

二、自我心智管理能力

主观偏见是禁锢心灵的罪魁祸首,经理人的见识、行为总是受制于它。心智模式是人们在成长的过程中受环境、教育和经历的影响,而逐渐形成的一套思维和行为模式。每个经理人都有自己的心智模式,但每个经理人的心智都会存在一定的障碍。经理人要善于突破自我、审视自我心智、塑造正确的心智模式。

三、自我形象管理能力

作为经理人,你的身上吸引了许多人的目光,所以,自我形象很重要。懂得如何更加得体地着装,如何适应社会对商务礼仪的要求,可以让经理人更有魅力。加强自身形象、修养、举止和谈吐等方面的管理,是每一个经理人都应该重视的。

四、自我激励管理能力

在我们每个人的生命里,潜藏着一种神秘而有趣的力量,那就是自我激励。人的一切行为都是受到激励而产生的,善于自我激励的经理人,通过不断地自我激励使自己永远具有前进的动力。自我激励是一个人事业成功的推动力,其实质则是一个人把握自己命运的能力,要有健康的心理,善于运用一定方法自我激励。

五、自我角色认知能力

每个人的角色夹插于公司、上级、同级、下级及客户之间,若在定位上没有一套正确的认知能力,往往会落到上下难做人、里外不是人的地步。如何正确认知自己的角色并依此正确确定自己的行为表现,是一个人走向成功的重要环节。

六、自我时间管理能力

每个经理人都同样地享有每年365天、每天24小时,可是,为什么有的人在有限的时间里既完成了辉煌事业又能充分享受到亲情和友情,还能使自己的业余生活多姿多彩呢?

他有三头六臂吗?时间老人过多地偏爱他们吗?关键的秘诀就在于成功的人善于进行自我时间管理。

七、自我人际管理能力

有人说"成功=30%知识+70%人脉",也有人说人际关系与人际技能才是真正的第一生产力。因为人的生命永远不孤立,我们和所有的东西都会发生关系,而生命中最主要的就是这种人际关系。

八、自我目标管理能力

生命的悲剧不在于目标没有达成,而在于没有目标。目标有多远,我们就能走多远。目标指引人工作的总方向。有志者每天的生活与工作是一个不断提出目标、不断追求目标并实现目标的过程。

九、自我情绪管理能力

情绪能改变人的生活,有助于改善人际关系和说服他人,情商高的人可以控制、化解不良情绪。在成功的路上,最大的敌人其实并不是缺少机会,或是资历浅薄;成功的最大敌人是缺乏对自己情绪的控制。愤怒时,不能遏制怒火,使周围的合作者望而却步;消沉时,放纵自己的萎靡,把许多稍纵即逝的机会白白浪费掉。

十、自我行为管理能力

根据社会伦理和组织所要求的行为规范,每个人的行为都可以分为正确的行为和错误的行为。经理人职业行为就是成为经理人所要坚守的正确行事规范,是对自我行为进行管理以达到职业化行为规范的要求。这是每个人都应该重视的事情。因为只有进行自我行为管理,坚守职业行为,才能使职业化素质成熟。

十一、自我学习管理能力

学习是人类生存与发展的推动力。人不是生而知之,而是学而知之,知识和能力不是天上掉下来的,而是从学习和实践中得来的。经理人最重要的能力是什么?是学习能力。人的竞争力就表现在学习能力上。

十二、自我反省管理能力

反省是成功的加速器。经理人经常反省自己,可以去除心中的杂念,理性地认识自己,对事物有清晰的判断;也可以提醒自己改正过失。人只有全面地反省,才能真正认识自己,只有真正认识了自己并付出了相应的行动,才能不断完善自己。因此,每日反省自己是不可或缺的。不断地检查自己行为中的不足,及时反思自己失误的原因,就能不断地完善自我。

畅销书《最伟大的礼物》告诫人们要学会自我管理,每个人只要坚持自我管理,成功就是水到渠成的事情!

第九章 班组管理

学习目标

1. 理解班组管理的定义，掌握班组管理的特点。
2. 理解班组长的使命、基本任务和充当的角色。
3. 理解并掌握班组长应具备的基本技能。
4. 理解并掌握班组建设与管理的内容。

能力目标

1. 提高对组织班组管理的认识。
2. 加深对班组长日常活动的认识。
3. 有意识地培养自己的管理素质和管理技能。
4. 运用班组长管理知识，培养团队领导能力。

问题引导

1. 班组管理包括哪些内容？
2. 什么是PDCA？如何实施？
3. 什么是6s？如何实施？
4. 如何做到班组的有效激励？

第一节 班组管理概述

知识讲解

班组管理的基础

管理情景

李强的困惑

李强这几天心情很复杂，时喜时忧。喜的是自己经过几轮考察，得到了厂领导的肯定，被任命为总装三班的班组长；忧的是虽然自己技术过硬，但对如何管理班组却知之甚少。于是，李强决定向管理经验丰富的老班组长张烨求教。张班组长听李强说明来意以后，非常高兴，觉得李强是一个肯学习、求上进的年轻人，决心好好地指导他。张班组长首先问李强："你知道班组长的工作内容是什么吗？"李强说："知道，厂里规定了班组长的八大职责，班组长的工作就是那八个方面。"张班组长又问："那你知道班组管理是怎么回事吗？"李强摇摇头："这我就不知道了……"

【思考】 同学们，你们来说说班组管理的内容。

一、班组管理的基本概念

（一）班组的概念

班组是企业的细胞，是企业生产服务的基本单位。企业要通过班组管理来合理地组织人力和物力，充分发挥全班组人员的积极性，团结协作，完成班组生产任务和各项经济效益指标。一个班组的战斗力可以直接反映这个企业的竞争力。

（二）班组的特点

班组是最基本、最直接和最基层的职能单位和生产管理单位，其基本特征主要有：

1. 结构小

班组是企业最基层的单位，结构最小，不能再细分。班组所属作业人员少则三五人、十几人，多则不过几十人；生产设备，少的只有几台、十几台，多的不过几十台；生产的产品有的是单一产品，有的只是一种产品的某一道或几道工序；生产方式相对比较单一，有的班组人员共同从事同一道工序的工作，有的则是几道工序的简单组合。

2. 管理全

班组管理涉及质量、安全、生产、工艺、劳动纪律等各个方面，麻雀虽小，五脏俱全。可以说，班组工作是企业总体工作的缩影。

3. 分工细

班组生产的作业分工非常细致。一项生产任务分解、下达到各个车间，各项指标的考核对象是车间；车间再将任务和指标分解、下达到班组。而班组要将任务和指标分配给班组成员。也就是说，班组长要把任务和指标落实到每一个成员身上，并监督和考核每一个成员。

4. 任务实

俗话说"上面千条线，下面一根针"，企业的所有管理内容最终都要落实到班组。班组管理工作，最讲究一个"实"字。作为企业尤其是劳动密集型企业，其最终的经济目标和利益是通过班组对产品的生产来实现的。因此，班组管理工作必须做实，生产计划和进度要抓实，工艺技术和员工培训要抓实，质量控制要抓实，人员出勤要抓实，成本费用要抓实，安全卫生要抓实。

5. 工作累

班组工作属于最基层的工作,工作任务重、负荷大、时间紧、协调难、工作累。

6. 情况多变

班组工作是多变的。班组成员的复杂性和多变性、生产工艺和产品款式的多变性、订单生产的不确定性、材料的多样化和流行性等,决定了班组工作的多变性。因此,班组作业计划和作业时间需要不断变更,班组人员和设备需要不断调配。班组的管理工作每天总是在变化中展开的。

(三)班组管理的含义

班组管理是指以班组自身为单位所进行的计划、组织、协调、沟通、激励、控制和监督考核等一系列管理活动,其职能是对班组的人、财、物等资源进行合理组织和有效利用。

(四)班组管理的特征

班组管理的最大特点就是员工直接参加生产的"自主"管理。例如,建立以承包为主的多种形式的经济责任制,激发班组成员的主人翁精神,以提高生产效率;实行班组经济核算,人人在生产中当家理财;建立质量管理小组,搞好全面质量管理;班组成员之间互相进行教育培训(即"传帮带"),共同建设团结、友爱、互助的群体等。

(五)班组管理的意义

班组的管理水平是企业管理水平和企业精神面貌的综合反映,搞好班组管理和建设,对改善和提高企业管理水平、增强企业竞争力具有十分重要的意义。

1. 班组是实现企业发展壮大的有效载体,是企业各项生产活动的落脚点

"上边千条线,线线都要班组来实现"。班组的活动是企业生产和经营活动中的重要环节,生产流程一环扣一环,任何一个环节出现了问题或脱节都会直接影响到企业生产任务的如期完成和产品质量能否得到保证。在生产过程中,每个班组都承担着繁重的生产任务,班组长对本班组的成员管理、生产计划、质量管理、安全管理负有很大的责任,各项工作任务完成的好坏,决定了整个企业指标任务完成的好坏。

2. 班组是企业孕育、培养技术人才的重要阵地,是企业职工实现人生价值的基础舞台

各级管理人员及全体职工不但要提高对班组建设的认识水平,而且要积极地投身到班组建设中去,把企业的利益和职工的利益紧密联系起来,激发班组成员做好班组建设的信心和决心。班组成员上下统一认识,齐心协力,积极解决工作中可能出现的困难,积极地为企业的发展献计献策,才能促进企业的良性发展。

3. 班组管理是企业管理的基础

班组管理是企业管理的基础,企业管理的各项规章制度、作业流程及工艺标准最终还是要由班组来落实;同时,大量的记录、统计台账等也都是在班组完成的。因为,班组是生产一线的基层单位,最清楚生产中的关键及潜力所在,企业管理制度的完善程度需要到班

组中去实践、检验,所存在的问题与不足之处也最易在班组中反映出来,班组的各项工作水平在一定程度上反映了整个企业的管理水平。同样,班组的管理尤其是班组成员的素质也决定了企业的管理水平,是企业全面发展的基本保证。

4. 班组建设是提升企业竞争力,实现企业管理现代化的客观要求和前提

只有班组建设的水平特别是人员素质提高了,企业的竞争力增强了,企业的现代化管理水平提高了,企业的形象和效益才能得到更好的体现和发挥。因此,需要大力加强班组建设,增加班组必要的软、硬件设施,开展创建学习型班组活动,使广大班组及其员工认识问题、思考问题、解决问题的方式发生变化,学习能力、创新能力、自主管理能力、凝聚力和安全生产意识不断提高。

二、班组管理的内容

一支高素质的员工队伍是企业完成生产任务及经济指标的重要保障。班组管理的内容是指在班组管理活动中应做的具体工作。其内容有两层含义:一是班组必须进行物质文明建设,核心是提高经济效益。即以市场需要为导向,以提高经济效益为中心,紧紧围绕上级下达的指标,优质高效、低耗安全、按时按量地完成生产任务。二是班组必须进行精神文明建设,核心是遵章守纪、爱岗敬业。

班组在日常工作中,必须履行的职责主要有以下几个方面:

(1)全面执行企业的规章制度,建立健全以岗位责任制为核心的班组管理制度,做到工作有内容、有考核和有标准。

(2)不折不扣地完成车间下达的生产任务和计划。齐心协力,争分夺秒,有效组织生产。既要讲产量,也要讲质量,还要讲降耗;既要完成利润指标,也要注意均衡生产。

(3)认真贯彻《劳动合同法》,切实履行劳动合同规定的事项。管好、用好员工是一切工作的根本前提。要根据劳动合同的规定,坚持依法用工,坚持以人为本,坚持履行试用、培训、考评、录用、督导、关怀、培养和任用的用工程序。

(4)坚持严格执行工艺技术和质量标准。通过加强对工艺技术标准和质量标准知识的培训以及开展技术比拼等活动,不断提高班组成员的实际操作技能;根据现场的实际情况,坚持不懈抓住作业的源头,有计划、有针对性地进行工艺流程的检查和督导,及时纠正不正确的作业,减少流水作业的累计误差,提高一次性正品率。

(5)改善劳动组织,合理调配劳动力。根据生产任务和作业进度的安排、产品的工艺特点和交货先后顺序以及班组成员的出勤情况、设备动力情况、假期安排等,灵活而有计划地组织人力搞好每天的生产任务,把有限的人力资源用在最需要的岗位和最需要的时刻。

(6)管好、用好原辅材料,严格履行交接核准签字手续。对数量、品质、规格、货期和价格都要核准签字,不得含糊不清。接收后的材料要按规定场所存放,标识一目了然,便于领用和退还。材料的使用要厉行节约。盘点时,入库、库存和出库的数目要能对应无误,账实相符。

(7)管理和爱护车间在线产品和成品。根据作业进度规定,采用规定的料筐和器具移动在线产品和成品。班组间履行产品移交手续,数量要核对准确。产品按规定位置放置,不乱堆放、乱移动,保证产品的完整和清洁。

(8)简化、减少物流周转环节,加快物流的速度,扩大运输量,提高现场作业效率。对配送、运输、装卸、交接、加工、存储、包装和交付的每个环节,都要充分发挥每个班组成员的主观能动性,极大地减少流程中人力、物力和财力的损耗,压缩成本,加速物流周转,提高效益。

(9)加强对班组和班组成员工作的检验、监督,及时预防和纠正错误。加强对纪律、制度执行情况的检查;加强对工艺标准、技术标准和质量标准的检查;加强对设备、环境状况、成本费用、安全卫生的检查。如发现问题及时按规定处理,处理得越快越好。

(10)做好设备的合理使用,加强对设备、器械的维修保养工作。教育和培训员工正确使用设备、爱护设备,明确设备、器械的操作规程和操作纪律,始终保持设备、器械处于清洁、整齐、润滑、安全和可靠的良好状态。

(11)保护和改善作业环境。保证现场设备、器械的放置井然有序,通道畅通,通风良好,照明条件符合作业需要;室内温度应适合产品加工,排除影响作业的障碍物等。

(12)严格控制成本费用。班组需要关注制造的成本费用,特别是对水电、蒸汽、材料的耗用,对人员工资、加班费用、设备的配件、器械的消耗等都必须严格按制度办事,采取切实可行的措施降低消耗,同时要千方百计提高生产效率,提高一次性正品率。

(13)搞好班组精神文明建设。积极组织员工,围绕企业精神文明建设的总要求,把班组精神文明建设与物质文明建设紧密结合起来。广泛开展学政治、学法律、学文化、学科技的学习活动,爱岗敬业并定期举行技能竞赛和扶贫救困等活动。

(14)注意班组信息的交流和沟通。及时做好上令下达、下情上报工作,及时掌握班组人员动态以及材料、能源、产品、质量、设备、费用、货期等信息的交流和沟通。

(15)始终把安全卫生工作落到实处。根据企业要求,组织员工参与安全教育和培训,落实安全卫生分包责任制。在车间作业状态下,检查班组消防器械的完好情况、电源电器的运转使用情况、通道门窗的安全情况等。保证好环境、设备、器械的卫生,确保班组生产始终处于安全、卫生的良好状态。

(16)搞好班组考核分配工作。按照企业的考核分配办法,严肃认真地对员工进行工作效率、工作质量、成本费用、考勤记录、协调配合、安全卫生等各方面的考核和评比,考核结果与个人收入分配相结合,做到奖勤罚懒、奖优罚劣,赏罚分明。

为了更好地完成各项工作,作为班组管理的第一责任人,班组长也被赋予了相应的权力。例如,可以合理分配工作任务;可以向企业提出改善生产的条件;可以科学调整班组的工艺流程;有权依法依规制止、批评、处罚班组成员的违纪违章等行为;有权直接或推荐表扬和奖励那些有突出贡献的班组成员;有权参与企业的民主管理和技术革新等。

明确班组的职责和权利,目的就是使班组具有使命感、责任感和归属感,最大限度地激发班组及班组成员的主人翁意识,为企业的发展贡献力量。

三、班组长的使命和基本任务

(一)班组长的作用

俗话说"大海航行靠舵手""火车跑得快,全靠车头带",在班组管理活动中,班组长就是整个班组的舵手,是班组的核心,也是班组管理的基础。所谓班组管理,即班组长充分发挥全班组人员的主观能动性和生产积极性,团结协作,合理组织人力、物力,充分利用各方面信息,使班组生产均衡有效地进行,最终保质保量地完成上级下达的各项生产计划指标的过程。班组长在班组管理中的重要作用主要体现在以下三个方面:

1. 班组长影响着企业生产决策的实施

决策再好,如果执行不得力,也很难落实,很难发挥它的效力。所以班组长影响着决策的执行和实施,影响着企业目标利润的最终实现。

2. 班组长是兵头将尾,是承上启下的桥梁

班组长既是班组的管理者,又是业务的指导者;既要有一定的管理经验,又要有丰富的业务知识;既要领会、执行上级的指令,又要指导下级完成任务。

3. 班组长是生产的直接组织者和劳动者

班组长应该既是技术骨干,又是业务上的多面手。班组长是企业中人数较多而又相当重要的一支队伍,班组长综合素质的高低决定着企业的政策能否顺利实施,班组长是否尽职尽责至关重要。班组长尽职尽责的前提就是要明确自己的使命和基本任务。

(二)班组长的使命

企业的使命是创造价值,造福社会;企业家的使命是让企业发展、客户增值、员工受益;班组长的使命就是建设好班组,在生产(服务)现场创造价值,为企业赢得利润。班组长通过管理来提高生产效率和劳动生产率,一般来说,企业班组长的使命包括四个方面:

1. 提高产品(服务)质量

提高产品(服务)质量主要是增加合格的产品(服务)、减少或消除不合格的产品(服务)。如果不合格产品率增高,为此而消耗的工时、材料、能源、设备的运转和劳动力都将被浪费掉。而在非制造企业,不合格服务将导致顾客投诉,造成恶劣影响和重大损失。只有不断提高质量,比竞争对手的产品(服务)更优良,才能扩大销售,提升市场占有率,最大限度实现企业利润。

2. 提高生产(服务)工作效率

提高生产(服务)工作效率,就是在使用同样的设备、工具进行工作时,在操作方法和工作方法上实现低成本、高质量、多产出。提高劳动生产率,能够使企业获得更多的利润。

为了提高劳动生产率,在人员方面,班组长要履行管理职责,合理进行劳动调配,加快人员在劳动方面的生产周期(加快工作进度),减少无效的搬运,减少工作中的无效动作,同时要关注两点:一是提高班组成员的技能,争取加快作业速度等;二是精心安排劳动调配,努力消除成见,减少无效的时间消耗,减少停工待料,减少由于发生故障而等候修复的时间等。在设备方面,一是要缩短设备作业周期,二是减少设备的停歇时间,减少故障的发生次数,降低维修和养护频率,节省相关费用。

3. 降低生产(服务)成本

利润的来源主要有两个途径:一是提高工作质量和工作效率,二是降低成本费用。为了在工作现场创造出更多的利润,在提高质量和效率的同时要降低生产(服务)成本。

4. 防止重大事故发生

事故和灾害的发生,会丧失所创造的利润,尤其是一些安全事故的发生会给企业造成毁灭性的打击。要想杜绝或尽可能减少工伤事故和灾害的发生,一方面要努力改善生产环境,提高生产设备的安全性;另一方面要努力提高工作人员的安全意识和作业能力,努力加强安全防范措施。

(三)班组长的基本任务

班组长的基本任务就是在班组长的具体岗位上,履行一定的工作职责和完成工作任务。在整个组织结构中,不同的工作岗位有不同的任务,其工作权限和工作责任也不同。对于班组长来说,其工作任务是全面管理和监督班组的正常运作,工作权限是对本班组职责范围内的工作具有指导、指挥、协调、监督和管理的权力,工作责任是对班组所承担的工作全面负责。

班组长的基本任务具体如下:
(1)负责实现上层分派下来的工作目标,争取超额完成目标任务。
(2)根据班组和企业的实际情况,认真制订工作计划。
(3)合理协调班组的各种资源,充分调动班组成员的工作积极性。
(4)主持班组会议,保持班组的信息沟通及时、准确和畅通。
(5)落实检查工作,实施监督和指导功能,带好队伍。
(6)营造并活跃学习氛围,促进班组竞争能力的提升。
(7)总结工作,向相关部门或上级领导呈报工作情况。
(8)完成上级领导交办的其他任务。

由此可见,班组长的基本任务是为完成班组长的使命而必须完成的基本工作和必须承担的责任。因此,班组长必须围绕基本任务,积极推进日常监督和管理工作。

我们以设备维修班组长为例,具体说明企业班组长的基本任务:
(1)贯彻执行设备管理制度及各项规定。
(2)掌握生产工艺,熟知主要设备的工艺条件。
(3)掌握和熟悉车间设备的检修技术规程及有关技术标准的规定。
(4)负责组织维修人员搞好设备的检修工作。

(5)定期参加车间开展的设备检查和评级工作,对设备缺陷及"跑、冒、滴、漏"等现象及时采取措施,予以消除。

(6)现场巡回检查下列状况:设备状况(润滑、密封、腐蚀),建筑物状况,检修质量及进展情况。

(7)负责本班组人员业务技术的培训学习,提高班组成员的素质。

(8)负责处理有关统计报表。

(9)有权拒绝违反法律和企业规章制度的一切指令。

(10)有权拒绝检修、安装和验收不符合质量标准的设备。

(11)有权对违章操作的员工提出劝阻,对不听劝阻者提出批评教育和处罚意见。

四、班组长的角色分析、定位与转换

现代企业的班组长绝大多数是从一线员工当中选拔产生的,是一线员工中的佼佼者。但是,部分人虽然在生产线上是佼佼者,但是当上班组长后,表现却不尽如人意,甚至无法胜任。这与班组长自身的角色分析、定位与转换有一定的关系。班组长要从一线员工完成向基层管理者的角色转换,要从一个操作能手迅速成长为技术骨干、管理精英甚至是创业先锋。

(一)角色分析

企业的管理层次从纵向结构上可划分为三个层次,即决策层、管理层和执行层。决策层由高层管理者组成,一般为总经理、董事长等;管理层由中层管理者组成,一般为部长、科长、车间主任等;执行层由基层管理者组成,一般为工段长、队长、领班,更多的是班组长。

班组长的角色分析主要是对班组长间相互关系的研究分析,并进行角色定位和角色转换思考。从企业管理层次来看,班组长处于基层,发挥监督管理者的作用,既要担当企业生产第一线的指挥员,还要做好班组成员的沟通交流工作。班组长一般不脱离生产劳动,既是班组领导者,又是生产操作者。可以这样形容班组长:"是司令、是政委,也是战士"。实际上,这个角色既是一线的领导者,又是一线的生产者。特别是对于具有服务功能的企业来说,其顾客分为内部顾客和外部顾客,每个班组长不仅要面对企业内部关系,还要面对企业外部关系。

1. 内部关系

内部关系主要包括:接受上级主管的指令和监督,接受企业相关职能人员的检查和监督;对班组的生产(运营)进度、产品(服务)质量、材料消耗、安全生产情况以及班组成员的工作状态进行监督和检查;与工序链上的相关班组协调一致,提高产品(服务)质量;与职能部门协同合作,解决技术和劳动调配问题。

2. 外部关系

外部关系主要包括服务客户和处理竞争关系。一般情况下,生产型企业的班组长不直接与企业的外部机构和人员发生工作联系,但是他们的行为和成果会间接地影响顾客和竞争者等。而服务型企业的班组长往往要带领全班组成员,面对面地为顾客提供服务,必须注重与顾客建立关系。

(二)角色定位

角色定位是对角色在组织结构中的地位以及相互关系的确立。从上述角色分析来看,班组长的地位非常特殊,在企业中处于执行层的位置,在其上有管理层和决策层,在其下有操作人员,所以班组长在整个管理层级中起着桥梁和纽带的作用。他们既是领导者,又是生产者;既是合作者,又是服务者。班组长的地位十分重要,在管理系统中发挥着承上启下的作用。

作为基层管理者,班组长一般通过指挥班组成员进行工作来完成生产和服务任务。班组长亲自动手操作只能完成一个人的工作量,如果带领一个班组,假设这个班组有5名组员,只要充分发挥出全体组员的积极性,就能完成5个人的工作量,甚至更多,这就是班组长的价值所在。所以,班组长的领导绩效是通过班组成员的工作绩效来体现的。班组成员能否按质、按量和按期完成工作任务,可以反映出班组长管理能力的强弱。

(三)角色转换

从上述角色定位可以看出,班组长所处的层级有两重上级和一层下级。在企业的管理系统中,班组长既是管理者,又是被管理者;既要提供服务,又要协同合作。显然,班组长集众多角色于一身。在企业的管理系统中,班组长要根据所处的不同环境和面对的不同对象,选择转换不同的角色和不同的沟通方式。有效的角色转换可以充分发挥基层管理者承上启下的作用。

班组长在进行角色转换时,面对五类不同人员应采取相适应的角色立场。

1. 面对班组成员

班组长在班组成员面前,应该站在代表高层管理者的立场上,做好管理工作。对基层的班组长来说,应对班组生产(运营)状态和生产(服务)活动进行领导和指挥,体现高层管理者的意志,实现组织目标。班组长代表高层管理者实施管理,目的是使班组现场活动朝着良好方向发展。

2. 面对中层管理者

班组长在中层管理者面前,应该站在下属的立场,接受指令,汇报工作。班组长是中层管理者的直接下属,要明确接受领导的指令和下达的目标任务,同时向中层管理者汇报工作。一般来说,接受的指令是生产(运营)指令,而汇报工作则是把班组工作状态和工作结果定期反映给上级。适时汇报可对上级工作起到辅助作用,提供给上级管理层需要的决策信息。

3. 面对高层管理者

班组长在高层管理者面前,应该站在下级以及班组成员的立场上,在服从领导的同时,主动提供基层的信息。班组长面对高层管理者,必须按照上级指示和命令行事,同时也要站在为直接领导(中层管理者)负责的立场上开展工作。高层管理者往往不一定能掌握最准确的信息,不一定能做出最正确的判断。对于工作现场的实际情况,直接管理的人常常比上级了解得更清楚、更详细。所以,班组长应主动提供信息、陈述意见,协助高层管理者做出恰当的判断。

4. 面对同级人员

班组长在同级管理人员面前,应该站在合作的立场,搞好协同工作。在企业中,班组长与本部门或其他部门的同级人员协同合作处处可见。例如,新产品开发时需要不同部门的班组互相协同;上、下道工序进度调整时需要协同;职能部门与班组合作时同样需要协同。这时,班组长应站在合作的立场上,积极做好协同合作工作。

5. 面对外部关系人员

班组长在面对外部关系人员时,应站在企业的立场,做好服务工作。例如,开拓新顾客、招聘高技能人才和寻找合作伙伴等。

上述管理者的五个立场,是指作为基层管理者的班组长在岗位上面对不同管理层级和内、外部关系人员时应进行的角色转换和应采取的态度。班组长只有适时进行角色转换,才能提高班组管理的绩效。

第二节 班组长管理的基本技能

班组长是企业的基层管理者,需要具备概念技能、人际技能和技术技能,需要通过计划、组织、领导、控制和创新等活动,实现班组目标。这里从基层管理岗位的角度,简要介绍班组长的沟通技能、激励技能、团队培训技能、构筑共同愿景的技能。

一、沟通技能

通常情况下,成功的管理人员之所以成功,就在于他们能够掌握良好的沟通技巧与协调能力。班组长在职场中沟通的途径包括与上司、同事、下属、顾客等各种关系的沟通。因为沟通是双向的、互动的,所以有效的沟通,不仅取决于信息发出者必须给出清楚的信息,而且取决于信息接收者必须分清信息并予以确认,从而建立良好的沟通机制。

(一)沟通的概念

沟通是指信息的传递和交流,包括人际沟通和大众沟通。班组长在管理中都会面对各种不同的班组成员,要与这些成员进行有效沟通。有效沟通才能解决存在的问题。

(二)沟通的模式

班组沟通按组织系统可分为正式沟通与非正式沟通。正式沟通是通过组织规定的通道进行的信息传递与交流;非正式沟通是在正式通道之外进行的信息传递与交流。

1. 正式沟通网络

在正式群体中,成员之间信息交流与传递的结构称为正式沟通网络。正式沟通网络一般有五种形式,即链式、轮式、圆周式、全通道式和Y式,如图9-1所示。其中○代表信息传递者,箭头表示信息传递方向。五种正式沟通网络的质量可以从信息传递速度、准确度、接收者接收的信息量及其满意度等方面进行比较。研究表明,全通道式的沟通网络,信息的传递速度较快,群体成员的满意度比较高。

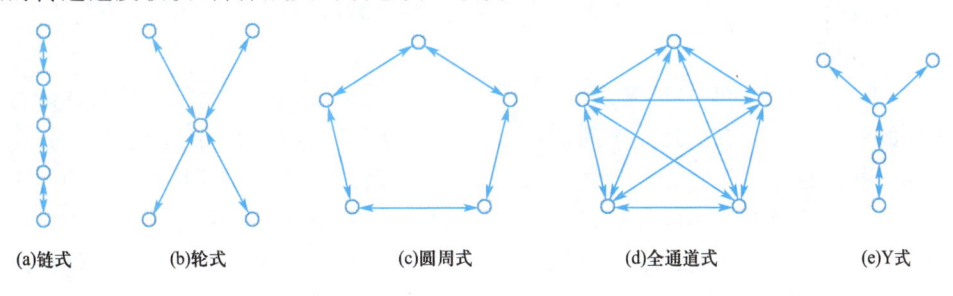

(a)链式　　(b)轮式　　(c)圆周式　　(d)全通道式　　(e)Y式

图9-1　正式沟通网络

2. 非正式沟通网络

群体中的信息交流,不仅有正式沟通,也存在着非正式沟通。有学者通过对"小道消息"的研究,发现非正式沟通网络主要有三种典型形式,即流言式、集束式和偶然式,如图9-2所示。非正式沟通网络信息传播迅速,影响力较大,一则谣言可以一夜之间传遍城市的大街小巷。但信息通过非正式沟通网络传播时,也容易出现失真和歪曲现象。

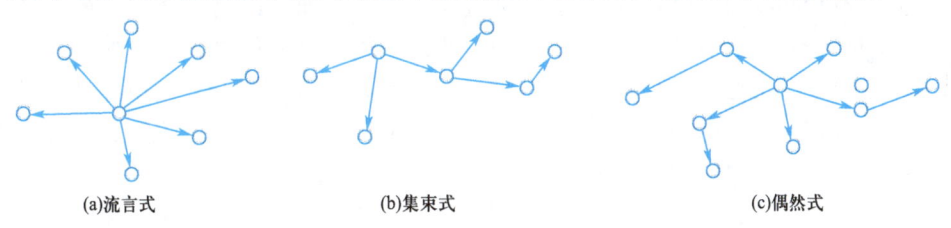

(a)流言式　　(b)集束式　　(c)偶然式

图9-2　非正式沟通网络

(三)班组沟通技巧

班组沟通按组织形式可分为下行沟通、上行沟通和平行沟通。

1. 下行沟通

在班组长的工作管理中,下行沟通是最重要的。下行沟通技巧包括:

(1)观察技巧。在下行沟通中,要学会观察自己的员工。观察员工主要包括以下几个方面:①外表和行为。②语言特点。③情绪。④姿势。

(2)倾听技巧。在下行沟通中,认真倾听员工的想法,对有效沟通十分重要,而倾听由鼓励、询问、反应和复述等组成。在倾听时,鼓励可以促进对方表达更多的意愿;采用开放式的询问是以探索方法获得对方更多的信息资料;在倾听时,适时地表现你在认真听,及时确认自己了解对方的意思;在员工表达完某个意思后,可以适当地复述一下,确定没有误解对方。

当然,对于一线员工来说,有时一般倾听是远远不够的,班组长需要关注和了解他们的想法,对他们的想法做出回应,感谢他们能提出自己的想法,并及时给予反馈等。

(3)气氛控制技巧。安全而和谐的气氛,能使对方更愿意沟通,如果沟通双方彼此猜忌、相互指责或恶意中伤,将使气氛紧张,彼此心理设防,使沟通中断或无效。在沟通中,要不断强调价值、需求和目标等双方所共有的事务,创建和谐的气氛,从而达到沟通的效果。谈话要能激发对方的认真态度,创造积极气氛。此外,要创造安全的情境,增强对方的安全感,如接纳对方的感受、态度与价值观等,并且将潜在的高度冲突的状况予以化解,避免矛盾激化。

(4)推动技巧。推动技巧是班组长发挥影响力影响班组成员的行为,使其逐渐符合企业预期的一种技巧。有效运用推动技巧的关键,在于明确自己的积极态度,让对方在毫无怀疑的情况下接受你的意见,并感觉受到激励,产生尽快完成工作的热情。在谈话中要让班组成员了解你对其行为的看法,提供反馈时,要以清晰具体而非侵犯的态度提出。将自己的意见具体明确地表达出来,让对方了解自己的行动方向与目的。谈话中要使讨论具有进展性,应利用并增强对方出现的正向行为(符合沟通意图的行为)来影响他人,也就是利用正向增强来激励他人做你想要他们做的事。

(5)沟通技巧。面对新的变化时,班组长经常会遇到班组成员的抵触,因此,化解员工的抵触情绪就成为班组长需要掌握的一项重要技能。

班组成员面对改变时产生抵触的主要原因有:①信息不明确。对于新决策,班组成员往往只是被告知决策的结果,却不知道决策的过程。他们不知道为何改变,更不知道这样的改变到底有什么好处;②情况不了解。班组成员对于该如何改变完全不了解。许多时候,班组长只看到了问题,觉得有改变的必要,却没有想到该如何去改变。所以班组长可以和班组成员充分沟通后,再确定确切的做法。但是,如果班组长自己心中都没有明确的想法,那就无法与员工讨论;③心中不安。改变有时意味着员工必须放弃已经熟悉的一切,面对不熟悉的新领域,那使他们无法确切掌控,心里难免有些不安或是焦虑;④内心的不信任。有些班组成员不太相信改变会带来任何好的结果,或是觉得改变只是为了企业利益,对于班组成员没有任何好处。

当了解了班组成员产生抵触的原因后,就应正确地对待抵触。面对改变,抵触是自然的反应,是必经的过程,不能避而不见。同时,不应将班组成员的抵触视为阻碍。面对班组成员的抵触,班组长不能只强调改变的必要性,也要正视班组成员的反应,弄清原因后有效化解抵触心理。

2. 上行沟通

在与领导沟通时,首先要做到尽自己的职责,能按时完成领导所交代的工作。其次,在执行领导的指令时认真倾听工作任务,对于自己不了解的地方要及时询问。再次,对于领导安排的工作要做到认真回应,不要因为一些客观存在的问题而对工作推三阻四,要想方设法发动班组成员共同解决问题。最后,班组长还要了解班组成员的情况,定期向领导做工作汇报。

一个优秀的班组长,既要为领导分忧,理解领导,勇挑重担,发动班组成员破解难题,提出行之有效的建议,还要经常为领导的工作提供一些信息,比如及时给予信息反馈、对工作情况进行汇报、听取领导的工作指导等。班组长作为基层管理者,最了解一线员工的各种情况,因此在与领导沟通时,代表着一线员工的利益诉求。班组长要学会与各种不同风格的领导进行有效沟通。

3. 平行沟通

班组长不但要与自己的班组成员和上级领导沟通,还要时时与其他班组沟通和协调。平行沟通中双方地位平等,没有上下级的隶属关系,凡事要商量着办,讲求合作和协同,因此,要注意尊重对方,多倾听对方意见,重视对方意见,问题要当面讨论,不要在背后议论。如果当面讨论不能解决问题,可以请各自领导进行协调,协商解决问题。班组长在工作中需要多与其他班组合作,主动提供信息,沟通本班组情况。对于其他班组的困难,应积极给予支持,对于发生的意外情况要表示理解和宽容。

在与其他班组横向沟通时,"双赢"是最好的结果。在平行沟通中要注意以下沟通障碍的消除:①本位主义。从自己的班组利益出发,无视整体协调的存在;②班组成员短视现象;③对组织结构的认识存在贵贱、等级偏见;④班组成员性格差异、知识水平的差异;⑤对某些认识存在猜忌、恐惧,感到威胁存在。

在平行沟通中要灵活采用一些策略,使用有针对性的沟通方式,召开由各组员工参加的班组会议,介绍组织发展的战略和蓝图,针对部门协调、配合的利弊提出班组成员应该思考的问题;建议各班组耐心倾听其他班组的意见,而不是自顾自地叙述,学会处理企业利益与班组利益、班组利益与个人利益的关系;引导各班组换位思考,多从对方的情况及利益等方面考虑问题。

二、激励技能

一般情况下,大多数人工作都希望获得合理的劳动报酬。尽管如此,但是报酬并不是人们所期望的全部,人们还有很多其他的要求,如安全、社交平台、实现自我价值甚至自我超越,超过了报酬和工作本身。现代管理学认为,人们对工作的努力源于激励,当激励与能力、需求结合在一起,就能产生卓越的绩效。

(一)激励理论

需求是人的活动积极性的源泉,心理学家长期以来就重视对需求的研究,历史上有过不少关于需求的理论。在第五章第四节,我们介绍了需要层次理论、双因素理论、期望理论、公平理论、强化理论和三种需求理论等,班组长需要注意结合班组管理,在实践中应用、改造和提升。

(二)有效实施激励

在工作实践中,对于班组长而言,激励似乎很难实施,因为他手中的权力有限,特别是在物质奖励方面,班组长一般都没有最终的决定权。但正因为这样,在有限的可利用资源的前提下,能够对班组成员进行适当激励,有效提高班组士气,则更能体现出班组长的管理能力。

1. 激励的前提

首先,要让工作有成就感,让工作内容更具有娱乐性和挑战性,并且要求员工高品质地表现其工作成果。其次,要让员工了解工作的意义。员工不是机器,应协助他们了解工作对整个团队的重要性和意义。再次,要让员工明确班组长的期望和标准。员工完全明白班组长对他们的期望,当达到双方决定的标准时,才能得到相应的激励。最后,奖惩分明,努力程度、工作成果和报酬奖赏之间要有明确的关联性。

2. 激励的原则

员工激励要遵循以下原则:

(1) 相信自己有无限的潜能。激励起源于"信心",班组长要相信自己能够激励自己,同时相信自己拥有激励及培育他人的能力,大家众志成城,上下一心,实现自己和组织赋予的目标。

(2) 肯定员工及其工作的价值。激励的一个基本前提是承认员工是企业价值的主要创造者,因此,班组长首先应肯定员工及其工作的价值。每个人都有能力,只是能力表现的形式不同。重视员工,发现员工的能力,合理地开发使用,使其充分发挥才能,对员工来说本身就是一种有效的激励。

(3) 激励要因人而异。由于不同员工的需求不同,相同的激励措施起到的激励效果也不尽相同。即便是同一位员工,在不同的时间或环境下,也会有不同的需求。由于激励取决于内因,是员工的主观感受,所以,激励要因人而异,满足员工的需求。

3. 激励的方式

员工激励的主要方式有以下几种:

(1) 分享成果。与员工分享成果,能体现班组长对员工的工作及其创造价值的肯定与赞赏。

(2) 提供培训机会。给予培训和提高的机会,不仅是对优秀员工的一种肯定和奖励,对企业来说,也是一项有价值的投资。

(3) 提供挑战性的工作。富有挑战性的工作,包括轮岗与晋升,本身就是具有激励作用的。

(4) 充分授权。人人都想实现自我价值,授权体现了班组长对员工的信任和能力的肯定。

(5) 给予荣誉。荣誉反映了企业对团队和个人贡献的充分肯定和高度评价,是满足员工自尊需求的重要激励手段。

(6) 真诚赞扬。多赞扬,哪怕是员工小小的贡献或进步。赞扬一定要真诚,要让员工感受到重视、尊重和自豪。赞扬几乎不需要任何成本,但效用却很大。

(7) 设定适当的目标。目标激励就是通过设定适当的目标,诱发人的动机和行为,达到调动积极性的目的。

(8) 鼓励积极参与。一般而言,员工对于参加与自己利益和行为有关的讨论有较大的兴趣。通过参与，可培养员工对企业的使命感、归属感和认同感，满足其自尊和自我实现的需要。

三、团队培训技能

班组长是本班组员工培训的主要负责人，对员工进行培训是其重要的职责之一。

(一)员工培训的作用

班组长对员工实施培训，主要作用在于：

(1)有利于提升团队绩效。团队绩效是靠团队中的每个人共同创造的。通过培训可以提升员工的技能、知识与态度，帮助员工提升工作绩效，进而可以提高整个团队的绩效。

(2)有利于班组长自身能力的提升。所谓教学相长，培训的过程也是班组长在准备和学习相关知识中不断提升自身能力的过程。同时，培训也有利于提高班组成员间的凝聚力。

(二)员工培训的目标

班组员工培训可以分为两个阶段，并实现相应的目标。

(1)让新员工迅速掌握基本技能，成为熟练的工作者。完成这一目标必须具备两个条件：让新员工了解公司产品和能按公司规定的工作效率及工作品质完成任务。

在新员工试用期，班组长就应该向新员工传达企业思想，介绍企业产品，安排熟练工作者向新员工传授基本技能。

(2)使熟练工作者成为班组的技术专家。要使熟练工作者在保证原有工作品质的前提下提高工作效率，并在自己熟悉的工作流程中善于发现问题、解决问题，同时使解决问题的方法成为自己的专有技术。

(三)员工培训的步骤

1. 告知

作为班组长，还要学会如何进行分析和说明工作成果。班组长必须告知员工要教他什么以及为什么要教他，不仅要让员工知道这项工作与他的作业系统有关，还要让员工知道其重要性。

2. 示范

在培训中，要求班组长不管多简单的动作，只要员工没做过，都要实地操作让他看，还要仔细讲解，过程不要太快。

3. 观察

班组长做给员工看了之后就要让员工来做，要一次一个步骤地观察员工的操作，必须确认其每一个步骤都是准确无误的。如果发现员工有错误，一定要当场纠正，直到他的操作规范为止。

4. 口头解释

要求班组长在员工操作的同时,让员工解释他的每一个步骤,这样就可以看出他是否真正了解其工作,也可以看出他的观念正确与否。如果不正确,班组长必须现场进行纠正。

5. 定期检查

定期检查的原因有两点:一个方面可以确认员工是否采用正确的方法进行操作,是否经过长期的工作后对规范化操作有所疏忽,或是因其他因素的干扰而让动作产生了变异。因为人们在长久反复做同样的动作时,往往会淡化或遗忘一些标准,而自身的动作在不知不觉中产生了变异。如果发现这种状况就必须立即纠正。另一方面,在这个过程中可以基于他们的成绩做一些正面的反馈,即总结成果。正面的反馈可以让员工因为成就感而更加努力工作。

(四)员工培训的方法

员工培训除了常用的讲义法、讨论法等方法外,还有一些较为实用的方法。

1. 员工培训四阶段法

第一阶段,准备。备好作业指导书、器材和场地。将要教的内容分成几个小区段,再列出各区段中的要领与注意事项,使员工有较好的学习心情和方便的学习环境。

第二阶段,示范。说清楚步骤、要点,然后进行提问、回答。在讲解时说明这项工作的名称、作用,以正常的速度示范,使其了解工作的大概。分三次示范,用慢动作讲解,同时讲解各部分之间的顺序、要领与要领的理由。鼓励员工提问,并详细地解释。

第三阶段,试做。改正员工错误,使员工充分掌握步骤、要点与理由。让员工试做一两次,并边做边说要领,确认工作正确。如果员工做对了,就以这种感觉做10次左右,使其不会很快忘记。

第四阶段,上线。新员工进入工作流程后,应指定协助人员,一般都是由一位老员工监督辅导,让新员工自己做,直到熟练为止。然后再逐步减少"关心、确认正确工作和鼓励发问"的频度。

2. 对作业的教导法

对于一次教不完的长作业,班组长可以根据员工的能力,分成几个阶段,每次教一个阶段的内容,分次完成。

在嘈杂的车间,员工很难听清讲话,因此,班组长指导时一方面要注意使用图样、挂图、照片、模型等教材和教具,或写给学员看;另一方面要尽量减少一次要教的内容,充分留出各个顺序之间的间隔,反复多次地教导。

3. 感觉和窍门的教导方法

(1)感觉的教法。教导感觉是一件非常困难的事。可是,能把哪里有什么问题的感觉教导给员工的话,比起不教要快几个阶段,更容易使其掌握方法。因此,在一开始就有必要使其牢牢掌握对正确工作的感觉。可以让员工拿实物进行体会,使其体会正确的状态。班组长在员工体会时要在一旁观察其结果,正确的话,就表扬;不正确的话,就进一步让其一边调节,一边体会正确的状态。

(2)窍门的教法。窍门是伴随着动作产生的。一般熟练者精通哪项工作,工作过程中自然而然就掌握了一些窍门。所以,对窍门的细小动作要进行分析和研究,提炼出其要点,对班组成员进行指导。

(五)培训效果确认

在培训结束后,一定要对培训效果进行确认,这样会有更大的进步。表 9-1 是某企业针对管理者而拟订的一个自我教导法的反省检查表,管理者在培训完员工后,可以利用这个表进行自我反省(已执行的打√,未执行的打×)。如果打了×的话,下次培训时要充分注意,防止疏忽。此表可供班组长培训员工时参考使用。

表 9-1　　　　　　　　　　培训效果反省检查表

阶　段	检查项目	检查结果
准备阶段	(1)制作培训预定表了吗? (2)进行操作分解了吗? (3)材料、零件和工具等是否放在操作场所的正确位置上? (4)准备好机械和工具了吗? (5)做好培训的准备了吗? (6)装束和态度是否端正?	
第一阶段	(1)使员工放松了吗? (2)把员工介绍给附近的操作员了吗? (3)讲了操作名称了吗? (4)让员工看成品了吗? (5)是否确认了员工对该项工作的了解程度? (6)是否使员工对操作感兴趣了? (7)给员工示范安全装置和包装工具,进行说明并给予提示了吗? (8)关于这项工作和整体工作的关系叙述了吗? (9)是否让员工位于能够看见工作的正确位置?	
第二阶段	(1)根据操作分解教导员工了吗? (2)说明顺序时,分开间隔和段落,说给员工听并做给员工看了吗? (3)强调要点了吗? (4)教导要点里有吗? (5)对于员工不熟悉的语言及专门用语,是否未加说明就使用了? (6)对事先没有准备的事,是否道歉或进行解释了? (7)是否用员工能够听清楚的声音讲话了? (8)是否对员工有耐心地进行教导了?	
第三阶段	(1)是否自己不作声,让员工从头到尾操作了一次?确认是否有错误了吗? (2)员工有错误的时候,马上进行纠正了吗? (3)让员工重做一次,回答操作顺序了吗? (4)员工是否真正理解了要点和理由? (5)员工在操作过程中,是否使用过"为什么"这样的提问? (6)部分再操作中,是否有需要重教的部分? (7)操作理想时,是否表扬过员工?	
第四阶段	(1)是否安排了当员工不明白的时候需要问谁? (2)比起操作量是否更强调了质量? (3)是否经常监督员工? (4)是否鼓励员工提出问题? (5)是否逐渐减少指导次数?	

四、构筑共同愿景的技能

(一)共同愿景的概念

共同愿景是发自组织内心深处的真实愿望和远大景象,是组织中人们所共同持有的意象和景象,是人们心中一股令人深受感召的力量。通过共同愿景的建立,使组织内部成员放弃固有的心智模型,勇于承认个人和组织的缺点,因而能够激发组织整体的活力。

在任何组织中,共同愿景都是高于组织战略和组织精神的组织意愿。共同愿景不是一种抽象的东西,而是能够激发所有成员为组织而奉献的任务、事业或使命,它能够产生巨大的凝聚力。实现共同愿景是组织运行和管理的最高境界。

班组的小愿景是在企业大的共同愿景的指导下完成的,所以班组设立共同愿景有利于班组内部的关系协调,对于本班组与其他班组之间的协调也有帮助。

共同愿景包含四个方面的要素:

(1)愿景。组织想要创造的未来图像,用现在的情况来描述,就好像发生在眼前一样。

(2)价值观。描述在追求愿景的过程中的运作方式。组织在建立愿景的过程中,把价值观视作核心,则价值观就会成为人们实现愿景的行为指南。

(3)使命。使命是组织存在的理由,是组织成员要共同完成的任务。虽然我们有时无法真正达到组织的最上层目标,但在这个过程中将会实现许多愿景。

(4)目标。目标是组织期望在短期内达到的里程碑。所有的共同愿景不都只是广阔的未来图像,也是具体可行的目标。

共同愿景把个人愿景与组织愿景结为一体,创造出一种众人一体的感觉,并遍布组织全面的活动中,使各种不同的活动融汇起来。

企业的管理者可结合企业当前的实际和将来希望实现的发展目标来打造企业的共同愿景。分厂、车间直至班组的管理者均可围绕实现企业的共同愿景,并充分结合各自的实际情况建立自己的团队愿景。

管理者应通过正确引导,围绕实现团队小愿景,帮助组织内每个成员确立起个体发展的个人愿景,并注意将个人愿景融入团队小愿景,最终实现企业的共同愿景。

共同愿景的设计要建立在全员认可的基础上,要科学分析和充分结合本团队实际,增强认同感。

愿景应具有挑战性、激励性及凝聚人心的魅力,从而激发员工的创造性,但又不是好高骛远、可望而不可即的。

要实现共同愿景,必须脚踏实地花力气去做,要制订一整套切实可行的实施规划、措施及办法,其核心工作就是要发展出持续不断的业务流程,并不断充实有助于实现愿景的新内容。

(二)班组愿景

班组愿景是汇聚班组成员个人愿景而成的一种基层组织愿景。借助汇集员工个人愿景,班组愿景获得能量和培养行为。班组的基层组织性质,使班组愿景主要体现为班组中的共同语言。

共同语言就是组织与员工们的共同点,如共同价值观、共同兴趣、共同使命等。当一群人都能分享组织的共同语言时,每个人都有一个最完整的组织图像,每个人都对整体分担责任;当有更多人分享共同语言(共同愿景)时,班组内部的公共关系也就更加融洽,愿景会变得更加生动和真实。

班组愿景的塑造过程其实也是班组成员心灵的净化过程。在这个过程中,员工们可以敞开胸怀,相互交流,取长补短,使每个成员的心智模式得到改善。

作为班组长,首先要对什么是共同愿景、共同愿景与团队和个人愿景之间的关系、共同愿景与班组公共关系协调等问题有充分的认识和理解,并且深刻、全面地理解本企业共同愿景的含义和精神,这样才能塑造出符合企业共同愿景的团队小愿景。

在塑造班组愿景时,切忌自上而下,而要自下而上地塑造,并将需求层次等理论与班组实际情况相结合,将班组成员的职业生涯规划和班组关系设计有机地整合起来,从而形成班组的团队愿景。这样的班组愿景既有针对性和有效性,又有认同感。

第三节 班组建设与管理

一、班组的制度建设

(一)班组制度的含义

班组制度,是针对班组生产活动和管理活动所制定的一整套规章、流程、准则和标准的总称。它是企业制度在班组的分解、细化和落实,是企业和班组在实现目标和任务及追求和维护自身利益的过程中逐步形成的。

(二)班组制度建设的原则

1. 要求明确化

班组制度中对班组成员提出的要求应具体明确,避免过于空泛和抽象,能指标化的就尽量指标化,以便员工在进行生产时目标更明确、思路更清晰、任务更具体。

2. 内容标准化

制度内容大到企业小到班组,都应当遵循一定的格式,内容要力求精简和实用。一项制度制定后,有关部门必须了解具体执行情况,定期修订,保证制度的权威性和可信度。

3. 步骤程序化

班组制度的制定、修订和完善应严格遵循相关步骤,由企业分管制度建设的领导和部门,对班组制度的起草、审议和修订等过程进行组织、监管和档案管理。

4. 考核数据化

为有效地进行考核监督,可以在制定制度时,将需要考核的出勤纪律、安全生产、成本质量、场地规范使用、保修操作规范、保洁卫生等方面的内容具体化和量化,规定评分标准;在制度执行过程中,认真抓好各项原始数据的记录,为制度化管理提供资料,能够根据检查评比的结果,及时发现问题并分清责任。

5. 管理人性化

要做到基层班组的人性化管理,需要充分尊重、理解、信任、帮助和培养员工,不断激发广大员工的主观能动性,创造出高效优质的产品。制度化管理还须和人性化管理结合起来才能发挥其真正的作用。在制度建设中考虑人性管理的因素,从制度上体现一定的措施来调动员工的工作热情,才有可能真正提高广大员工的积极性,才有可能由监督机制向管理机制转变。

(三)制度建设的技巧

一个组织或团队内部的制度建设水平和机制创新水平直接决定着组织或团队的发展水平,适当的制度会极大地强化和激励管理的有效性。建立科学而积极的班组制度,能降低风险、坚持勤政和促进发展。从原则上讲,班组制度是由企业统一制定、班组照章执行的;少数制度也可以由班组自行制定,经上级审核后实施执行。无论采用哪种形式,都应注意采用相应的方法和技巧。

1. 提高认识,准确定位

班组制度建设的过程,也是提炼、凝聚和固化企业班组优秀文化的过程。企业在班组制度建设上首先应注重加强宣传、教育和学习,提高员工对班组制度重要性的认识,再通过企业领导高度重视制度建设,以身作则,主动接受制度的约束。由于企业里各班组目标不同、情况各异,所以在进行班组制度建设时,应给自己准确定位,在与企业总目标一致的情况下,根据班组的计划任务和实际情况进行具体制度的制定、修改和完善。

2. 集思广益,全员参与

在班组制度建设上,应改变一言堂的做法,而是深入基层,主动听取意见和建议,获取广泛的基层信息资料,让一线班组员工参与班组制度建设,确保制度的贯彻执行。在此过程中,还应注意遵循民主与集中相统一的原则,既不能过分讲民主,也不能过分讲集中。在反映出管理层的最高意志时,也要体现员工的主流意志。

3. 学习借鉴，改革创新

班组制度的制定者应在学习借鉴其他企业优秀班组制度的基础上，根据班组制度针对性、实效性和可操作性的特点，结合班组的实际情况和管理现状，针对不同的岗位、不同的工种、要实现的既定目标、任务要求来制定相应的制度。要求条理清楚、内容具体、目标明确、措施得力、监督到位和奖罚分明，创新一套适合班组自身发展的制度。制度执行实行公示制度，增强制度的公开度和透明度。

4. 修订完善，与时俱进

制度在建立以后应保持相对稳定，但是随着外部条件的变化，班组管理也需要进行调整，在执行中不断地补充、修订和完善。班组长在基层工作，要善于总结制度中出现的新情况和新问题，及时向上级汇报，以便更好、更及时地修订完善制度。保证制度能够真正、有效地指导和规范班组的各项活动和行为，保证制度基本功能的充分实现，不断提升和促进班组管理的质量和效率。

二、班组学习与创新

班组学习是企业管理和基层建设的重要组成部分，它包含政治、技术和技能学习等，是加强企业思想政治工作、践行核心价值观、提高员工素质、培育具有良好战斗力员工队伍的有效途径。开展班组学习，既是员工发展的需要，也是企业发展的需要。

（一）班组学习的内容

班组学习的内容主要包括：

(1)政治理论。包括党的基本理论、政策、方针和法规，正确的世界观、人生观、价值观和良好的职业操守。

(2)企业知识。包括企业理念、文化、愿景、价值观和组织结构等。

(3)员工手册。包括员工日常行为规范(工作准则、行为规范和礼仪规范)、企业制度(人力资源制度、行政管理制度和财务制度)等。

(4)专业技能。包括专业知识和岗位操作技能等。

(5)岗位职责。包括班组职责、关键岗位描述和各类工作流程等。

(6)安全知识。包括班组安全要求、技术要求和规章条例等。

(7)其他知识。包括英语、计算机和社交等一些非专业知识。

（二）创建学习型班组的具体措施

1. 明确目标，营造学习氛围

班组应当重视知识、重视人才、重视学习的氛围，激发员工学习的意愿，让员工在学习中明确个人目标、班组目标和企业目标。营造个人学习和团队学习的环境，使员工在浓厚的学习氛围及工作过程中，共同努力培养一种主动学习的精神与习惯，从"要我学"向"我要学"转变,向自身学习,向他人学习,向工作学习,向团队学习,不断挖掘自身潜能。

2. 构筑班组共同愿景,培育团队精神

班组共同愿景是班组成员共同认可、接受并内化为自身追求的组织使命、任务、目标以及价值信念体系。将共同愿景植入班组当中,让个人与班组一起理解共同愿景,从而使个人与班组、企业达成共识。通过构筑共同愿景,把班组成员凝聚在一起,更好地发挥其工作和学习的自觉性、主动性和创造性,为实现共同愿景而发挥自己的聪明才智。

3. 完善机制,激发创新积极性

创建学习型班组,要避免口头主义和形式主义。应建立健全班组学习管理机制,强化责任制和督促制度。班组应制订出学习计划,将学习任务分配到每月、每周、每天中去,根据急用先学的原则,设定学习主题,利用每天的班会前等时间进行学习;并结合班组生产工作实践,定期开展班组学习活动,把班组学习活动与员工培训考核挂钩,给予适当奖惩。

4. 创新学习,激发潜能,提升员工知识结构

在创建学习型班组的过程中,个体学习和团队学习相结合,通过对安全生产、生产技能、相互协作、优质服务的学习,增强协作意识、竞争意识和服务意识,提高工作水平和工作效率,提升班组实力,塑造团结协作、富于创造、优质高效和服务到位的一流班组。班组员工主要从事一线技能操作,因此在班组学习内容上要化繁为简,强调实用。

5. 培养学习型领导,提高班组长管理技能

班组长是班组的管理者,是班组员工的标杆,起着"兵头将尾"的作用。他们是企业价值和利润的创造者,是中层管理者的左右手,是班组成员的帮助者和支持者。企业应定期对班组长开展管理和技术培训,提高班组长综合素质。班组长也要通过学习,提高自身的政治素质和技术素质,在班组成员中树立威信。

(三)班组的管理创新

管理创新是指企业把新的管理要素(如新的管理方法、管理手段和管理模式等)或要素组合引入企业管理系统,以更有效地实现组织目标的创新活动。

1. 管理创新的主要内容

管理创新的主要内容包括管理思想理论上的创新、管理制度上的创新和管理具体技术方法上的创新。从职能活动来说,管理创新包括计划、组织、领导和控制等要素的创新和整合创新等。

2. 管理创新的特点

管理创新的主要特点包括:

(1)人本管理。既注重感情管理,又注重民主管理和自主管理。

(2)知识管理。通过知识共享,运用集体的智慧提高应变和创新能力。

(3)战略管理。建立企业总体战略,实施战略目标管理。

(4)水平管理。现代企业由传统的垂直管理向学习型组织转变。

(5)软件管理。知识经济时代的管理趋向于受价值、人员、作风和技术等可塑软件因素的管理。

(四)班组管理创新的开展

班组管理创新可以实现班组管理的全方位化、规范化、实用化以及业务流程的简化等。班组管理创新具体包括以下几条：

1. 创新管理观念

随着经济形势和科学技术的飞速发展,观念创新越来越成为企业和班组各项创新的导向和关键。班组可针对出现的问题进行认真分析,经常召开班组建设和班组思想政治工作座谈会,从理论和实践结合上阐明班组建设和管理及班组思想政治工作的重要性,从思想上重视班组建设与管理的地位和作用。

2. 创新管理制度

制度创新是指在员工现有的生产和生活环境条件下,通过创设新的、更能有效激励其行为的制度、规范体系来实现班组和企业的持续发展和变革的创新。班组需要通过制度将创新得以固化,并以制度化的方式持续发挥创新的作用,不断提升管理水平,激发员工的创造性和积极性,促进企业的良性发展。

3. 创新管理方法

管理方法往往因环境情况和被管理者的改变而改变,这种适应性改变在一定程度上就是管理创新。班组成员的结构,在年龄、文化素质和个人操作技能等方面存在一定差异,在管理方法和手段上就不能千篇一律,应具体情况具体对待。在目标管理上,应确定合理的管理目标,适度管理。无论定量目标,还是定性目标,都要适度。在制订目标时,应让班组员工感到只要努力就能达到,自然能激发员工的积极性和工作热情。在管理方式上,尝试用动力式管理取代压力式管理。

三、班组的生产管理

(一)班组生产管理的概念

班组管理是企业管理的基础,班组生产管理则是班组管理的基础,在班组管理中起着重要的作用。班组生产管理,是指有计划地组织、指挥、监督和调节生产活动,以最少的资源消耗(投入),获得最大的成果(产出)。它是对企业生产系统设置和运行的各项管理工作的总称。

(二)班组生产管理的内容

班组生产管理是班组计划、组织、控制班组生产活动的综合管理活动,主要包括生产计划、生产组织以及生产控制等环节,其具体内容包括以下几方面:

(1)生产作业计划管理;
(2)工艺流程的管理;
(3)班组工作的交接;
(4)操作记录和交接班记录;
(5)异常情况的处理。

(三)班组生产作业计划的编制

1. 编制班组生产作业计划所需要的资料

要编制好生产作业计划,必须有充分可靠的统计资料,这些统计资料主要包括:

(1)年度、季度生产计划和订货合同,技术组织措施计划,生产技术准备计划,工艺装备生产计划及其完成情况。

(2)产品零、部件明细表,产品零件分车间、工段和班组明细表,产品工艺技术文件。

(3)各种产品、零件分工种、分工序的工时消耗定额及其分析资料,人员配备情况及各类人员的技术等级。

(4)原材料、外购件、外协件、工艺装备等的供应和库存情况,动力供应情况和物资消耗情况。

(5)设备的类型、数量及其运转情况,设备修理计划,厂房生产面积和台时消耗定额。

(6)上期生产作业计划预计完成情况和在制品情况。

(7)市场动态及产品销售情况。

2. 班组生产作业计划的编制方法

不同的生产类型和不同的生产组织方式,生产作业计划的编制方法也大不相同。常用的方法有在制品定额法、生产周期法、"看板"法、累计编号法、网络计划技术等。

(1)在制品定额法

在制品定额是指在一定技术组织条件下,为保证生产正常进行,生产各个环节所必须占用的最低限度的在制品数量。在制品定额的计算是按照产品生产的反工艺顺序,从成品出产的最后一个车间开始逐步向前推算各车间的在制品定额。这种方法适用于大量大批流水线生产的企业。

(2)生产周期法

生产周期法即根据产品生产周期来规定车间生产任务安排的方法,适用于单件小批生产的企业。这种方法的关键是要注意生产期限上的衔接。

(3)"看板"法

"看板"法也叫准时生产法,是由日本丰田汽车公司所推行的一种生产管理制度。所谓准时生产法,即只在必要的时刻、按必要的数量生产必需的产品。实行准时生产法的最终目的是控制生产数量,消除积压储备,降低成本。由于各道工序之间的信息传递工具为"看板"或"传票",故名"看板"法。"看板"法的基本思想是:下道工序向上道工序取零部件,以装配为起点。在必要时向上道工序提取必要数量的零部件,而上道工序提供零部件后,必然储备减少,而向更上一道工序提出要求,以便生产并补充必要的储备。如此层层向上推动,形成准时生产线。这种方法对生产线工人要求较为严格,但如果管理得到加强,则利大于弊。

四、班组设备管理

(一)设备管理的概念

设备管理,是指依据企业的生产经营目标,通过一系列的技术、经济和组织措施,对设备寿命周期内的所有设备物质运动形态和价值运动形态进行综合管理工作。设备寿命周期,指的是设备从规划、购置、安装、调试、使用、维修直至报废全过程所经历的全部时间。

(二)班组设备管理的主要内容

班组设备管理主要是使用、点检和维护保养。班组长设备管理工作是设备管理组织形式的主要组成内容,是组织班组内每个成员搞好设备维护保养、合理操作和正确使用的有效保证。班组设备管理的主要内容是:

1. 制订设备管理工作目标。
2. 建立完整的班组设备管理内容(班组台账、原始凭证和信息传递等)。
3. 组织并指导班组成员做好班组内的设备维护保养、日常点检、清扫、加油和紧固等工作。
4. 检查工作,认真填写班组设备巡检记录。
5. 设备运行中的故障处理。
6. 制定岗位经济责任制的考核与评比制度,并严格组织实施,逐步提高班组设备管理水平。
7. 设备能力和完好状态安排生产,调整任务和负荷。
8. 参考操作规程对员工的操作行为进行检查和监督。
9. 创造良好的工作环境,对设备的隐患和发展指派有关人员进行监管,并准备随时做好决断。
10. 进行爱护和正确使用机器设备的教育培训,严格执行有关设备的管理制度,让员工养成维护使用设备的良好习惯,并落实到每个班组成员的工作中去。

(三)班组设备管理的规程

班组设备管理的规程包括设备操作规程、设备使用规程、设备维护规程等。作为班组长,应首先了解并熟悉这些规程,对班组员工的作业情况按规程进行检查和督导。

1. 设备操作规程

设备操作规程是指对操作工人正确操作设备的有关规定和程序。各类设备的结构不同,操作设备的要求也会有所不同,编制设备操作规程时,应该以制造厂提供的设备说明书的内容要求为主要依据。

2. 设备使用规程

设备使用规程是对操作工人使用设备的有关要求和规定。操作工人必须经过设备操作培训,并经考核合格发给操作证,才能凭证操作;不准超负荷使用设备;严格遵守设备的交接班制度等。

3. 设备维护规程

设备维护规程是指工人为保证设备的正常运转而必须采取的措施和注意事项。例如,操作工人上班时要对设备进行检查和加油,下班时坚持设备清扫,按润滑图表要求进行润滑等;维护工人要执行设备的巡回检查,定期维护和调整等。

五、班组质量管理

(一)全面质量管理的概念

全面质量管理(TQM)的概念是 1961 年菲根·鲍姆在《全面质量管理》一书中提出的,世界各国在实践中不断总结创新,形成了较多的全面质量管理概念,但总的思想和原则是一致的,内涵是相同的。目前,ISO9000 族标准提出的全面质量管理的概念最为确切。在 ISO9000 族标准中是这样描述的:"一个组织以质量为中心,以全员参与为基础,目的在于通过让顾客满意和本组织所有成员及社会受益而达到长期成功的管理途径。"

全面质量管理强调以下观点:

1. 关注顾客,用户第一,下道工序就是用户的观点

即以顾客为关注焦点,满足顾客要求并争取超越顾客期望,即"顾客第一",并将顾客的概念扩充到企业内部,下道工序就是上道工序的顾客,不将质量问题留给下道工序和顾客。注重顾客价值、顾客的满意和认同。

2. 关注流程

以顾客为中心,从市场调查、产品设计、试制、生产、检验、仓储、销售到售后服务做好服务,控制好成本,让顾客放心。

3. 注重不断改进

没有最好,只有更好,要持续不断地改进产品或服务质量和可靠性。

4. 定量分析,精确度量

以客观事实为依据,实事求是,用科学的方法统计和分析误差,追踪问题根源,不断提高品质。

(二)开展全面质量管理的方法

1. PDCA 循环

PDCA 循环是由美国质量管理专家戴明最先总结出来的,因此又称戴明环,由四个英语单词的首字母组成,即:P(Plan),计划阶段;D(Do),执行实施阶段;C(Check),检查阶

段;A(Action),处理阶段。就是按照计划、执行、检查和处理这四个阶段的顺序进行管理工作,这种工作方法包括四个阶段和八个步骤。

PDCA 的四个阶段和八个步骤如下:

(1)第一阶段:计划阶段(P)

①分析现状,找出存在的质量问题。

②分析产生质量问题的原因或影响因素。

③找出影响质量问题的主要原因。

④针对主要影响质量的问题,制定措施。

(2)第二阶段:执行实施阶段(D)

⑤执行计划,落实措施。

(3)第三阶段:检查阶段(C)

⑥检查计划的执行情况和措施实施的效果,发现新问题。

(4)第四阶段:处理阶段(A)

⑦总结经验,巩固成果,将有效措施纳入标准或规程中加以巩固,失败、无效的则不再实施,吸取教训。

⑧将未能解决的问题、新发现的问题等遗留问题转入下一个 PDCA 循环加以解决。如此循环不已,不断提高。如图 9-3、图 9-4 所示。

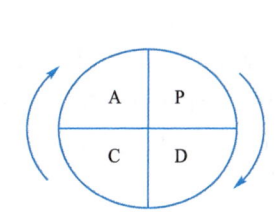

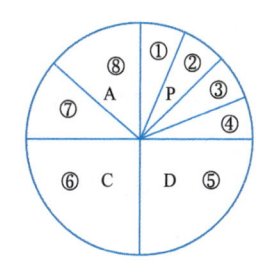

图 9-3　PDCA 循环　　　　图 9-4　PDCA 循环的 8 个步骤

2. "4M"管理

全面质量管理的一个重要特点是预防性,即从仅靠事后把关转变为加强事前预防,从管理结果转变为管理因素。生产过程中影响产品质量的主要因素有人(Man)、设备(Machine)、材料(Material)和方法(Method)。

(1)"人"的管理。在四大因素中,人是最重要、最活跃的因素。不论是设备的操作、检修和保养,还是材料的验收把关,以及作业方法的遵守和改进,都要依靠员工的智慧和积极性。因此,对于班组长来说,应做好以下两方面工作:一方面加强对工人的技能训练,班组长要让班组成员充分理解质量标准和作业标准,按要求进行充分训练,对训练过程中存在不足的成员进行个别而具体的指导。另一方面提高工人的质量意识,班组长应加强班组成员对自己作业质量的控制,提高班组成员对自己工作重要性的认识,加强全面质量管理思想和方法的宣传教育。

(2)"设备"的管理。这里所说的"设备",包括设备、机械及装置以外的夹具和量具等。设备管理不仅要尽早发现设备运转不良并分析其原因,采取适当的措施;而且还要进行预防性维护,以防患于未然。对设备和机械,包括夹具和量具等,都需要员工进行日常检修,以及依据一定的标准进行定期的检修和调整,做好记录,保证账实相符,安全完整。

(3)"材料"的管理。这里的材料,不只是产品的原材料,也包括生产所使用的零件和辅助材料等。材料的管理主要是加强验收检查,改进保管方法,避免材料的碰伤、变形和变质等。对保管中的材料进行定期检查,对将出库的材料严格检查把关,做好记录,保证账实相符,安全完整。

(4)"作业方法"的管理。应该将最佳的作业方法予以标准化,形成文本,并向工人示范说明。

3. "6S"活动

"6S"活动,是指对现场的各种状态不断整理—整顿—清扫—清洁—素养—安全的循环。通过"6S"活动,可以使工作井然有序,工作效率提高;使产品质量得到保证,设备故障率降低,浪费减少,安全水平提高;还能使人际关系和睦,心情舒畅,从而进一步提高人的素养。

六、班组安全管理

(一)班组安全管理的概念

班组安全是企业安全管理的前沿阵地,影响着整个企业的生产效益。班组安全生产管理,是指班组运用安全生产知识制定科学合理和行之有效的各种安全生产管理制度,预防各类事故,控制职业病和中毒的发生,以保护员工的安全与健康,促进生产发展。

(二)班组长的安全职责

班组长是班组安全生产的第一责任人,在管好生产的同时,必须管好安全。管好安全是班组长不可推卸的责任。班组长在生产安全方面的具体职责主要有:

1. 认真执行劳动保护方针政策、规章制度以及本企业和本车间的安全工作指令、决定等,对本班组工人在生产中的安全和健康负责。

2. 根据生产任务、劳动环境和工人的身体、情绪、思想状况具体布置安全工作,做到班前布置、班后检查。

3. 经常检查本班组人员正确使用机器设备、电器设备、原材料、安全装置、个人防护用品等情况,做到机器设备处于良好状态,保持成品、半成品、材料及废物合理放置,通道畅通,场地整洁,消除一切不安全因素和事故隐患。

4. 对本班组人员进行安全操作方法的指导,并检查其对安全技术操作规程的遵守情况。

5. 督促班组安全员定期认真组织安全活动,做好对新员工、调换工种及复工人员的安全生产知识教育。

6. 发生伤亡事故时,应立即向上级领导报告,并积极组织抢救。除防止事故扩大采取的必要措施外,应保护好现场,以便调查事故原因。对伤亡事故进行分析,吸取教训,举一反三,抓好整改。督促安全员如实认真地填写"职工伤亡事故登记表",按规定的时间上报。

7. 积极组织开展"人人身边无隐患"活动,制止违章指挥和违章作业,严格执行"安全否决权"。

8. 加强对班组安全员的领导,积极支持其工作。对各种安全生产档案资料应做到制度化、规范化和科学化。

(三)落实安全工作的方法

1. 以身作则,率先垂范

班组长是整个班组的领头羊,在工作中必须身体力行,以自己的实际行动影响和带动班组成员共同搞好班组安全工作。班组长应做好表率,在抓安全生产时,做到嘴勤、耳勤、眼勤、手勤和腿勤,尽职尽责,热心为本班组成员的安全和健康服务。

2. 依靠群众

安全生产工作是群众性的工作,班组长要相信班组成员,善于激发班组成员的积极性,实行群防、群治、群管和群控,做到全员、全面、全过程和全方位的管理。

3. 贯彻法治

多数的安全事故是因为违章作业、违章指挥和违反劳动纪律等造成的,为了制止"三违",杜绝安全事故的发生,应建立健全安全制度、安全规范,把控制人的行为和改善作业环境的安全纳入规范化、程序化和标准化的管理轨道上来。

4. 奖惩结合

奖励和处罚都是管理中经常运用的手段和方法,对员工行为起着一种引导作用。奖励是正面引导,处罚是反向激励。班组长要敢于坚持原则,奖惩分明。

5. 民主管理

班组长对班组的安全工作要集思广益,广泛征求群众意见。实行民主管理能让班组成员有集体荣誉感、归属感和主人翁精神,从而充分调动班组成员安全生产工作的积极性。

6. 开展竞赛

竞赛是一种鼓励争先创优的有力措施,是开展比、学、赶、帮、超的良好形式。通过竞赛,能使班组成员发现自己的不足,认识到安全生产的重要性,从而改进自己在安全生产方面存在的问题。

7. 建立良好的团队氛围

在一个人际关系融洽的团队中工作,员工会心情愉悦和情绪放松;在一个人际关系紧张或淡漠的团队中工作,员工会形成一种事不关己高高挂起的态度。在班组内部建立起一种良好的工作氛围,能使班组具有凝聚力和向心力。班组长也要多关心班组成员的工作和生活,主动接近,传达友善,以增强班组内部的团结。

本章小结

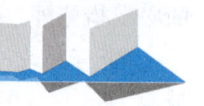

班组管理是指以班组自身为单位所进行的计划、组织、协调、沟通、激励、控制和监督考核等管理活动，其职能是对班组的人、财、物等资源进行合理组织和有效利用。

班组的基本特征主要有：结构小、管理全、分工细、任务实、工作累及情况多变。

班组长的使命包括四个方面：提高产品（服务）质量；提高生产（服务）工作效率；降低生产（服务）成本；防止重大事故发生。

班组长管理的基本技能包括：沟通技能、激励技能、团队培训技能及构筑共同愿景的技能等。

班组长沟通的模式有：正式沟通网络，一般有5种形式，即链式、轮式、圆周式、全通道式和Y式；非正式沟通网络，一般有三种典型形式：流言式、集束式和偶然式。

班组沟通技巧有：下行沟通，观察技巧、聆听技巧、气氛控制技巧、推动技巧、沟通技巧；上行沟通，班组长要学会与各种不同风格的领导进行沟通；平行沟通。

班组长激励技能技巧有：分享成果；提供培训机会；给予培训和提高的机会；予以授权；真诚赞扬；设定适当的目标；鼓励积极参与。

班组长员工培训方法有：培训四阶段法；对作业的教导法；感觉和窍门的教导方法。

班组建设与管理的内容包括：班组的制度建设、班组的学习及创新、班组的生产管理、班组的设备管理、班组的质量管理、班组的生产安全管理。

班组制度建设的技巧有：提高认识，准确定位；集思广益，全员参与；学习借鉴，改革创新；修订完善，与时俱进。

创建学习型班组的具体措施：明确目标，营造学习氛围；构筑班组共同愿景，培育团队精神；完善机制，激发创新积极性；创新学习，激发潜能，提升员工知识结构；培养学习型领导，提高班组长管理技能。

班组管理创新的开展需从以下几个方面入手：创新管理观念；创新管理制度；创新管理方法。

班组生产作业计划的编制方法有：在制品定额法；生产周期法；"看板"法。

开展全面质量管理的方法有：PDCA循环；"4M"管理；"6S"活动。

落实安全工作的方法有：以身作则，率先垂范；依靠群众；贯彻法治；奖惩结合；民主管理；开展竞赛；建立良好的团队氛围。

本章习题

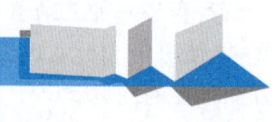

一、单项选择题

1.班组管理是指以班组自身为单位所进行的计划、组织、协调、沟通、（　　）、控制和监督考核等管理活动，其职能是对班组的人、财、物等资源进行合理组织和有效利用。

A.激励　　　　　　B.控制　　　　　　C.沟通　　　　　　D.领导

2.班组长的使命不包括（　　）。

A. 提高产品(服务)质量　　　　　　　　B. 提高生产(服务)工作效率
C. 降低生产(服务)成本　　　　　　　　D. 增加职工收入

3. 下列不属于现代设备特点的是(　　)。
A. 高速化　　　B. 连续化　　　C. 人工化　　　D. 精密化

4. 下列不属于PDCA循环工作方法的是(　　)。
A. 计划　　　B. 执行　　　C. 检查　　　D. 反馈

5. 下列不属于班组安全教育技巧的是(　　)。
A. 以身作则　　　B. 依靠群众　　　C. 贯彻法治　　　D. 惩罚为主

二、多项选择题

1. 班组的特征是(　　)。
A. 结构小　　　B. 管理全　　　C. 分工细　　　D. 任务实
E. 工作累　　　F. 情况多变

2. 班组制度建设的技巧有(　　)。
A. 提高认识,准确定位　　　　　　　B. 集思广益,全员参与
C. 学习借鉴,改革创新　　　　　　　D. 修订完善,与时俱进

3. 班组质量管理中的"4M"管理指的是(　　)。
A. "人"的管理　　　　　　　　　　B. "设备"的管理
C. "材料"的管理　　　　　　　　　D. "作业方法"的管理
E. "流程"的管理

4. 班组长构建班组共同愿景时,应包括的要素有(　　)。
A. 愿景　　　B. 价值观　　　C. 使命　　　D. 宗旨
E. 目标

三、简答题

1. 班组管理的含义是什么?
2. 班组长的基本任务有哪些?
3. 班组长应如何对员工实施有效激励?
4. 如何建设学习创新型班组?
5. 班组设备管理的主要内容是什么?
6. 班组长如何有效落实安全工作?

四、案例分析

今天班组长李强可以说是吃力不讨好。为什么呢?原来,由于班组一台焊接设备出了故障,尽管维修人员及时抢修后设备恢复了正常,但时间已过去了一个多小时。这样一来,严重影响了自己班组的生产进度,其他班组也会受到影响。为了弥补由此带来的生产损失,李强组织大家利用中午午休时间加班赶工,争取在下班前把今天的工作任务完成。可不巧的是,赵阳因家里有事,早上打电话向班组长请了假,而他的岗位工作其他人又不熟练。李强只好自己抓紧完成赵阳的工作。由于边调配调度边进行岗位操作,李强不小心把手给划了一道口子。尽管如此,李强还是忍痛把自己和赵阳的工作干完。等到下班时,今天的总装任务在大家的努力下总算全部完成了,没有耽搁。大家都松了口气,以

为可以回家好好休息一下。可这时车间主任老李却跑了过来,当着大家的面把李强狠狠批评了一顿。原来,为了加快工作进度,他们班组在进行总装时技术质量上出现了问题,导致总装的产品不合格数量比平时多了一半,不但影响了自身质量,还影响了其他班组,给企业生产造成了一定损失。大家都为班组长和自己抱不平,忙乎了一天,到头来还挨训,真让人想不通。

李强回到家,也没心思吃饭,躺在床上,看着自己受伤的手,皱着眉头想,今天的错出在哪里呢?明明是想做好的,却挨了批评,究竟是什么原因呢?如果今天设备没出问题,如果今天赵阳没有请假,如果严把质量关,那是不是这些问题就不会出现了?李强陷入了沉思。

【思考】 找出李强班组今天出现问题的原因,并拟订相应的解决方案。

延伸阅读

三星集团的班组管理

韩国三星集团是一家跨国公司,拥有职工 16 万人,年销售额近 1 000 亿美元,在世界 500 家大公司中曾名列第 16 位。其发展速度之快、产品涵盖之广、市场份额之大、出口创汇之巨都是超出人们想象的。那么三星集团管理优势何在?事实证明其最重要的优势就是它的班组管理。

1.三星集团班组管理的基本要求。三星集团班组管理的核心是:生动活泼,具有民主性,注重实际效果,注重人的自觉性、主动性与创造性的发挥。班组开展的各类管理活动,都与企业的方针、目标及重点工作相联系,充分体现了人人爱岗位、人人爱企业的精神。由于班组开展的各项管理活动形式多样又非常灵活,给人们一种浓厚的、真切的、充满生机和活力的感受。

2.班组管理重在目标管理。班组的目标管理是以表格的形式展现的,先将班组的目标(主要是经济指标)确定在历史最好的水平上,每天进行检查,每月进行综合评定。如果在某天或某月达到目标后,班组及时将所实现的目标值填入目标管理图内,并注明班组达到此目标所做的重点工作。企业的厂长(代理事)也在该表格内签上自己的名字,并写上几句勉励的话。这样,使班组在取得成绩后,能及时得到领导的鼓励,以激励班组向更高的目标奋斗。同时,企业领导每天都要到班组走一趟,体现了领导深入基层的工作作风,密切了干群关系。

3.开展全员降低成本活动。近期,韩国经济的不景气,对三星集团也产生了较大的冲击。为此,三星集团在班组开展了"降低成本费用"活动。在生产现场可以看到班组绘制的成本控制图。在这个图中,有控制成本费用的主要项目,有每个人的实施目标,有具体的目标值。班组开展的这项活动在组与组之间是公开的,在员工与员工之间也是公开的,这样做使"奔跑"的人、"走路"的人、"坐着"的人都非常清楚自己的状态,但大家相互尊重,并给予鼓励,最后使所有的人都成为"奔跑"的人。

4.实行全员设备管理。在三星集团班组内开展的全员设备管理得到了员工的极大响应,也是班组管理的主要内容之一。三星集团有着完整的设备维护保养制度,并对设备实行重点管理。重点管理就是对容易影响产品质量的设备或容易出现故障的设备实行重点监控,使设备在大生产中处于良好的运行状态。凡重点设备都有非常明显的提示牌,以提示员工对该设备监管的频度和内容。班组的全员设备管理充分体现了全员参与的意识,在班组内可以看到员工对设备提出的改进意见、改进方案图示和设备改进前后的对比分析示意图。全员设备管理工作的开展,克服了设备管理只是少数专业人员的职责界限,同时也给班组员工创造了参与管理的环境。另外,全员设备管理也得到了生产企业各级领导的重视,并及时对全员设备管理成绩突出的班组和个人进行奖励和表扬。

5.星级教师制的效果好。在三星集团所属工厂的班组里都有专职教师,这个专职教师负责对所有员工进行操作技能上的帮助和指导,他们的责任是培养出更多具有"星级"水平的员工。三星集团开展的星级教师制分为"四星",也就是说,凡班组员工取得四个星级时,那就证明这个员工具备了专职教师的资格,可以对三星、二星、一星的员工进行操作指导和帮助。此项活动的开展,极大地调动了全体员工的学习热情和向四星级奋斗的目标。

6.积极开展创新活动。"创新"是三星集团极力提倡的工作精神,并作为厂训深深地扎根在三星人的心中。在班组中广泛开展的提合理化建议的活动,大大激发了员工的创造精神。班组合理化建议有个人提出的,也有组成"合理化建议小组"后提出的。他们将合理化建议贴在墙上,将建议的内容拍成照片,配上文字,并有改进前后的可行性分析,非常生动。一旦合理化建议被采纳,就给予奖励。在三星康宁公司,每个员工一个月平均四次向上级提合理化建议,可见员工热爱企业的程度。

7.组织公益活动和集体活动。班组在完成生产任务后,也利用空余时间参加社会公益活动。其内容有植树、值勤、到敬老院做好事及从事与社会有关的其他活动,从中增强员工对社会的责任感,展示员工的人性美及道德观。三星人讲:"我们三星集团之所以能够开展丰富多彩的公益活动,正是因为企业把这种精神作为自身发展基础的结果。"

班组集体活动有旅游、聚会、联欢、体育比赛等内容,而且将每次活动的内容拍成照片,贴在"班组园地"里,让大家共享那美好、难忘的集体生活。丰富多彩的集体活动,锻炼了三星集团班组的团队精神,培养了人和人之间友善和谐的关系,创造了宽松、和谐的班组氛围。正是这些集体活动培养了员工对集体的责任感。

三星集团为员工们建造了很多现代化的文体中心,为他们提供了培养多种兴趣的条件,从而不断提高三星人的生活质量。

三星集团班组的管理活动内容还有很多,如综合评定员工的"累计分考核制"、全面质量管理以及提倡环境舒畅和气氛融洽的民主管理等,都在班组管理中发挥着重要作用,使班组这个企业最小的生产组织单位在企业管理中变成了最积极、最活跃和最富创造力的群体。

【思考】

1.三星集团班组建设的成功之处有哪些?

2.你认为一个理想的班组应该是什么样的?

参考文献

[1] 周三多.管理学,第四版.北京:高等教育出版社,2014.12
[2] 周三多、陈传明、刘子馨.管理学——原理与方法,第七版.上海:复旦大学出版社,2018.6
[3] 周三多、陈传明、鲁明泓.管理学——原理与方法,第五版.上海:复旦大学出版社,2010.6
[4] 周三多、贾良定.管理学习题与案例.北京:高等教育出版社,2010.8
[5] 陈传明、徐向艺、赵丽芬.管理学.北京:高等教育出版社,2019.1
[6] 陈春花.管理的常识.北京:机械工业出版社,2016.9
[7] 陈春花.激活组织.北京:机械工业出版社,2017
[8] 陈春花.激活个体.北京:机械工业出版社,2017.7
[9] 陈春花.经营的本质.北京:机械工业出版社,2016
[10] 陈春花.回归营销基本层面.北京:机械工业出版社,2016.9
[11] 陈春花.我读管理经典.北京:机械工业出版社,2015.3
[12] 宁向东.管理10论.北京:中国发展出版社,2004.6.得到管理学讲座
[13] 刘澜.领导力:解决挑战性难题.北京:北京大学出版社,2018.6
[14] [美]沃伦·本尼斯、伯特·纳努斯.赵岑、徐琨译.领导者.杭州:浙江人民出版社,2016.10
[15] [美]沃伦·本尼斯.姜文波译.经营梦想.杭州:浙江人民出版社,2017.1
[16] 詹姆斯 G·马奇、蒂里·韦尔.张晓军、郑娴婧、席酉民译.论领导力.北京:机械工业出版社,2018.4
[17] 斯蒂芬·P·罗宾斯、玛丽·库尔特.李原、孙建敏、黄小勇译.管理学,第11版.北京:中国人民大学出版社,2012.6
[18] 哈罗德·孔茨、海因茨·韦里克著.马春光译.管理学:国际化与领导力的视角 精要版,第9版.北京:中国人民大学出版社,2014.1
[19] 彼得·德鲁克.齐若兰译.管理的实践.北京:机械工业出版社,2006.1
[20] 彼得·德鲁克.王永贵译.管理的实践:使命、责任、实务(实务篇).北京:机械工业出版社,2006.6
[21] 彼得·德鲁克.许是祥译.卓有成效的管理者.北京:机械工业出版社,2009.9
[22] 彼得·德鲁克.姜文波译.动荡时代的管理.北京:机械工业出版社,2006.4
[23] 冯国珍、王云玺.管理学.上海:复旦大学出版社,2006.12
[24] 冯国珍.管理学习题与案例.上海:复旦大学出版社,2008.2
[25] 杨文士、焦叔斌编著.管理学,第四版.北京:中国人民大学出版社,2013.12
[26] 张玉利.管理学,第二版.天津:南开大学出版社,2004.5

[27] 阚雅玲、朱权、游美琴.管理基础与实务.北京:机械工业出版社,2008.1
[28] 单凤儒.管理学基础,第三版.北京:高等教育出版社,2008
[29] 黄卫伟.以奋斗者为本:华为公司人力资源管理纲要.北京:中信出版社,2014.11
[30] 黄卫伟.以客户为中心:华为公司业务管理纲要.北京:中信出版社,2016.7
[31] 杨文士、张雁.管理学原理.北京:中国人民大学出版社,1994
[32] 王凤彬、朱克强.管理学教学案例精选.上海:复旦大学出版社,2009.4
[33] 余敬、刁凤琴.管理学案例精析.武汉:中国地质大学出版社,2006.8
[34] 唐秋玲.个人与团队管理.北京:北京交通大学出版社,2010.6
[35] 高杉尚孝.郑舜珑译.麦肯锡问题分析与解决技巧.北京:北京时代华文书局,2014.6
[36] 阿尔弗雷德·阿德勒.张晓晨译.洞察人性.上海:上海三联书店,2016.8
[37] 杨剑.班组长现场实用管理.广东:广东经济出版社,2013.10
[38] 杨剑.班组长实用团队管理.广东:广东经济出版社,2013.10
[39] 江广营,乔华.班组管理技能.北京:北京大学出版社,2009.9
[40] 江广营,杨金霞.班组建设七项实务.北京:北京大学出版社,2009.9
[41] 成立平.实用班组建设与管理.北京:机械工业出版社,2009.10
[42] 王明哲.如何做一名优秀班组长.北京:企业管理出版社,2014.1
[43] 董义才.管理学.北京:北京师范大学出版社,2007.8
[44] [美]理查德·达夫特.李维安等译.组织理论与设计精要.北京:机械工业出版社,1999
[45] 林志扬.管理学原理.厦门:厦门大学出版社,2004.1
[46] 赵志军.管理思想史.北京:高等教育出版社,2009.12
[47] 沈友耀、薛蕊.管理基础与实务.北京:电子工业出版社,2010.8
[48] 赵国忻.管理学基础.北京:科学出版社,2008.7
[49] 王社民.管理基础与实务.北京:北京理工大学出版社,2009.8
[50] 谭力文.管理学.武汉:武汉大学出版社,2005.3
[51] 叶萍.通用管理实务.北京:中国农业大学出版社,北京大学出版社,2009.8
[52] 王毅捷.管理学案例.上海:上海交通大学出版社,2003.6
[53] 赵涛.管理学案例库.天津:天津大学出版社,2005.6
[54] 宋景奇、丁连科、陈海波.管理学案例、大纲、习题.大连:东北财经大学出版社,1998.3
[55] 胡建宏、刘雪梅.管理学原理与实务.北京:清华大学出版社,2009.6
[56] 拉里·博西迪、拉姆·查兰、查尔斯·伯克.执行力:如何完成任务的学问.北京:机械工业出版社,2017.3
[57] 徐光华、任平泉.管理学.北京:北方交大出版社,2004
[58] 黄江伟.戴尔的七堂营销课.北京:中国铁道出版社,2007.1
[59] 阿里研究院.互联网+从IT到DT.北京:机械工业出版社,2015.9

[60] 赫伯特 A·西蒙.詹正茂译.管理行为.北京:机械工业出版社,2013.3
[61] 杰里米·里夫金.蒋宗强译.同理心文明.北京:中信出版社,2015.10
[62] 杰里米·里夫金.零边际成本社会:一个物联网、合作共赢的新经济时代.北京:中信出版社,2014.11
[63] 托马斯·考夫曼.谢谢你迟到.长沙:湖南科学技术出版社,2018.1
[64] 迈克尔·波特.陈小悦译.竞争优势.北京:华夏出版社,2004.6
[65] 迈克尔·波特.陈小悦译.竞争战略.北京:华夏出版社,2004.6
[66] 凯利·麦格尼格尔.王岑卉译.自控力.北京:文化发展出版有限公司,2017.9
[67] 韦尔奇、拜恩,曹彦博译.杰克·韦尔奇自传.北京:中信出版社,2010.1
[68] 张力澎.中国的海尔,世界的惊喜.北京:国际商报,2016.6
[69] 徐二明.管理学教学案例精选.上海:复旦大学出版社,1998
[70] 约翰·西蒙斯.乔晓芳译.情迷星巴克.北京:中信出版社,2005.6
[71] 彼得·德鲁克.朱雁斌译.成果管理.北京:机械工业出版社,2006.8
[72] 吉姆·柯林斯.俞利军译.从优秀到卓越.北京:中信出版社,2002.10
[73] 大前研一.房雪霏译.差异化经营.北京:中信出版社,2006.4
[74] 大前研一.刘锦秀、谢育容译.思考的技术,2版.北京:中信出版社,2010.11
[75] 本·霍洛维茨.杨晓红、钟莉婷译.创业维艰.北京:中信出版社,2015.3
[76] 西奥多·齐尼.黄昌勇、周晓健译.迪士尼体验:米奇王国的魔法服务之道.北京:北京大学出版社,2016.6